Jens Bergmann

Triumph der Unvernunft

Jens Bergmann

Triumph der Unvernunft

Was irrationales Denken anrichtet – und wozu es gut ist

Deutsche Verlags-Anstalt

MIX
Papier aus verantwortungsvollen Quellen
FSC® C014496

Verlagsgruppe Random House FSC® N001967

1. Auflage

Umschlaggestaltung: total italic, Amsterdam/Berlin
Umschlagabbildung: © Shutterstock
Satz: Buch-Werkstatt GmbH, Bad Aibling
Gesetzt aus der Minion Pro
Druck und Bindung: GGP Media GmbH, Pößneck
Printed in Germany
ISBN 978-3-421-04814-1

www.dva.de

Dieses Buch ist auch als E-Book erhältlich.

Inhalt

Vorbemerkung

Wir leben im Informationszeitalter, noch nie war es so einfach, sich kundig zu machen, Fakten zu prüfen und Argumente gegeneinander abzuwägen. Alle Voraussetzungen sind da, um die Kernidee der Aufklärung – der Mensch soll sich aus seiner selbst verschuldeten Unmündigkeit befreien – Wirklichkeit werden zu lassen. Doch das Gegenteil scheint der Fall: Es triumphiert die Unvernunft. Die Sonne der Erkenntnis steht tief. Man spricht vom postfaktischen Zeitalter.

Autoritäre und faschistische Politiker erzielen in vielen hoch entwickelten Ländern erstaunliche Wahlerfolge und lehren traditionelle Parteien das Fürchten. Und das, obwohl ihre Versprechen, komplexe Probleme mit einfachen Methoden zu lösen, offenkundig hohl sind, und ihr Geschäft auf der Mobilisierung niedriger Instinkte beruht. Donald Trump, Marine Le Pen, Geert Wilders, Alexander Gauland, Viktor Orbán & Co. befeuern den Mythos des »wahren Volkes«, dessen Interessen sie angeblich vertreten. Und mobilisieren mit dem latent rassistischen Schlachtruf »Wir gegen die« ihre Anhänger. Sie liefern das geistige Rüstzeug für Hetzmeuten, die gegen andersgläubige, -denkende oder -aussehende Menschen losschlagen.

Überall auf der Welt stehen demokratische Institutionen unter Druck, in einigen Regionen zerfallen ganze Staaten. Auf dem Vormarsch sind dagegen fundamentalistische religiöse Bewegungen, die ihre nicht selten mittelalterlichen Vorstellungen mit allen Mitteln durchzusetzen suchen. Und allein hierzulande glauben Millionen gebildeter Menschen an Verschwörungstheorien, hängen esoterischen Lehren an oder vertrauen magischen Heilversprechen wie dem der Homöopathie. Das Geschäft mit dem Aberglauben sorgt für Milliardenumsätze und Renditen, von denen man in anderen Branchen nur träumen kann.

Wie ist der Sieg der Fiktionen über Fakten zu erklären? Warum gedeiht irrationales Denken? Wohin führt es? Und wie ließe sich ihm Einhalt gebieten? Darum geht es in diesem Buch. In seinem Mittelpunkt steht der Sinn des Unsinns, denn es gibt gute Gründe für irrationales Denken – und niemand ist davor gefeit.

Nützlich, aber unsexy: Vernunft

»Der Irrationalismus macht sich ja nicht davon, wenn wir ihn schmähen. Er ist ein Teil von jedem von uns. Wir sollten das Widervernünftige in uns selbst nicht verkennen.«

George Tabori[1]

Die Vernunft hat uns weit gebracht. Von der Savanne Afrikas, in der sich unsere frühesten Vorfahren mühsam durchschlagen mussten, bis zum derzeit etwa 223 Millionen Kilometer von der Erde entfernten Mars, der heute mit Raumsonden erkundet und vielleicht noch in dieser Generation von Astronauten betreten wird. Alle Fortschritte, die je erreicht wurden, verdanken wir dem bewussten Einsatz des menschlichen Verstands, also der Fähigkeit, die Welt immer besser zu verstehen und sie nach unseren Bedürfnissen zu verändern.*

Die gesellschaftliche Entwicklung hat die Evolution zwar

* Dieses Buch beruht auf der Annahme, dass es eine Realität gibt, die Menschen zumindest annäherungsweise erkennen können. Es gibt Denkschulen wie den radikalen Konstruktivismus, die das bestreiten: Für die Vertreter dieser mittlerweile etwas aus der Mode gekommenen Richtung ist die Welt reine Ansichtssache. Und seit einigen Jahren haben Neurowissenschaftler und Psychologen Konjunktur, die den freien Willen negieren: Der Mensch sei nicht zu bewussten Entscheidungen fähig, demzufolge auch nicht zur Vernunft. Ihnen zufolge regiert uns das Unbewusste, wir werden von einer Art Autopilot gesteuert. Beide Positionen überzeugen aus verschiedenen Gründen nicht. Ein wesentlicher: Sie können nicht erklären, wie menschliche und gesellschaftliche Entwicklung möglich ist.

nicht außer Kraft gesetzt, aber mit so enormem Tempo überholt, dass sie für unsere Kultur nur noch eine untergeordnete Rolle spielt. Vom Faustkeil des Homo sapiens idaltu in Äthiopien bis zur heute allgegenwärtigen Computertechnik mit Zugriff aufs weltumspannende Internet vergingen lediglich rund 160 000 Jahre, gleichsam ein Wimpernschlag in den etwa 4,6 Milliarden Jahren seit Entstehung unseres Planeten.

Die menschliche Entwicklung hat sich immer weiter beschleunigt. Besonders die Epoche der Aufklärung verlieh ihr einen gewaltigen Schub, weil die Fesseln des Glaubens gesprengt wurden. Dank Voltaire, David Hume, Immanuel Kant und vielen weiteren Denkern und Forschern, die auf ihnen aufbauten, sind unser Wissen, unsere Produktivität und unser Wohlstand heute so groß wie nie zuvor. Wir haben uns die Erde untertan gemacht. Keine Spezies kann uns existenziell gefährlich werden, nur wir selbst. Die Welt ist zwar kein perfekter Ort, aber der beste, den es je für den Menschen, das einzige vernunftbegabte Tier, gab. Einerseits.

Andererseits scheint das Feuer der Aufklärung bestenfalls nur noch zu glimmen. Kants Forderung, der Mensch solle sich aus seiner »selbstverschuldeten Unmündigkeit«[2] befreien, indem er sich mutig seines Verstandes bediene, zündet aus verschiedenen Gründen nicht mehr so recht. Einer ist Ernüchterung angesichts ungeheuerlicher Rückschritte trotz Aufklärung. So verhinderte die Moderne mit ihrer Fortschrittseuphorie und all ihren technischen Errungenschaften nicht den Siegeszug des Irrationalismus, der in die Katastrophen des 20. Jahrhunderts mündete, in Deutschland in den Nationalsozialismus, von Max Horkheimer als »Sonnenfinsternis der Vernunft«[3] bezeichnet.

Auf den Sieg der Alliierten über das nationalsozialistische Deutschland folgten die Spaltung der Welt in Ost und West und der Kalte Krieg, in dem die Atommächte sich gegenseitig in Schach hielten und der gesamten Menschheit mit Auslöschung drohten. Der Westen gewann den Kampf der Systeme, man sprach vom postideologischen Zeitalter. Der amerikanische Politologe Francis Fukuyama prophezeite damals gar das Ende der Geschichte: Nach dem Untergang der Sowjetunion und der mit ihr verbundenen sozialistischen Staaten werde der Liberalismus in Form von Demokratie und Marktwirtschaft weltweit den Sieg davontragen.

Es kam anders. Heute ist die Demokratie unter Druck wie selten zuvor, weltweit drängen autoritär- oder religiös-faschistische* Bewegungen und Parteien an die Macht. Es schlägt die Stunde der Demagogen, Propaganda bestimmt die öffentlichen Debatten wie seit den Dreißigerjahren nicht mehr. Es ist vom postfaktischen Zeitalter die Rede, der Ära der Lüge also, als sei das bereits eine ausgemachte Sache. Symptomatisch der Ausruf des konservativen englischen Politikers Michael Gove, der während der erfolgreichen Kampagne für den Austritt Großbritanniens aus der Europäischen Union im Sommer 2016 die Meinung vertrat, seine Landsleute hätten die Nase voll von den Experten und deren Faktenwissen. »Glaube statt Aufklärung«, hieß es dazu in einem Kommentar des *Handelsblatts.* »Politik wird zum Opium für das Volk.«[4]

---

* Faschismus ist ein viel verwendeter und schwammiger Begriff. Eine schlüssige Definition stammt von dem amerikanischen Historiker Robert Paxton: »Faschismus kann definiert werden als eine Form politischen Verhaltens, das gekennzeichnet ist durch eine obsessive Beschäftigung mit Niedergang, Demütigung oder Opferrolle einer Gemeinschaft und durch kompensatorische Kulte der Einheit, Stärke und Reinheit, wobei eine massenbasierte Partei von entschlossenen, nationalistischen Aktivisten in unbequemer, aber effektiver Zusammenarbeit mit den traditionellen Eliten demokratische Freiheiten aufgibt und mittels einer als erlösend verklärten Gewalt und ohne ethische oder gesetzliche Beschränkungen Ziele der inneren Säuberung und der äußeren Expansion verfolgt.« (Paxton, 2006, S. 319)

Argumente verfangen nicht mehr, Stimmungen schaffen eine Realität eigener Art.[5] Für das Diktum des Kommunikationswissenschaftlers und Psychotherapeuten Paul Watzlawick – »(...) Annahmen, Dogmen, Aberglauben, Hoffnungen und dergleichen können wirklicher als die Wirklichkeit werden (...)«[6] – finden sich heute allerorten frappierende Belege. In vielen reifen Industrieländern breitet sich ein Klima der Gereiztheit aus, angefacht und für ihre Zwecke genutzt von einer autoritären Internationale. Mittlerweile sind auch in der Bundesrepublik Bewegungen wie Pegida (Patriotische Europäer gegen die Islamisierung des Abendlands) und Parteien wie die Alternative für Deutschland (AfD) mit ihren Hauptthemen Hass auf Fremde, »den« Islam oder »die« liberalen Eliten weit über den rechten Rand hinaus erfolgreich.

Auch Menschen, denen solche Ressentiments fernliegen, erscheint die Ratio weniger als non plus ultra und mehr als langweilige, kühle, buchhalterische, technokratische oder gar zensierende Instanz – kurz: als unsexy. Sie stehen in der Tradition einer besonders in Deutschland bis heute einflussreichen Denkrichtung, die das unmittelbare Erleben, den Instinkt und den Mythos feiert. Dieser Lebensphilosophie sind unter anderem Arthur Schopenhauer und Friedrich Nietzsche zuzurechnen. Sigmund Freud, der Begründer der Psychoanalyse, hat wesentliche Ideen populär gemacht. Der Mensch, so seine These, werde von unbewussten Trieben, dem Es, bestimmt. Die Anforderungen der Realität träten ihm als Über-Ich, dem strengen Gewissen, entgegen. Das Ich sei als Vermittler dafür zuständig, diesen unauflöslichen Gegensatz immerhin so weit zu versöhnen, dass aus »hysterischem Elend gemeines Unglück« werden könne. Das ist laut Freud der Preis der Zivilisation, mehr ist nicht drin. Am grundsätzlichen »Unbehagen in der Kultur«, so der Titel eines seiner späteren Werke, lasse sich nichts ändern.

Diese Theorie ist zwar unter anderem deshalb fragwürdig, weil sie nicht erklären kann, wie Zivilisationen überhaupt entstanden sind, wenn sie doch den ureigenen Bedürfnissen des Menschen angeblich im Wege stehen. Auch ist die Psychoanalyse längst nicht mehr so sehr in Mode wie früher. Ihre zentrale Denkfigur aber wirkt bis heute fort in gängigen Vorstellungen, es gebe einen unaufhebbaren Widerspruch zwischen der Wahrheit des Gefühls und der des Verstands, zwischen Rationalität und Sinnlichkeit, natürlicher Lebensfreude und zivilisatorischen Notwendigkeiten. Der Romantiker Hermann Hesse hat diese Haltung einmal so auf den Punkt gebracht: »Der Vernünftige rationalisiert die Welt und tut ihr Gewalt an. Er neigt stets zu grimmigem Ernst. Er ist Erzieher.«[7]

Hesse zeichnet hier ein Zerrbild des Aufklärers, aber sein Verdikt enthält einen wahren Kern. Denn tatsächlich klingt der Ton, in dem Menschen aufgefordert werden, doch Vernunft anzunehmen, nicht selten belehrend oder gar nach Kasernenhof und reizt zum Widerspruch. Es sind häufig Mächtige, die ihre Interessen als die einzig wahren beziehungsweise als alternativlos ausgeben. Sie suggerieren, es sei vernünftig, die Welt so hinzunehmen, wie sie ist. Wer das hört, fühlt sich zu Recht gegängelt und in seiner Entscheidungsfreiheit eingeschränkt.

Verrückt sind immer die anderen

Friedrich Dürrenmatt wendet das Thema in seinem Drama »Die Physiker« ins Groteske. Der Kernphysiker Möbius, Entdecker der gefährlichen Weltformel, begibt sich freiwillig in eine psychiatrische Klinik, um die Menschheit vor seinen Erkenntnissen zu bewahren. Dort gerät er in die Fänge von Doktor von Zahnd, der Chefin der Einrichtung, die im Gegensatz zu ihm tatsächlich wahnsinnig ist. Er fordert sie auf: »Nehmen Sie Vernunft an. Sehen Sie ein, dass Sie verrückt sind.« Sie erwidert: »Ebenso wenig wie Sie.«[8]

Dieser Wortwechsel ist aus mehreren Gründen erhellend. Erstens zeigt er, dass das, was als vernünftig gilt, Ansichtssache ist: Was dem einen logisch erscheint, hält der andere für irre. Zweitens wird deutlich, dass das Thema nicht einfach zu diskutieren ist, weil sich kaum ein Mensch die eigene Irrationalität unumwunden eingestehen wird. Vernunft gilt trotz allem nach wie vor als Referenz – auch Unvernünftige halten sich für vernünftig. Das kennt jeder von sich selbst aus ganz alltäglichen Situationen. Wer sich kritisch prüft, wird zum Beispiel feststellen, dass er, nachdem er sich aus dem Bauch heraus für eine Sache entschieden hat, meist im Nachhinein gute Gründe dafür (er)findet.

Für die vermeintliche oder tatsächliche Uneinsichtigkeit des Unvernünftigen gibt es einen wichtigen psychologischen Grund: Menschen können sich nicht bewusst schaden. Was sie bewusst tun, ergibt aus ihrer Sicht Sinn, auch wenn, von außen betrachtet, das Gegenteil richtig zu sein scheint.[9] Da die subjektiven Motive unseres Gegenübers nicht ohne Weiteres zugänglich sind, neigen wir im Zweifel dazu, Unvernunft zu unterstellen. Verrückt sind immer die anderen.

Ausbrüche der Unvernunft

Vernunft ist seit je ein umkämpfter und zeitgebundener Begriff. So galt bis zur kopernikanischen Wende als unumstößlich, dass die Erde der fixe Mittelpunkt des Universums ist. Der herrschende Klerus wehrte sich mit Zähnen und Klauen gegen die aufkommende Erkenntnis, dass sie in Wahrheit um die Sonne kreist. Galileo Galilei, einem der ersten, der dies belegen konnte und seine astronomischen Einsichten ab 1610 veröffentlichte, hat die römisch-katholische Kirche verboten, sein Wissen zu verbreiten. Erst im November 1992 rehabilitierte der Vatikan den großen Gelehrten offiziell.

Eine zeitgemäße Formation im Abwehrkampf gegen wissenschaftliche Tatsachen sind die sogenannten Klimaskeptiker, die – zur Freude und mit freundlicher und Unterstützung einiger Konzerne – den wissenschaftlich sehr gut belegten Fakt der menschengemachten Erderwärmung hartnäckig leugnen und ihren Teil dazu beigetragen haben, dass Vereinbarungen der Weltgemeinschaft zur Reduktion des CO2-Ausstoßes hinausgezögert wurden.

Trotz solcher Widerstände verschieben sich die Grenzen der Erkenntnis immer weiter: Die Menschheit wird insgesamt klüger. Doch der Fortschritt schreitet nicht auf gerader Bahn voran; Um- und Irrwege sind immer möglich, das gilt sowohl für Individuen als auch ganze Gesellschaften. So kam es in der Geschichte der Menschheit wiederholt zu »Ausbrüchen der Unvernunft«, wie der Historiker James Webb in einer groß angelegten, im Jahr 1976 erschienenen Untersuchung schreibt. Für die abendländische Welt nennt er drei: Der erste zu Beginn unserer Zeitrechnung, »als eine Welle magischer Spekulationen die Errungenschaften des griechischen Rationalismus hinfort spülte«. Den zweiten kann man »die ›Krise der Renaissance/Reformation‹ nennen; sie bezieht sich auf das Aufwallen des Irrationalen, als das künstliche Gefüge des Mittelalters zusammenbrach. Die dritte Krise ist die des 19. und 20. Jahrhunderts (…), die man entweder als eigenständige ›Krise‹ oder als eine Entwicklung aus der Krise der Renaissance und Reformation ansehen kann.« In diesen Zeiten sei der Druck auf das

Individuum so stark geworden, »dass er eine breit angelegte Flucht vor der Vernunft auslöste«.[10]

Nur: Was ist Vernunft? Es handelt sich ja nicht um eine wie in Stein gemeißelte ewige Wahrheit, sondern um einen dynamischen Kulturbegriff, der sich durch beständige Kritik an dem, was der Mensch soll und kann, verändert und ausdifferenziert. Der Philosoph Karl Hepfer schreibt: »(…) Vernunft ist diejenige Fähigkeit, die es uns erlaubt zu argumentieren, Schlüsse zu ziehen und zu allgemeinen und abstrakten Aussagen über die Welt zu gelangen –, doch davon abgesehen setzte noch jede Epoche die Akzente anders.«[11] Sein Kollege Hans Lenk hat versucht, alle Facetten menschlicher Vernunft zu erfassen, und kommt auf nicht weniger als 21 »Rationalitätstypen«: von der »Wertrationalität« über die »Instrumentelle Rationalität« bis zur bereits angesprochenen »Rationalisierung als nachträgliche Selbstrechtfertigung«.[12]

Das, was Menschen für vernünftig und angemessen halten, ist nicht zuletzt durch ihre Kultur geprägt: So staunen Europäer über das liberale Waffenrecht in vielen Bundesstaaten der USA, während Amerikaner es kaum fassen können, dass man hierzulande mit 200 km/h über die Autobahn rasen darf. In der westlichen Welt lieben viele Menschen Hunde, in afrikanischen und arabischen Ländern ekelt man sich vor ihnen, in Korea werden sie gar verzehrt. Die Bereitschaft, solche Unterschiede in der Wahrnehmung der Welt zu erkennen und den eigenen Standpunkt zu relativieren, trennt das rationale vom irrationalen Denken: Ersteres lässt Kritik zu, Letzteres tut alles, um sich gegen sie zu immunisieren.

Der Mensch ist das einzige *vernunftbegabte* Wesen, deshalb aber nicht immer vernünftig, wie jeder aus eigener Erfahrung weiß. Die Vorstellung, wir könnten uns beispielsweise stets so berechnend verhalten wie der sprichwörtliche Homo oeconomicus – der immer noch durch die Wirtschaftswissenschaften geisternde Nutzenmaximierer –, ist selbst irrational. Und wer in seinem alltäglichen Leben versuchte, dem Idealbild des Skeptikers entsprechend zu handeln, also nichts Ungeprüftes zu glauben und die Ungewissheit dem Irrtum vorzuziehen, stünde wie gelähmt vor der Komplexität der Welt.[13] Jeder Mensch ist beides zugleich: rational und irrational. Mal denkt er die Dinge durch, wägt Optionen sorgfältig gegeneinander ab, mal entscheidet er spontan. Mal lässt er sich von seinen Begierden leiten, mal vom Verstand. Als Faustregel kann gelten: Auf ihnen vertrauten Gebieten verhalten sich die Leute tendenziell vernünftiger, auf ungewohntem Terrain unvernünftiger.

Zudem ist menschliches Handeln nur im jeweiligen Kontext verständlich, wir leben in sozialen Räumen – in denen es naheliegend sein kann, wider eigene Überzeugungen zu agieren. Sei es durch den Konformitätsdruck von Gruppen, die abweichende Meinungen durch Ausgrenzung bestrafen. Sei es durch dominierende (Denk-)Moden oder den Zeitgeist, dem wir aus Bequemlichkeit folgen. Sei es durch bestimmte Logiken, Zwänge oder Machtverhältnisse, denen wir uns mehr oder weniger widerwillig ergeben.

Manchmal ist es auch sinnvoll, bewusst auf das Unbewusste zu setzen. So kann es in unübersichtlichen Situationen die beste Option sein, intuitiv zu entscheiden, weil der Versuch, alle Alternativen zu prüfen, aussichtslos wäre. Diese Strategie ist vor allem für jene erfolgversprechend, die sowohl über Wissen von einer Sache als auch praktische Erfahrung mit ihr verfügen. Sehr gute Schachspieler können zum Beispiel mit einem Blick eine Stellung auf dem Brett erfassen. »Was ich sehe, ist schwer in Worte zu fassen«, sagt der Weltmeister Magnus Carlsen über diese Fähigkeit. »Vielleicht trifft es das Wort

Kraftfelder. Ich sehe sofort, welche Strategie der Gegner verfolgt. Ich spüre auch, welcher Zug der richtige sein könnte.«[14]

Auch wir durchschnittlich begabten Menschen haben schon die Erfahrung gemacht, dass sich der berühmte Geistesblitz zur Lösung eines Problems, mit dem wir uns lange herumgeschlagen hatten, unerwartet unter der Dusche einstellte. Nur Ahnungslose sollten sich besser nicht auf ihre Ahnungen verlassen – sie liegen intuitiv meist falsch. Dummerweise sind gerade sie es, die gern auf ihren Bauch hören.

Das menschliche Gehirn ist ein komplexes Organ, das auf verschiedenen Ebenen aktiv ist und nie schläft. Mit dieser Kenntnis lässt sich experimentieren. So berichtet der Philosoph Philipp Hübl von einem Wissenschaftler aus seinem Bekanntenkreis mit ungewöhnlicher Arbeitstechnik: »Wenn er einen Aufsatz über ein Thema schreiben will, das ihn seit Langem umtreibt, formuliert er einen anregenden Titel und kocht sich eine Marihuana-Milch-Suppe. Dann setzt er sich ans Klavier und spielt. Wenn sich die Töne in bestimmter Weise verändern, weiß er, dass die Wirkung des Marihuanas einsetzt, und er beginnt zu schreiben. Natürlich überarbeitet er sein Werk in klarem Zustand noch einmal. Offenbar funktioniert diese Technik bei ihm, weil er einige wirklich einflussreiche Aufsätze verfasst hat.«[15]

Jenseits solch unorthodoxer Optimierungsmethoden gehören auch Fluchten aus dem Alltag wie Leidenschaft, Rausch und Ekstase zu einem Leben. Nach Ansicht des Philosophen Robert Pfaller ist man wirklich erwachsen »erst dann, wenn man in der Lage ist, nicht zum Knecht seiner Erwachsenheit zu werden, sondern sich ab und zu freudige Momente scheinbar kindlicher Unvernunft zu gönnen. (…) Vernunft scheint mir gerade darin zu bestehen, zwischen den abwägenden und den sorglosen Impulsen differenzieren zu können.«[16]

Die zwei Seiten des Irrationalen

Vernunft oder Unvernunft – bei dieser Unterscheidung wird es schnell persönlich: Wer über das Thema nachdenkt, denkt notwendigerweise über sich selbst nach. Denn irrige Ansichten, widersinnige Überzeugungen und Aberglaube sind, nüchtern betrachtet, auch Ausdruck individueller Freiheit – und Zeichen von Luxus. Verhielt sich der frühe Mensch unvernünftig, bedrohte das nicht nur sein Leben, sondern die Existenz der gesamten Sippe. Abweichendes Denken und Handeln wurden erst ab einer bestimmten Stufe der Entwicklung – in der Gemeinschaften nicht mehr auf einen bestimmten Beitrag jedes Einzelnen angewiesen waren – möglich. Wir können seit diesem qualitativen Sprung in der Menschheitsgeschichte so oder ganz anders handeln und uns unser eigenes Bild von der Welt machen. Solange wir leben, haben wir die Wahl.

Aufgeklärte Gesellschaften können Exzentriker, Spinner und Verrückte nicht nur ertragen, sie brauchen sie sogar, denn Leute, die anders ticken als die Mehrheit, haben das Potenzial, die Welt voranzubringen. Das Irrationale hat zwei Seiten: Es kann großartige Kunstwerke hervorbringen, alternative Lebensformen, fantastische Welten – aber genauso Desorientierung, Dogmatismus und Hass. Die größten Stärken des Menschen – sein Vorstellungsvermögen, sein Wille und seine Fantasie – können zu seinen größten Schwächen werden.

Häufig liegt irrationalen Bewegungen, auch wenn sie noch so unangenehm in Erscheinung treten mögen, ursprünglich eine Idee der Befreiung zugrunde; ihre Vordenker wollen sich nicht mit den Verhältnissen abfinden, so wie sie sind. Die Welt erscheint ihnen ungerecht. Das ist der eigentliche Kern vieler Religionen, die versprechen, den Menschen aus seinem Jammertal zu führen, selbst wenn sich diese Versprechen als hohl erweisen. Gefährlich wird es für die vermeintlich Erleuchteten sowie deren Umwelt, wenn ihnen jede Ahnung verloren geht, dass die Welt womöglich doch anders beschaffen sein könnte, als sie glauben.

Vernunft bedeutet vor allem eines: bereit zu sein, die eigenen Sinneseindrücke, Emotionen und Überzeugungen infrage zu stellen, also einen Schritt zurückzutreten und sich selbst beim Denken zu beobachten. Eine genuin menschliche Möglichkeit. Die Vordenker des Irrationalen lehnen das ab, sie feiern die Unmittelbarkeit. Dahinter steht die Idee, allein durch Eingebung, Intuition und Gefühle sei wahre Erkenntnis möglich. Vor allem Letztere haben seit dem Bestseller *Emotionale Intelligenz* von Daniel Goleman Konjunktur. Der Begriff suggeriert, dass Gefühle als solche klug sein können, man also, ohne nachzudenken, zu Erkenntnissen kommen kann. Das ist aber nicht der Fall. Emotionalität lässt sich als rasches individuelles Bewerten von komplexen Situationen mit eindeutigem Ergebnis definieren. Entweder wir fühlen uns wohl oder unwohl, zu einem Mitmenschen hingezogen oder von ihm abgestoßen. Die Frage, ob das, was der Bauch sagt, richtig ist, kann nur der Kopf beantworten. Die Verwechslung von Gewusstem mit bloß Gefühltem kritisierte bereits Hegel: »Darum hat ein Gefühl, wenn sein Inhalt doch der gediegenste und wahrste ist, die Form zufälliger Partikularität, außerdem dass der Inhalt ebensowohl der dürftigste und der unwahrste sein kann.«[17]

Allgemein lässt sich irrationales Denken als menschliche Möglichkeit verstehen, unter seinen Erkenntnismöglichkeiten zu bleiben. »Dummheit«, schreibt Matthijs van Boxsel in seiner Enzyklopädie zum Thema, »ist das Talent, unbewusst gegen das Eigeninteresse zu handeln, im Extremfall mit tödlicher Konsequenz.«[18] Zum Beispiel, indem Probleme dorthin verschoben werden, wo sie nur scheinbar gelöst werden können.

Durch die Unterwerfung unter zweifelhafte Autoritäten, blinde Abwehrreaktionen angesichts von Veränderungen oder die masochistische Verklärung inhumaner Zustände. Unhinterfragte Gefühle befeuern das Irrationale – es will sich nicht in die Karten schauen lassen. Wir versuchen es trotzdem.

Ich mach mir die Welt, wie sie mir gefällt

Krisen und Zeiten von Umbrüchen sorgen für den Humus, auf dem Aberglaube gedeiht. Der Einzelne wird als Opfer von Schicksalsschlägen wie Krankheiten oder Unglücksfällen anfällig. Größere Gruppen werden es angesichts bedrohlich wirkender Veränderungen ihrer gewohnten Umwelt. So sahen sich die frühen Menschen den Kräften der Natur hilflos ausgesetzt. Sie reagierten darauf, indem sie diese beseelten, also Götter erschufen und anbeteten, um sie gnädig zu stimmen – der Beginn des religiösen Denkens, dessen Motive schon Demokrit erkannte, der um 460 bis 371 vor unserer Zeitrechnung lebte (siehe auch das Kapitel zur Religion).

Der Mensch ist ein sinnsuchendes Wesen; es liegt in seiner Natur, Muster und Zusammenhänge zu entdecken oder auch zu konstruieren. Das kann zu einem besseren Verständnis der Welt führen. Aber auch dazu, Dingen, Ereignissen und Phänomenen einen Sinn anzudichten, den sie nicht haben. So glauben tausende Menschen hierzulande an die sogenannte Chemtrail-Verschwörungstheorie, also daran, dass es sich bei den von Flugzeugen erzeugten Kondensstreifen in Wirklichkeit um eine Massenvernichtungswaffe handelt, die darauf abzielt, die Bevölkerung zu töten. Und nur wenigen Zeitgenossen ist die Gelassenheit des Königs in *Alice im Wunderland* gegeben, der sagte: »Wenn kein Sinn darin ist, so erspart uns das eine Menge Arbeit, denn dann brauchen wir auch keinen zu suchen.«

Mittlerweile wissen wir über die Zusammenhänge in der Natur dank des wissenschaftlichen Fortschritts so viel wie nie zuvor. Doch nun sind wir neuen Mächten ausgesetzt, die sich unserem Verständnis entziehen, obwohl sie menschengemacht sind. Sie erscheinen uns wie die unberechenbaren Naturkräfte von einst. Der Mensch sei, schreibt der Publizist und Religionskritiker Manuel Kellner, überwältigt »von sich selbst (von der eigenen Vergesellschaftung)«.[19] Das größte Rätsel gibt uns die herrschende Art des Wirtschaftens auf.

Der Kapitalismus hat in verschiedenen Spielarten – vom angelsächsischen über den rheinischen bis hin zum von der dortigen Kommunistischen Partei gesteuerten chinesischen Staatskapitalismus – fast die gesamte Welt erobert. Aber weder seine Anhänger noch seine Gegner können schlüssig erklären, wie er funktioniert und mit welcher Volte er uns als nächstes überraschen wird. Das Credo seiner in jüngster Zeit aus gegebenen Anlässen leiser gewordenen naiven Propagandisten lautet, dass der freie Markt alles richte. Seine Kritiker prophezeien seit Marx und Engels das Ende des Kapitalismus, liegen damit bislang aber ebenso falsch wie die Zeugen Jehovas mit ihren Vorhersagen des Weltuntergangs.

Als besonders rätselhaft erscheint das Zahlungs- und Schmiermittel der Weltwirtschaft. Wir kommen nicht ohne Geld aus, lassen uns davon blenden, können nie genug davon bekommen, verstehen es aber nicht wirklich. Das ging offenbar auch den Politikern und Ökonomen so, die die bis dahin streng regulierten Finanzmärkte Mitte der Achtzigerjahre liberalisierten, weil sie Geld als Ware wie jede andere missverstanden. Der in der Londoner City so genannte Big Bang, also Urknall, führte zu neuer wirtschaftlicher Dynamik, bis dato ungeahnten Geschäften mit Geld, gigantischen Profiten für Banken und Spekulanten – und immer gefährlicheren Finanzkrisen.

Die jüngste, die im Jahr 2007 ihren Ausgang nahm, weitete sich zu einer Weltwirtschaftskrise aus, von der sich viele Länder bis heute nicht erholt haben. Die Folge ist ein »Minuszinsenkapitalismus«, so der Ökonom Rudolf Hickel: Die Zentralbanken fluten die Geschäftsbanken mit Geld, aber dieses kommt in der Realwirtschaft häufig nicht an, weil Unternehmen kein Vertrauen haben, dass sich Investitionen auszahlen könnten. Ein Szenario, das wohl auch Marx ins Grübeln brächte.

Und das mit den eher hausbackenen Vorstellungen von Toppolitikern in der europäischen Führungsmacht Deutschland offenbar auch schwer zu vereinbaren ist. So beschwor die Bundeskanzlerin Angela Merkel Anfang Dezember 2008 beim CDU-Parteitag angesichts der Eurokrise folgendes Ideal: »Man hätte hier in Stuttgart, in Baden-Württemberg, einfach nur eine schwäbische Hausfrau fragen sollen. Sie hätte uns eine ebenso kurze wie richtige Lebensweisheit gesagt, die da lautet: Man kann nicht auf Dauer über seine Verhältnisse leben. Das ist der Kern der Krise.«[20] Dass Volkswirtschaften tatsächlich funktionieren wie schwäbische Haushalte – und Sparen in Zeiten der Rezession eine gute Idee ist –, bezweifeln nicht nur viele Menschen in Südeuropa, die unter der maßgeblich von Deutschland durchgesetzten Austeritätspolitik leiden, sondern auch namhafte Ökonomen in aller Welt.

Es spricht allerdings einiges dafür, dass solche Fehlschlüsse ihre Ursache darin haben, dass das scheinbar rationale Zahlungsmittel Geld allein mit ökonomischen Kategorien nicht zu fassen ist, weil es in Wahrheit noch einen ganz anderen Charakter hat. »Begriffe wie Schuldner und Gläubiger, Offenbarungseid und Erlös, Kredit und (Heilige beziehungsweise Handels-) Messe sind unüberhörbar religiöser Herkunft«, schreibt der Literatur- und Medienwissenschaftler Jochen Hörisch. »Es gibt in beiden Sphären elementare Glaubensbekenntnisse, ohne die sie nicht funktionieren. Der tiefe Glauben an die ›invisible hand‹ des Marktes, die alles so weise einrichtet wie Gottes unerforschlicher Ratschluss, gehört dazu. Wer sich in Finanz- und ökonomietheoretischen Kreisen die kecke Frage erlaubt, ob die unsichtbare Hand des Marktes deshalb unsichtbar ist und heißt, weil es sie nicht gibt, gilt sofort als Ketzer – genau dies darf er so wenig in Frage stellen wie ein Theologe vor fünfhundert Jahren die Existenz Gottes.«[21]

Solche Begriffskritik ist erhellend, weil Menschen – anders als Esoteriker und andere Anhänger des Irrationalen meinen – keinen unmittelbaren Zugang zur Welt haben. Unser Denken ist durch Sprache vermittelt; nur durch sie ist Erkenntnis möglich. Daher sind Begriffe wichtig und umkämpft; wer sie prägt, gewinnt Deutungsmacht. Nicht umsonst sprechen die Anhänger der Atomkraft konsequent von Kernenergie, ein Spindoktor der Republikaner in den USA setzte den Begriff Klimawandel in die Welt, der netter klingt als globale Erwärmung, und Manager von Volkswagen benutzen unisono den Euphemismus »Diesel-Thematik« für den organisierten Betrug am Kunden und Verstoß gegen Umweltauflagen.

Wer solche Sprachbilder, auch Frames genannt, unhinterfragt akzeptiert, unterwirft sich ihnen und der von ihnen vorgegebenen Sicht der Dinge. Denn die Begriffe, die wir verwenden, um komplexe gesellschaftliche Phänomene zu erfassen, prägen entscheidend unser Weltbild, ja, sie schaffen eine eigene Wirklichkeit. Dies lässt sich exemplarisch an einem Wort mit bedrohlichem Klang zeigen, mit dem seit den Neunzigerjahren gern das Unbehagen am Wirtschaftsgeschehen zum Ausdruck gebracht wird: Globalisierung. Sie wird hierzulande von fast der Hälfte der Menschen als Bedrohung angesehen.[22]

Die erhöhte Mobilität von Waren, Kapital, Wissen, Technik und, in eingeschränkter Form, auch Arbeit, so eine nüchterne Definition, beschleunigt einerseits den Wandel und damit die berechtigte Sorge mancher, abgehängt zu werden. Die weltweite Vernetzung produziere Gewinner und Verlierer, schreiben die Historiker Jürgen Osterhammel und Niels P. Petersson – »gleiches gilt allerdings auch für die *Zerstörung* globaler Strukturen«.[23] Dennoch wird die Globalisierung von Linken und zunehmend auch von Rechten für alle nur erdenklichen Übel auf dem Globus verantwortlich gemacht: von Umweltverschmutzung bis Sozialabbau.

Zu Unrecht. Fakt ist, dass die Integration von immer mehr Staaten in die Weltwirtschaft sich als erfolgreiches Armutsbekämpfungsprogramm für Abermillionen Menschen erwiesen hat, eine Herausforderung, an der die klassische Entwicklungshilfe weitgehend scheiterte. So sank die Zahl der absolut Armen – laut einer Definition der Weltbank Menschen, die kaufkraftbereinigt von weniger als 1,90 Dollar pro Tag leben müssen – von 1,9 Milliarden im Jahr 1980 auf etwas mehr als 700 Millionen im Jahr 2016. Und das bei einer stark wachsenden Weltbevölkerung.

Länder, denen es gelang, Teil der globalen Wirtschaft zu werden, konnten ihren Lebensstandard viel stärker erhöhen als andere; und dieser ist wiederum die Voraussetzung für ökologisches Bewusstsein und Handeln. Pointiert könnte man sagen: Nicht die Globalisierung ist das Problem, sondern der Ausschluss von ihr. Dessen ungeachtet nutzen Demagogen* den Begriff mit verschwörungstheoretischem und xenophobem Unterton für ihre Zwecke. Ihr Erfolg beruht auf der Konstruktion eines manichäischen Weltbildes, also der Aufteilung der Menschheit in Gut und Böse. Wir – das wahre Volk – gegen die anderen. Die drinnen gegen die draußen. Die Bösen sind wahlweise Eliten in Regierung oder Justiz, 68er, Feministinnen, supranationale Organisationen (Brüssel) oder eben die Globalisierung als Chiffre für fremde Mächte oder Einwanderer.

Dennis Snower, Präsident des Instituts für Weltwirtschaft in Kiel, weist darauf hin, dass in den USA bereits heute auf eine Stelle, die ins Ausland verlagert wird, sechs bis sieben kommen, die von Robotern übernommen werden. »Diese Entwicklung ist allerdings schwer greifbar, sodass Populisten wie der amerikanische Präsident Donald Trump den Leuten weismachen können: Die Chinesen stehlen eure Jobs. Roboter eignen sich nicht gut als Feindbilder.«[24]

Dieses Angebot an »magischen Feindbildern, die eine Kur eigener Verletzungen via Feindbeschwörung und -bekämpfung ermöglichen sollen«, so der Politikwissenschaftler Reinhard Olschanski,[25] erwies sich als so attraktiv für große Teile der Bevölkerung – und bei Weitem nicht nur für die sogenannten

---

* Ich vermeide den Begriff Populismus bewusst, weil er nicht sehr trennscharf ist und zudem suggeriert, populäre politische Forderungen seien per se unvernünftig.

Globalisierungsverlierer –, dass xenophobe Politiker etablierte Parteien entweder vor sich her treiben konnten wie unter anderem in Frankreich, Großbritannien und Österreich. Oder diese gleich ganz kaperten, wie es zunächst den Tea-Party-Aktivisten und später Donald Trump mit der Republikanischen Partei in den USA gelang.

Der schillernde Globalisierungsbegriff eignet sich zudem gut, um einen durch das Verschwinden traditioneller Milieus und die Marktgläubigkeit vieler sozialdemokratischer Politiker »heimatlos gewordenen Antikapitalismus«[26] zum Ausdruck zu bringen. Die Systemfrage wird heute von rechts gestellt. Dass damit ausgerechnet skrupellose reiche Männer wie Silvio Berlusconi oder Donald Trump erfolgreich waren und sind, mutet wie eine Ironie der Geschichte an. Manche ihrer Anhänger leiden tatsächlich unter Perspektivlosigkeit. Daran ist aber nicht die Globalisierung schuld, sondern es sind Missstände wie unter anderem eine ungleiche Verteilung von Bildungschancen, Einkommen und Vermögen – die autoritäre Politiker eher weniger interessieren.

Weil der Begriff relativ jung ist (er tauchte 1961 erstmals in einem englischsprachigen Lexikon auf), scheint es, als sei die Globalisierung urplötzlich über die Menschheit gekommen. Dabei existiert »die globale Weltgesellschaft« schon sehr lange, wie der Soziologe Wolfgang Streeck erläutert: »Mit der Eroberung des Aztekenreichs durch spanische Truppen 1521 begann eine den Erdball umfassende Weltpolitik, mit vielfältigen wirtschaftlichen und kulturellen Wechselwirkungen.«[27] So beschleunigte das in Südamerika geraubte Gold in Europa den Übergang zur Geldwirtschaft. Und die deutsche Küche wurde dank der Landwirtschaft der Indios mit der Kartoffel bereichert, die italienische mit der Tomate.

Einer der Ersten, der die Folgen der globalen Vernetzung

erkannte, war Friedrich Engels. Er schrieb 1847 in den *Grundsätzen des Kommunismus:* »Die große Industrie hat schon dadurch, dass sie den Weltmarkt geschaffen hat, alle Völker der Erde, und namentlich die zivilisierten, in eine solche Verbindung miteinander gebracht, dass jedes einzelne Volk davon abhängig ist, was bei einem anderen geschieht.« Engels sah übrigens – anders als viele national gesinnte Linke heute – in der Entwicklung Chancen für die internationale Arbeiterklasse.

Einen frühen Höhepunkt erreichte die Globalisierung, die damals noch niemand so nannte, gegen Ende des 19. Jahrhunderts. Danach führten Politiker Zölle ein, bremsten die Einwanderung und drosselten den Kapitalverkehr. Es folgte der vom deutschen Kaiserreich begonnene, aber auch von Nationalisten in anderen Ländern ersehnte Erste Weltkrieg. In den Dreißigerjahren, nach der Weltwirtschaftskrise, schotteten sich die Staaten strikt voneinander ab – mit katastrophalen Folgen und dem Versuch des nationalsozialistischen Deutschlands, die globale Herrschaft zu erringen. Erst Mitte der Siebzigerjahre wurde das einstige Niveau des internationalen Warenaustauschs wieder erreicht. Ab Mitte der Achtzigerjahre gab es – dank Innovationen in Sachen Kommunikation (Internet), Transport (Container) und des Falls des Eisernen Vorhangs – eine neue Qualität der Globalisierung. Nun wurden nicht mehr nur Waren gehandelt, sondern es entstanden Produktionsnetze über mehrere Länder hinweg. Heute ist die ganze Welt, so der amerikanische Ökonom Richard Baldwin, »in gewisser Weise eine Fabrik«.[28]

Umso unsinniger der Versuch, die Uhr zurückzudrehen. Als Reaktion auf den Aufstieg Chinas, Indiens und anderer Nationen in Asien und Lateinamerika, die die Chancen der Globalisierung genutzt haben, sowie zunehmende Migration propagieren Politiker in verschiedenen westlichen Ländern ein Rollback. Ihr Ideal ist der alte Nationalstaat – obwohl der offenkundig ungeeignet ist, drängende Probleme zu lösen, die heute regionaler oder globaler Natur sind. Falls die Unvernunft in Gestalt eines neuen Nationalismus triumphierte, könnte das in Zeiten einer stark verflochtenen Weltwirtschaft noch fatalere Folgen haben als vor hundert Jahren.

Bezeichnend war eine häufig von Donald Trump wiederholte Forderung, nachdem der US-Präsidentschaftskandidat die Republikanische Partei 2015 und 2016 im Sturm erobert hatte: Nach seinem Willen sollte eine gigantische Mauer an der rund 3250 Kilometer langen Grenze zu Mexiko errichtet werden – auf Kosten des Nachbarlandes. Die Entfernung entspricht in etwa der zwischen Bilbao und Moskau. Eine wahnwitzige Idee in Zeiten globaler Wertschöpfungsketten, die aber zum Kern des irrationalen Denkens führt: Probleme von heute werden mit Methoden von gestern bearbeitet. Dabei appellieren Trump & Co. weniger an den Verstand als an die Sehnsucht nach einer Vergangenheit, die es nie gab: »Make America great again.«

Eine solche Politik der Gefühle, die mit Feindbildern und Täuschungen operiert, lässt sich nur schwer durch Fakten widerlegen. Erschwerend hinzukommen psychologische Effekte, die zur Ablösung von der Realität »draußen« beitragen. So verfestigen und radikalisieren sich unter bestimmten Bedingungen Meinungen in Gruppen. Das liegt einerseits am sozialen Druck: Das einzelne Mitglied will den anderen gefallen oder zumindest von ihnen akzeptiert werden. Und andererseits an der Entlastung von individueller Verantwortung – diese wird ja von der Gemeinschaft übernommen.

Dass sich Menschen durch Konformitätsdruck sogar dazu bringen lassen, offenkundig Falsches als richtig zu bezeichnen, hat der Psychologe Solomon Asch bereits 1951 in einem berühmt gewordenen und später häufig variierten Experiment gezeigt. Ein Proband sollte gemeinsam mit vermeintlich anderen Versuchspersonen – in Wahrheit Vertraute des Versuchsleiters – eine einfache Aufgabe mit eindeutigem Ergebnis lösen. Der Gruppe wurde jeweils eine Linie gezeigt und drei Linien zum Vergleich. Eine hatte dieselbe Länge wie die Referenzlinie, diese sollte genannt werden. Es gab insgesamt 18 Durchgänge des Experiments. Bei 6 antworteten die instruierten Probanden einstimmig richtig, bei 12 einstimmig falsch. Die einzelnen Versuchspersonen, deren Verhalten untersucht werden sollte, passten sich in etwa einem Drittel der Durchläufe der objektiv falsch liegenden Mehrheit an. Nur ein Viertel ließ sich überhaupt nicht beeinflussen und antwortete stets korrekt, auch wenn es mit dieser Aussage allein da stand.[29]

Nun lässt sich über die Erkenntnishaltigkeit psychologischer Experimente unter anderem deshalb trefflich streiten, weil sie in künstlichen Laborsituationen stattfinden.[30] Ungeachtet dessen ist nicht zu übersehen, dass im 21. Jahrhundert ein neuer Tribalismus um sich greift: Gruppen richten sich in ihren eigenen Welten ein, werden dort immer engstirniger und sind von außen kaum noch zu erreichen. In den USA, auch bei dieser Entwicklung Vorreiter, lässt sich das unter anderem an der tiefen Spaltung zwischen Anhängern der Demokratischen und denen der Republikanischen Partei erkennen. Dem Politikwissenschaftler Torben Lütjen zufolge bewegen sich beide Seiten mittlerweile »in alternativen Diskurs-Universen«[31], eine Verständigung sei nicht mehr möglich. Die eine Seite diskutiert, was gegen die globale Erwärmung zu tun ist; die andere bestreitet, dass es sie überhaupt gibt. Bestimmte Fakten dringen zu den Gläubigen nicht mehr durch. So zeigten sich im September 2015 bei einer Umfrage 43 Prozent der Republikaner-Anhänger überzeugt, Barack Obama sei Muslim – obwohl diese Behauptung nachweislich falsch ist und der damalige Präsident der USA sie bei verschiedenen Gelegenheiten richtiggestellt hatte.

In den Vereinigten Staaten sind die Echokammern nicht nur medialer Art, sie bestimmen das wirkliche Leben. So entscheiden sich die Menschen zunehmend, dorthin zu ziehen, wo politisch Gleichgesinnte wohnen, was unter anderem dazu führt, dass mehr republikanische und demokratische Parteihochburgen entstehen, die zuweilen nahe beieinander liegen, aber wie Gebiete verfeindeter Stämme erscheinen.[32] Man bewegt sich jeweils in seiner Blase, das gegenseitige Misstrauen ist groß wie nie. So sagten noch in den Sechzigerjahren lediglich vier Prozent der Republikaner und drei Prozent der Demokraten bei Umfragen, dass sie ein Problem hätten, wenn ihr Sohn oder ihre Tochter einen Anhänger der jeweils anderen Partei heiraten würde. Im Jahr 2014 bekundeten 49 beziehungsweise 33 Prozent der Befragten Bedenken gegen eine solche Verbindung.[33]

Die Situation in den USA erinnert an die Zeit in Deutschland, als sich Katholiken und Protestanten unversöhnlich in voneinander getrennten Lebenswelten gegenüberstanden und sogenannte Mischehen zwischen den Konfessionen von den jeweiligen Kirchenoberen strikt abgelehnt wurden – obwohl man doch an denselben Gott glaubte. Viel wichtiger aber erschien die Frage, ob man Katholik oder Lutheraner war (beziehungsweise einer anderen protestantischen Richtung anhing). Die Konfession diente der eigenen Identität und Abgrenzung. Es dauerte fast 500 Jahre, bis sich diese Spaltung der Gesellschaft überlebt hatte.

Demagogen, selbsternannte Heiler, Gurus und Scharlatane aller Art können mit ihren Angeboten nur deshalb so erfolgreich sein, weil sie verbreitete Bedürfnisse ansprechen. Das Irrationale fasziniert viele Menschen. Diejenigen, die ihm erliegen, sind entgegen verbreiteter Vorurteile nicht notwendigerweise dumm, einer bestimmten politischen Richtung zuzurechnen oder verrückt – im Gegenteil. Viele psychisch Kranke leiden darunter, keinen Zugang zu ihren Mitmenschen zu finden, für Anhänger diverser Irrlehren gilt das nicht; im Gegenteil: Ihre Ansichten sind in weiten Kreisen der Bevölkerung anschlussfähig. Esoterik spricht vor allem eine gebildete Zielgruppe an. Verschwörungstheorien sind sowohl im linken als auch im rechten politischen Spektrum beliebt. Und auch die Mächtigen der Welt sind anfällig für Scharlatane: So konsultierten sowohl Adolf Hitler und Josef Stalin als auch Winston Churchill, François Mitterrand und Ronald Reagan Astrologen.

Alle diese Angebote sind attraktiv, weil Menschen souverän sein wollen. Sie sehnen sich nach Kontrolle über ihre Lebensumstände. Dieser Sehnsucht kommt das irrationale Denken entgegen. Es

- schafft Ordnung. Die Verhältnisse erscheinen fragil. Die aus heutiger Sicht stabil wirkende Nachkriegs-Ära mit den Supermächten USA und UdSSR ist Geschichte; die Digitalisierung hat zum *Information Overkill* geführt; und die Bürger in wohlhabenden Ländern haben die Qual der Wahl zwischen zahlreichen Optionen. Daher sehnen sich viele nach Verlässlichkeit und der angeblich guten alten Zeit. Das spiegelt sich unter anderem in Retro-Trends wider. Und im anhaltenden Krimi-Boom: Was immer passiert, der Kommissar stellt die Ordnung wieder her.

- spart Energie. Die Zusammenhänge in einer komplexer werdenden Welt zu verstehen erfordert Zeit, Mühe und geistige Anstrengung. Wer die nicht aufbringen will oder kann, dem bieten sich Glaubenssysteme an. Sie vereinfachen die Dinge und geben Antworten auf existenzielle Fragen, wenn auch häufig die falschen.
- liefert eine stimmige Erzählung mit Anfang und Ende, Gut und Böse, einer dramatischen Entwicklung und Happy End. Die Gerechtigkeit siegt, keine Frage bleibt offen.
- spendet Trost. Das Leben hält allerlei Zumutungen bereit, die für viele Menschen schlimmste ist die Endlichkeit der eigenen Existenz. Mit dem religiösen Versprechen, dass da noch etwas komme, lässt sich leichter leben. Sehr attraktiv für moderne Menschen ist der Glaube an eine Wiedergeburt: Man fängt nach dem Tod einfach noch einmal von vorn an.
- schaltet den Zufall aus. Vieles, was geschieht, passiert ohne Grund. Doch Menschen mögen keine Zufälle, nicht wenige vertreten sogar die Ansicht, es gebe keine. Daher spielt der Zufall im Leben zwar eine große Rolle, nicht aber in den Erzählungen darüber. So blicken die meisten Autobiografen auf ihre persönliche Geschichte zurück, als sei sie Ergebnis einer logischen Entwicklung. Auch das irrationale Denken eliminiert den Zufall. Besonders konsequent erledigen das Verschwörungstheoretiker.
- schmeichelt. Viele Irrlehren vermitteln ihren Anhängern das Gefühl, einer Elite anzugehören: Wir sehen, was die anderen nicht erkennen. Die Vorstellung, den Durchblick zu haben, während der Rest der Welt keine Ahnung hat, ist angenehm. Das Gleiche gilt für die Überzeugung religiöser Fanatiker, in den Himmel zu kommen, während Ungläubige in der Hölle schmoren müssen.

- stiftet Gemeinschaft. Die vermeintlich gute, wahre und richtige Sache schweißt zusammen – in Zeiten der Individualisierung und der Auflösung traditioneller Milieus ein nicht zu unterschätzender Vorteil. Der Wunsch nach Zugehörigkeit bringt viele Menschen überhaupt erst dazu, sich Glaubensgemeinschaften anzuschließen. Der Skeptiker dagegen steht oft allein da.
- klärt die Schuldfrage und entlastet, indem bestimmte Gruppen für allgemeine Missstände oder das eigene Unglück verantwortlich – und damit zu Sündenböcken gemacht werden. Derzeit sind vor allem Faschisten (Feindbilder: Fremde, insbesondere Muslime) als auch Islamisten (Feindbilder: Ungläubige, insbesondere Juden) mit der Masche erfolgreich.
- rechtfertigt Hass. Hass ist ein starker, wenn nicht der stärkste Affekt. Die Zivilisation beruht darauf, ihn einzuhegen und aus dem öffentlichen Diskurs zu verbannen. Hassprediger aller Couleur setzen dagegen auf die Lust am Tabubruch und legitimieren böses Denken und Tun. Ihre Botschaft lautet: Dein Zorn auf den Feind ist gerecht; volkstümlich: Es ist okay, die Sau rauszulassen.
- offeriert die Opferrolle. Demagogen, Verschwörungstheoretiker und religiöse Fanatiker suggerieren ihren Anhängern, dass diese zu Unrecht verfolgt, kurzgehalten und um ihre verdienten Privilegien betrogen würden. Diese Vorstellung ist angenehm, weil sie Reflexionen, etwa über die eigene Verantwortung, überflüssig macht und Hass auf Sündenböcke (siehe oben) rechtfertigt.

Bitte ab hier den Verstand abschalten!

Zur Attraktivität des Irrationalen tragen nicht zuletzt einige wirksame Schutzmechanismen gegen Kritik von außen und innere Zweifel bei. Viele dieser Immunisierungsstrategien beruhen auf verbreiteten Wahrnehmungs- und Denkmustern, erscheinen also stimmig oder sogar logisch. Sie erfordern zudem wenig geistigen Aufwand, ihre Widerlegung dagegen schon, womit wir wieder beim Thema Energieersparnis wären. Im Kern handelt es sich um den mehr oder weniger subtilen Appell: Denk nicht weiter über die Sache nach! Hier einige beliebte Varianten.

Es gibt nun mal Dinge zwischen Himmel und Erde, die wir nicht verstehen. Das ist eine gängige Replik auf Kritik an religiösen oder esoterischen Weltbildern – und man ist geneigt, zuzustimmen, denn Menschen werden tatsächlich nie alles wissen. Allerdings definiert, wer im konkreten Fall so argumentiert, willkürlich eine fixe Grenze der Vernunft, die aber in Wirklichkeit immer weiter hinausgeschoben wird: Rätsel von heute können morgen gelöst sein. Zudem spielen Scharlatane die vom Philosophen Stephen Law so genannte »Mysterienkarte«[34] auch gern aus, um bereits bewiesene Tatsachen infrage zu stellen.

Menschen neigen dazu, aus persönlichen Erfahrungen weitreichende und oft falsche Schlüsse abzuleiten, man nennt das anekdotische Evidenz. Ärger mit einem südländisch aussehenden Jugendlichen kann zu der Überzeugung führen, dass Ausländer generell üble Gesellen seien. Die Genesung des verschnupften Kindes nach der Verabreichung von Globuli zum Glauben an die Homöopathie. Und der Gedanke an einen Menschen – just in dem Augenblick, in dem er anruft – zu der Auffassung, es gebe Gedankenübertragung. Auf solch einprägsamen Erlebnissen werden ganze Weltbilder begründet. »Die Erfahrung«, schreibt der Arzt und Wissenschaftsautor Thomas Grüter, »führt zum Glauben, die Vernunft begründet den Unglauben.«[35]

Francis Bacon, Vordenker der empirischen Forschung, hat das Problem bereits im 16. Jahrhundert auf den Punkt gebracht: »Die Hauptwurzel des Aberglaubens ist, dass die Menschen jene Dinge wahrnehmen, die eintreffen, aber nicht jene, die nicht eintreffen, und sich der Erinnerung des einen verpflichtet fühlen und das andere vergessen und übergehen.«[36] Stephen Law hat ein anschauliches Bild für diesen Denkfehler gefunden: »Wenn ich mit einer abgesägten Schrotflinte auf die Wand einer Scheune, an der eine kleine Zielscheibe hängt, losballere und zufälligerweise im Schwarzen lande, ist dies kein Beweis für meine stupende Treffsicherheit. Jemand, der nur die beiden Einkerbungen im Ziel sieht, mag beeindruckt sein, aber wenn er einen Schritt zurücktritt und alle Fehlschüsse entdeckt, wird schnell klar, dass hier keineswegs Beweise für Treffsicherheit vorliegen. Die ›Volltreffer‹ sind allesamt atypisch.«

Dennoch ist die anekdotische Evidenz überaus beliebt, weil anschaulich und eingängig: Menschen lieben Geschichten und die Illusion, dem eigenen Leben mit ihrer Hilfe Sinn und Halt zu geben. Eine zur Verteidigung alternativer medizinischer Methoden beliebte Variante ist der apodiktische Satz: Wer heilt, hat recht. Auch hier möchte man beipflichten. Käme dann aber nicht zu der interessanten Frage, wieso – und ob überhaupt – geheilt wurde. Viele Erkrankungen verschwinden nämlich von selbst, und ein Ereignis, das so oder so eintritt, kann nicht als Beweis für eine bestimmte Methode dienen. Es könnte sich auch um einen Placeboeffekt handeln, also die Wirkung eines Scheinmedikaments. Oder um die sogenannte therapeutische

Illusion: »Die Person des Arztes und seine Beziehung zum Patienten beeinflussen den Verlauf einer Erkrankung.«[37] (Grüter). Daher funktioniert der rhetorische Rechthaber-Trick in diesem Kontext so gut.

Versöhnlich kommt die relativistische Immunisierungsvariante daher: Lass uns nicht streiten, denn es gibt nicht die eine Wirklichkeit – jeder Mensch hat seine eigene. Diese Argumentation ist bei Anhängern postmoderner Theorien und in New-Age-Kreisen verbreitet. Auch sie scheint auf den ersten Blick vernünftig, denn jeder Mensch nimmt seine persönliche Perspektive ein, keine gleicht exakt der anderen. So erzeugt das Betrachten des Eiffelturms bei den Abertausenden von Touristen mindestens ebenso viele unterschiedliche Sinneseindrücke. Allerdings existiert das Bauwerk unabhängig von diesen Wahrnehmungen, und seine objektiven Eigenschaften lassen sich beschreiben. Gegen die Behauptung, jeder lebe in seiner eigenen, abgeschlossenen Realität, spricht zudem, dass Austausch, Verständigung und Kooperation möglich sind und stattfinden. Dennoch erscheint die Viele-Welten-Theorie plausibel, weil wir uns schwertun, die Beweggründe anderer Leute zu verstehen und es uns mit uns selbst zuweilen ebenso ergeht.

Hierauf liefert das irrationale Denken Antworten. In seinem Mittelpunkt steht ein paradoxes Versprechen: Orientierung durch Desorientierung.

Wohin Unvernunft führt und wer von ihr profitiert

Das Irrationale ist Teil von uns, wie George Tabori sagte, es wäre dumm, das zu leugnen. Wir sind keine kühl kalkulierenden Computer, sondern Wesen aus Fleisch und Blut mit Träumen, Fantasien und Begierden. Und bei der Wahrnehmung der Welt auf unsere Sinne angewiesen, die, anders als Messinstrumente, keine objektiven Ergebnisse liefern. Dies unter anderem deshalb, weil sie von unseren Erwartungen beeinflusst werden.

Wie mächtig Suggestionen wirken können, zeigt die Geschichte der fliegenden Untertassen. Der Pilot Kenneth Arnold berichtete im Jahr 1947, nachdem er mit seinem Flugzeug in der Nähe des Mount River im US-Bundesstaat Washington unterwegs gewesen war, von nicht identifizierbaren Flugobjekten. Die Presse griff die Story begeistert auf, und plötzlich wurden vielerorts fliegende Untertassen gesichtet. Allerdings hatte Arnold gar nicht von solchen berichtet, sondern von *boomerangförmigen* Flugobjekten, die auf- und abwippten, wie eine Untertasse, die flach übers Wasser gezogen wird. Ein Reporter bekam das Gesagte nicht richtig mit und setzte die Story von den fliegenden Untertassen in die Welt. Daraufhin entdeckten viele Leute fliegende Untertassen und berichteten darüber.

»Weshalb?«, fragt Stephen Law. »Angenommen, alle seien aufrichtig, und angenommen, es ist unwahrscheinlich, dass unsere außerirdischen Besucher zufälligerweise 1947 von boomerangförmigen zu untertassenförmigen wechselten, waren die darauf folgenden Untertassen-Berichte anscheinend ein Produkt der Kraft der Suggestion und sind es heute noch.«[38]

Noch unzuverlässiger als unsere Sinneswahrnehmung ist unser Gedächtnis. Denn es handelt sich dabei nicht um ein Archiv voller Originaldokumente oder eine Computerfestplatte mit jederzeit abzurufenden Informationen, sondern um das Buch unseres Lebens, an dem wir ständig weiterschreiben. Die Quellen sind eigene Erlebnisse, Erzählungen anderer Leute, Erinnerungen, Medienberichte, Filme, Bücher – all das wird im Lichte aktueller Ereignisse, Wünsche und Bedürfnisse bearbeitet. Deshalb sind Zeugenaussagen chronisch unzuverlässig. Ja, wir können sogar dazu gebracht werden, uns an Dinge zu erinnern, die nie geschehen sind. Das erklärt auch, warum Menschen immer wieder falsche Geständnisse ablegen.

Hierzulande machte ein spektakulärer Fall das Phänomen falscher Erinnerungen einer größeren Öffentlichkeit bekannt: vermeintliche sexuelle Übergriffe auf Kinder in Worms. Von 1994 bis 1997 wurde der Fall in drei großen Prozessen vor dem Landgericht Mainz verhandelt. 25 Angeklagte sollten 16 Kinder, teils in Gruppen, teils einzeln, vergewaltigt und sadistisch gequält haben. Doch die Vorwürfe erwiesen sich als falsch, alle Angeklagten wurden freigesprochen. Der Richter Hans Lorenz sprach von einer »Beschuldigungslawine«, ausgelöst von übereifrigen Mitarbeitern eines Kinderschutzdienstes. Die Erwachsenen hatten die Kinder durch suggestive Befragungen dazu gebracht, sich an Misshandlungen zu erinnern, die ihnen nie widerfahren waren. Der Richter entschuldigte sich hinterher bei allen Opfern des Prozesses in einer, so der *Spiegel,* »für die Justiz beispiellosen Abrechnung mit den eigenen Fehlern«.[39]

Unsere Wahrnehmung und unser Denken werden auf vielerlei Weise beeinflusst, vor allem durch unsere eigenen Vorlieben, Gewohnheiten und Überzeugungen. Diese fungieren als Filter: Wir erkennen vornehmlich das, was uns in dem bestärkt, was wir ohnehin zu wissen meinen. Zudem tun wir uns schwer mit der Einschätzung von Wahrscheinlichkeiten und Risiken, Reaktionsmuster aus der Frühzeit der menschlichen Entwicklung stehen unserer Erkenntnis im Wege. So fürchten viele Menschen, nachts auf der Straße verprügelt oder beraubt zu werden, fühlen sich zu Hause aber geborgen – obwohl dies der weitaus gefährlichere Ort ist. »In den eigenen vier Wänden wird man viel häufiger Opfer als auf Straßen,

Wegen und Plätzen«, sagt der Kriminologe Thomas Feltes, der das Thema gefühlte Sicherheit seit Langem erforscht.[40] Die größten Risiken im vermeintlich trauten Heim sind Unfälle, häusliche Gewalt und sexuelle Übergriffe.

Die genannten und weitere trügerische Gefühle, Fehlwahrnehmungen und -schlüsse sind mittlerweile gut untersucht. Der Mensch ist dem »Untergrund des Denkens«, so der Philosoph Philipp Hübl, also nicht hilflos ausgeliefert wie der Pawlowsche Hund. Wir können uns kundig machen, um nicht in Denkfallen zu tappen, wir können spontanen Impulsen widerstehen, können prüfen, ob unser erster Eindruck wirklich der richtige war, kurz: Wir können unseren Verstand einschalten.

Dies tun, zumindest zeitweise, auch viele Menschen, die irrationalen Weltanschauungen anhängen, und kommen so gut durchs Leben. Sie nutzen eine Art doppelter Buchführung: Lassen sich zwar die Tarot-Karten legen, holen bei wichtigen Entscheidungen aber sachkundigen Rat ein. Gehen mit Befindlichkeitsstörungen zum Heilpraktiker, bei ernsten Beschwerden aber doch lieber zum Facharzt. Glauben an die Chemtrail-Verschwörungstheorie, nehmen den Alu-Hut jedoch bei der Arbeit ab.

Heikel wird es, wenn irrationale Überzeugungen so übermächtig werden, dass der Kontakt zur Realität verloren geht. Zum Beispiel bei Anhängern der sogenannten Christlichen Wissenschaft, die zur Heilung von Krankheiten auf die Methode des Gesundbetens und damit ihr Wohl und das ihrer Angehörigen aufs Spiel setzen. Oder bei Impfgegnern, die mit ihrer Verweigerungshaltung nicht nur sich und ihre Kinder, sondern auch ihre Mitmenschen gefährden. Fatal kann es ausgehen, wenn hartnäckige Leugner der Realität mit ihren Wahnideen ganze Gesellschaften in ihren Bann ziehen. Und wenn Politiker irrationale Affekte für Zwecke ausbeuten.

Der Historiker Bernd Greiner spricht von »Angstunternehmern«, die ihr Geschäft zum Beispiel auf diese Weise betreiben: Amerika sei »der Schuttabladeplatz für den Abschaum aller Nationen«, bedroht von Bürgern, »die das Gift der Illoyalität direkt in die Blutbahnen unseres nationalen Lebens injiziert haben. (…) Diese von Leidenschaft, Untreue und Gesetzlosigkeit getriebenen Charaktere müssen durch und durch ausgeschaltet werden.« So sprach der US-Präsident Woodrow Wilson im Dezember 1915 zum Kongress.

Greiner sieht in den USA eine lange Tradition dieses Geschäfts mit der Angst sowie der »Phobie vor dem ›Verrat von oben‹, lauthals artikuliert in Kampagnen ›gegen Washington‹, mit der sich die Vertreter eines ungefilterten ›Volkswillens‹ in Szene setzen.«[41] Donald Trump reiht sich hier ein. In Deutschland definierte Carl Schmitt, Staatsrechtler und Vordenker des Nationalsozialismus, Politik als Unterscheidung von Freund und Feind. Und sah, so der Philosoph Reinhard Olschanski, in solchem Irrationalismus »ein jederzeit nutzbares Instrumentarium«[42]. Dass es auch im 21. Jahrhundert funktioniert, demonstrieren Hetzer weltweit.

Follow the money

Neben politischem Profit wirft die Unvernunft auch pekuniären ab, denn Verängstigte und Sinnsuchende sind gute, da wenig preissensible Kunden. Aufklärung ist deutlich weniger lukrativ als Gegenaufklärung. Am offenkundigsten ist das beim Geschäft mit der Esoterik. Es floriert seit den Siebzigerjahren; Esoterik zählt stabil zu den stärksten Segmenten der Buchbranche. Über die Literatur hinaus gibt es ein unübersehbares Angebot: von Energie-Pyramiden, Shambala-Armbändern mit aktivierenden Hämatit-Kugeln – der Bundestrainer Joachim Löw trug eines bei der Fußball-Europameisterschaft 2012 –, Luft-Ionisierern zur »Belebung« von Innenräumen bis hin zu Dienstleistungen von Geistheilern, Karma-Therapeuten und Schamanen. Der Zukunftsforscher Eike Wenzel schätzte den von ihm so genannten »spirituellen Sinnmarkt« im Jahr 2012 hierzulande auf 25 Milliarden Euro, bald sollen es 35 Milliarden Euro sein.[43]

Desorientierung und Paranoia sind die Geschäftsgrundlage anderer milliardenschwerer Institutionen. Der amerikanische Präsident Dwight D. Eisenhower warnte in seiner Abschiedsrede am 17. Januar 1961 vor der Macht des »militärisch-industriellen Komplexes«. Er ist heute einflussreicher denn je. »Die alles andere ausstechende Trumpfkarte«, schreibt der Historiker Greiner, »hieß und heißt bis heute ›nationale Sicherheit‹. Der Vorwurf der ›Schwäche‹ – gegenüber Kommunismus, Totalitarismus oder Islamismus – ist eine Allzweckwaffe, die politische Konkurrenten verlässlich in den Ruin treibt. Und die dafür sorgt, dass der zur Abwehr äußerer Bedrohungen aufgeblasene Staat wie von Zauberhand seine freiheitsbedrohenden Züge zu verlieren scheint.«[44]

Auf irrationalen Anschauungen lassen sich erstaunlich stabile Unternehmen errichten. Dazu zählen Religionsgemeinschaften, die in vielen Ländern lukrative Privilegien genießen. Hierzulande beschäftigen die Kirchen rund 1,3 Millionen Menschen und sind damit der zweitgrößte Arbeitgeber. An die 50 000 Firmen zählen zu den klerikalen Konzernen, außerdem ein gewaltiges Vermögen. Allein die Erzdiözese München und Freising nennt rund 6,3 Milliarden Euro ihr eigen.

Die Aufzählung ließe sich mühelos weiter fortsetzen, denn das Irrationale ist mehr als nur ein Hirngespinst. Hinter ihm stehen handfeste Interessen, mächtige Institutionen, kleine und große Unternehmer sowie zahlreiche von ihnen abhängige Existenzen. Auch deshalb erweisen sich irrationale Denkformen über die Zeitläufte hinweg als erstaunlich robust. Eine Schlüsselrolle bei ihrer Verbreitung spielen die Medien, die doch eigentlich der Aufklärung verpflichtet sein sollten.

Welcher Skandal darf's heute sein?
Die Rolle der Medien

»Der Zwang, ein großes Publikum anzusprechen (…), prägt und formt. Alles, was in den Medien erscheint, muss durch einen hochprofessionellen Formungs- und hochselektiven Prüfungsprozess hindurch. Mit diesem Prozess entsteht eine neue Machart der Realität, durchaus vergleichbar derjenigen, die einst mit den Fabriken entstanden war.«[1]

Georg Franck

Wer vom irrationalen Denken spricht, darf von den Medien nicht schweigen. Denn noch immer gilt der Satz des Soziologen Niklas Luhmann: »Was wir über unsere Gesellschaft, ja über die Welt, in der wir leben, wissen, wissen wir durch die Massenmedien.«[2] Auch in den sogenannten sozialen Medien wird vornehmlich über das diskutiert, was Presse, Funk und Fernsehen berichten. Umgekehrt erreichen viele Themen, die zunächst im Netz kursieren, erst durch klassische Medien ein Millionenpublikum.

Zeitungen und Magazine, Fernseh- und Rundfunksender samt ihrer Online-Ableger, die ein möglichst großes Publikum ansprechen wollen, orientieren sich zu diesem Zweck an verbreiteten Affekten, archaischen Wahrnehmungs- und Denkmustern – und tragen so zu einer verzerrten Sicht der Wirklichkeit bei. Deshalb gehört Medienkritik zu einer Auseinandersetzung mit dem Irrationalen. Sie ist nicht zu verwechseln mit den Attacken rechter Kreise, die sich seit einigen Jahren auf die von ihnen so bezeichnete Lügenpresse eingeschossen haben. Letzteres ist ein Kampfbegriff von gestern, der unter anderem von Nationalsozialisten gern verwendet wurde. Er dient dazu, Berichterstattung, die nicht ins eigene Weltbild passt, zu diffamieren, am besten zu verhindern und dies als Medienkritik zu tarnen. Reine Demagogie.*

Hier soll es um etwas anderes gehen, nämlich um Mechanismen, Rituale und Zwänge, die die Berichterstattung auch seriöser Medien prägen. Und um die sogenannten sozialen Medien, in denen jeder in Windeseile Halbwahrheiten, Gerüchte oder Lügen verbreiten kann. All dies führt beim Publikum zu dem Eindruck, dass es in der Welt sonderbarer zugehe, als dies in Wirklichkeit der Fall ist.

Empört euch – besser nicht!

Medien betreiben das Geschäft mit der Aufmerksamkeit[3], sie versuchen, möglichst viele Leser, Zuschauer, Zuhörer anzuziehen, weil das für hohe Auflagen beziehungsweise Reichweiten und entsprechende Werbeerlöse sorgt. Dieser Logik folgt auch der öffentlich-rechtliche Rundfunk, obwohl er dank der Gebührenfinanzierung weitgehend unabhängig von

* Welche giftige Wirkung Sprache haben kann, hat Victor Klemperer in seiner Untersuchung *LTI* (Lingua Tertii Imperii) herausgearbeitet. Dort (S. 25) schreibt er: »Worte können sein wie winzige Arsendosen: sie werden unbemerkt verschluckt, sie scheinen keine Wirkung zu tun, und nach einiger Zeit ist die Giftwirkung doch da. Wenn einer lange genug für heldisch und tugendhaft: fanatisch sagt, glaubt er schließlich wirklich, ein Fanatiker sei ein tugendhafter Held, und ohne Fanatismus könne man kein Held sein.«

Einnahmen durch Reklame ist: Die Quote ist der ARD und dem ZDF ebenso heilig wie den Privaten.

Neben seichter Unterhaltung, Krimis und Fußball ist vor allem ein Thema geeignet, große Aufmerksamkeit zu erregen: der Skandal. Wer »Skandal!« ruft, sieht, so der Publizist Christian Schütze, nicht weniger als die Weltordnung gestört und appelliert an alle, sie zu retten.[4] Es ist der Aufruf, sich zu empören; wenn er erhört wird, ist das Ergebnis mit den Worten des Medienphilosophen Lorenz Engell ein »Aufmerksamkeits- und Beachtungsexzess«.[5]

Da der lukrativ für die Medien und ehrenvoll für diejenigen ist, die Skandale aufdecken, erschallt der Ruf »Empört Euch!« immer häufiger. Der Journalist Andreas Förster hat dies bereits vor mehr als zehn Jahren mit einer einfachen Methode belegt: Er gab den Suchbegriff *Skandal* zu verschiedenen Zeitpunkten in ein elektronisches Archiv ein, in dem alle wichtigen Presseartikel gespeichert sind. Ergebnis: Allein von 1996 bis 2006 stieg die Zahl der Treffer um mehr als 80 Prozent auf 7125.[6] Ist die Zahl der Missstände so dramatisch gestiegen? Die Öffentlichkeit sensibler geworden? Oder geht die Inflation eher auf das Konto der Medien, die das Reizwort immer häufiger bemühen? Vieles spricht für Letzteres.

Skandalberichterstattung kann nützlich sein, sie kann über wirkliche Missstände aufklären und dazu beitragen, dass diese abgestellt werden. Zudem ist das, was für Empörung sorgt und was nicht, ein guter Indikator für moralische Maßstäbe, die in einer Gesellschaft gelten. So ist Homosexualität hierzulande nicht mehr skandalisierbar. Das war in den Achtzigerjahren noch anders. Damals entließ der Bundesverteidigungsminister Manfred Wörner den ranghöchsten deutschen General Günter Kießling mit der Begründung, dieser sei homosexuell. Kießling wurde später rehabilitiert, weil ein Reporter aufdeckte, dass eine Verwechslung vorlag; ein Mann, der dem Militär sehr ähnlich sah, war in Schwulenclubs beobachtet worden. Die Entdeckung des Doppelgängers entlastete Kießling; die Idee, einen Menschen wegen seiner sexuellen Neigung zu feuern, empfand die Öffentlichkeit damals nicht skandalös.

Das hat sich glücklicherweise geändert, aber die Lust an der Skandalisierung ist geblieben. Kontroversen zwischen Politikern werden zu Dramen aufgeblasen, Grippewellen zu Pandemien, Fälle verdorbener Lebensmittel zu tödlichen Bedrohungen. So entsteht der Eindruck, dass alles immer schlimmer werde. Oder die Leute stumpfen ab, weshalb die Medien den Regler besonders online immer höher drehen – und die Freude über jeden Erregungsvorschlag, der verfängt, umso größer ist. Im Nachhinein, wenn die allgemeine Aufregung sich gelegt hat, zeigt sich dann nicht selten, dass der Skandal weniger auf Fakten als auf Emotionen beruhte und die Wahrheit nicht schwarz oder weiß ist, sondern grau.

Ein Fall, der das anschaulich wie kaum ein anderer zeigt, ist der Kampf um die »Brent Spar«, eine der erfolgreichsten Kampagnen der Skandalisierungs-Profis von Greenpeace. Im Jahr 1995 sollte die ausgediente Ölplattform, die den Konzernen Shell und Exxon (Esso) gehörte, im Atlantik versenkt werden. Dagegen machte die Öko-Organisation mobil – und lieferte den Medien, die die Story begeistert aufgriffen, beeindruckende Bilder: Todesmutige Umweltaktivisten, die mit ihren Schlauchbooten vor der gigantischen Plattform auf den Wellen tanzten, diese enterten und besetzten. David gegen Goliath.

Greenpeace gelang es, eine große Koalition gegen die Versenkung zusammenzubringen, die von den Grünen bis zum damaligen Bundeskanzler Helmut Kohl reichte, von der *Bild* bis zu Millionen Autofahrern, die statt bei Shell bei BP – oder in Unkenntnis der Sachlage – bei Esso tankten. Der Preis war eine drastische Vereinfachung des Problems. So thematisierte Greenpeace weder, dass die Plattform zu 50 Prozent Exxon gehörte, noch, dass jeder Autofahrer seinen Teil zur weltweiten Umweltverschmutzung beiträgt. Im Eifer des Gefechts veröffentliche die Organisation zudem Zahlen über die Menge an Giftstoffen in der »Brent Spar«, die weit überhöht waren.

Die Geschichte ging klassisch aus: mit einem symbolischen Opfer. Ohne dessen »Ritualschlachtung«, schrieb einmal der Publizist Johannes Gross, »kann der Skandal nicht beendet werden«.[7] Der große Konzern Shell musste klein beigeben, die Plattform wurde an Land entsorgt. Unabhängige Wissenschaftler kamen später zu dem Ergebnis, dass das Versenken des stählernen Kolosses im Ozean keine signifikanten Umweltprobleme verursacht hätte. Die beiden britische Meeresbiologen Evan Nisbet und Mary Fowler wiesen in der Fachzeitschrift *Science* darauf hin, dass Schwermetalle, wie jene, die sich an Bord der »Brent Spar« befanden, in weiten Teilen des Ozeans in riesigen Mengen aus heißen Quellen am Meeresboden strömen. Und dass die Überbewertung relativ kleiner Probleme von dringenden wie der Überfischung des Nordatlantiks ablenkten.[8]

Der Fall »Brent Spar« zeigt, dass Skandale nicht einfach da sind. Sie müssen nicht entdeckt, sondern in gewisser Weise überhaupt erschaffen werden. Der Kommunikationswissenschaftler Hans Mathias Kepplinger erkennt in Aufdeckern von Skandalen denn auch Künstler – »Geschichtenerzähler, die einem disparaten Geschehen subjektiven Sinn verleihen und dadurch für die Allgemeinheit nachvollziehbar machen«[9]. Der Skandal braucht eine Dramaturgie, einen Anfang, Höhepunkte, Wendungen und das kathartische Ende. Zudem muss die Story auf einer allgemein verständlichen

Meta-Ebene funktionieren: Es sollte um klassische Konflikte wie den zwischen Ohnmächtigen und Mächtigen gehen, um Liebe, Eifersucht, Betrug, Gier, Verrat oder Todesangst.

Stoffe, die für solche Geschichten nicht taugen, weil sie zu komplex und nur schwer auf eine Auseinandersetzung zwischen Gut und Böse zu reduzieren sind, tauchen daher nur selten in den Medien auf. Die Folgen sind frappierend. So weiß nur ein halbes Prozent der Bundesbürger, dass die Zahl der extrem armen Menschen auf der Welt in den vergangenen 20 Jahren um die Hälfte zurückgegangen ist. Das ergab eine Umfrage des niederländischen Forschungsinstituts Motivaction im Auftrag unter anderem der Hilfsorganisation Oxfam.[10] Demnach waren 92 Prozent der Befragten fälschlicherweise der Ansicht, die Armut sei gleich geblieben oder habe zugenommen. Wenig bekannt ist auch, dass die Zahl der Kriege und Bürgerkriege seit dem Ende des Ost-West-Konflikts rückläufig ist. Ebenso wie die Kriminalität hierzulande.

Über solche Entwicklungen erfährt man selten aus den Medien. Dafür umso öfter über allzu Menschliches.

Bürger und Idioten

Menschen interessieren sich am meisten für andere Menschen, Medien bedienen dieses Bedürfnis seit je – und kommen den Objekten ihrer Begierde immer näher. Heute spielt das Persönliche, Private, Intime auch bei Trägern öffentlicher Ämter wie Politikern eine zunehmende, zuweilen die entscheidende Rolle. Sehr lange war dies anders, das Idealbild stammt aus der Antike. Dort gab es eine klare Vorstellung von der Trennung der Sphären: Auf der einen Seite stand der *polites*, der Bürger, der sich für die Polis, das Gemeinwohl einsetzte. Auf der anderen Seite der *idiotes,* der Idiot also (damals war diese Bezeichnung noch nicht abwertend zu verstehen, sondern im Sinne von Privatmann), der weder ein öffentliches Amt innehatte noch sich am politischen Leben beteiligte.

Die Einsicht, dass Bürger in der Öffentlichkeit eine dem jeweiligen Anlass, ihrer Position oder Aufgabe entsprechende Rolle zu spielen haben, ist eine zivilisatorische Errungenschaft, die im Westen bis Mitte der Sechzigerjahre Bestand hatte. Dann trat ein anderes Ideal an ihre Stelle: die Vorstellung, das, was den Menschen ausmache, sei seine persönliche Geschichte. Mit dem damals beginnenden und bis heute anhaltenden Psycho-Boom nahm der Tanz ums Ich[11] seinen Anfang; seitdem kreisen viele Menschen um sich selbst und suchen in ihrem Innersten das Glück. Entsprechend beurteilen sie ihre Mitbürger.

Einer, der früh die Folgen dieser »Tyrannei der Intimität« erkannt hat, ist der Soziologe Richard Sennett. Er schrieb: »Einen politischen Führer, der sich um ein Amt bewirbt, nennt man ›glaubwürdig‹ oder ›legitim‹, man sieht also darauf, was für ein Mensch er ist, statt darauf, wie er handelt und welche Programme er vertritt. Das übermäßige Interesse an Personen auf Kosten der gesellschaftlichen Beziehungen wirkt wie ein Filter, der unser rationales Gesellschaftsverständnis verfärbt.«[12]

Die Diagnose ist aktueller denn je. Denn mittlerweile dominiert ein »Charaktertest-Journalismus«, so der Medienwissenschaftler Bernhard Pörksen. Es geht nicht mehr darum, öffentliche Angelegenheiten zu diskutieren, sondern darum, Funktionsträgern die Maske zu entreißen, ihr vermeintlich wahres Ich bloßzulegen. Viele Politiker haben sich mehr oder weniger freiwillig auf dieses Spiel eingelassen. Sie versuchen, sich als authentische Persönlichkeiten zu inszenieren, stellen ihr Privatleben samt Kindern, Haustieren und Hobbys zur Schau, reden mit Journalisten über ihre Liebschaften, Krankheiten oder andere Intimitäten. Strategische Selbstentblößung zwecks Imagepflege.

Wie stark diese Tyrannei der Intimität die gesamte mediale Öffentlichkeit blenden kann, zeigt der Fall Christian Wulff.[13] Er hatte bereits als niedersächsischer Ministerpräsident durch seinen Sprecher die Nähe zur *Bild*-Zeitung gesucht, die seine private Seite präsentierte und unter anderem wohlwollend über seine Scheidung und die neue Liaison mit Bettina Köhler, seine spätere Ehefrau, berichtete. Diese Masche verfolgte Wulff auch als späterer Bundespräsident in Berlin unter anderem mit Homestorys – bis eine weniger erfreuliche Geschichte dazwischen kam. Journalisten, auch von *Bild*, gingen dem Verdacht nach, er habe sich von privaten Gönnern einen günstigen Hauskredit beschafft. Diese Recherche erboste Wulff derart, dass er auf Dienstreise im Orient (»Ich bin auf dem Weg zum Emir!«) dem damaligen *Bild*-Chefredakteur Kai Diekmann empört auf die Mailbox sprach und ihm sogar mit »Krieg« drohte – den er nur verlieren konnte.

Das Protokoll dieses wenig präsidialen Ausbruchs gelangte in verschiedene Redaktionen. Daraufhin hefteten sich Journalisten in einer beispiellosen Hetzjagd auf Wulffs Fährte, fanden heraus, dass er wohlhabende Bekannte und Schnäppchen schätzt, mehr aber auch nicht. Dennoch wurde das Leben der Wulffs bis ins Letzte ausgeleuchtet, es wurden haltlose Gerüchte kolportiert, und die *Financial Times Deutschland* ging der sensationellen After-Eight-Spur nach: Wulff soll in seiner Jugend auf dem Pausenhof Mitschüler mit Süßigkeiten bestochen haben.

Im Februar 2012 trat er von seinem Amt zurück, nachdem die Staatsanwaltschaft Hannover die Aufhebung seiner Immunität beantragt hatte. Im Februar 2014 wurde er vom Landgericht Hannover vom Verdacht der Vorteilsnahme freigesprochen.

Eine Blamage für die Presse, die in bislang nicht gekanntem Herdentrieb einer Schimäre nachgejagt war. Und eine Genugtuung für Wulff, der allerdings bis heute nicht einzusehen scheint, dass seine Entscheidung, die Grenze zwischen Politischem und Privatem zu verwischen, ein Fehler war, um nicht zu sagen: idiotisch.

Sie kostete ihn das Amt des Bundespräsidenten, das vor allem symbolische Bedeutung hat, weshalb sich der politische Schaden in Grenzen hielt. In den USA dagegen entscheidet Charaktertest-Journalismus schon seit Langem darüber, wer ins Weiße Haus einziehen und für die gesamte Welt bedeutsame Entscheidungen treffen darf. So standen beim Duell zwischen Hillary Clinton und Donald Trump weniger politische Fragen im Mittelpunkt als moralische. Es ging vor allem um ihr Image als kalte und berechnende Frau und sein Macho-Gehabe. Noam Chomsky nannte das Spektakel »echten Betrug am Leser und am Zuschauer«[14].

Die Methode, Politik als Frage der Persönlichkeit zu deuten, ist mittlerweile so selbstverständlich geworden, dass sie kaum hinterfragt wird. Markus Feldenkirchen, Autor eines großen Porträts im *Spiegel,* für das er den SPD-Kanzlerkandidaten Martin Schulz monatelang im Wahlkampf 2017 begleitet hatte, sagte über die Wirkung seiner Schulz-Story: »Viele Leser erzählten mir später, sie hätten erst durch die Lektüre ein Gespür für seinen wahren Charakter bekommen (...).«[15]

Feldenkirchen zeichnet mit seiner Geschichte, die nach Schulz' Wahlniederlage auf 28 Seiten im *Spiegel* veröffentlicht wurde, das Psychogramm eines Mannes, der erst euphorisch in den Wahlkampf startet, dann angesichts sinkender Umfragewerte und für die SPD verlorener Landtagswahlen immer unsicherer wird und weder von seinen Parteifreunden noch von seinen Beratern adäquate Unterstützung erhält. Der Leser erfährt über Schulz, dass der sehr gern Currywurst isst und sich im Vergleich zu Angela Merkel für den »Gefühligeren« hält. Und dass er sich »im Laufe des Wahlkampfes immer weiter von sich selbst entfernen ließ und (…) erst nach der Schließung der Wahllokale zurück zu sich selbst fand«.[16] In dem gesamten Artikel findet sich kein einziger Hinweis darauf, was der Politiker Schulz vorhatte.

Je krasser, desto besser

Journalisten haben – auch dabei orientieren sie sich an menschlichen Wahrnehmungsmustern – das Neue, Ungewöhnliche, von der Norm Abweichende im Blick. Hund beißt Mann ist keine Nachricht, Mann beißt Hund schon. Dieses Beuteschema führt dazu, dass nicht nur außergewöhnliche Ereignisse, sondern auch bestimmte Typen in den Medien überrepräsentiert sind, nämlich: Narzissten, Selbstdarsteller, Blender, Maulhelden, Demagogen, Provokateure. Wer ordentlich Krawall schlägt, hat gute Chancen, öffentliche Aufmerksamkeit zu bekommen. Niemand hat davon so profitiert wie der US-Präsident Donald Trump, der nebenbei auch eine eherne Regel amerikanischer Wahlkämpfe außer Kraft setzte. Bis zu seiner Kampagne galt, dass nur Kandidaten, die unentwegt enorme Spenden bei Privatpersonen und Lobbyisten einsammeln, eine Chance haben, weil Wahlwerbung Milliarden kostet. Trump aber kam mit relativ geringen finanziellen Mitteln ins Weiße Haus.

Das könnte eine gute Nachricht für wirklich unabhängige Kandidaten sein – wenn Trumps alternative Methode nicht darin bestanden hätte, auf bis dahin unbekannte Weise zu provozieren und Unsinn in die Welt zu setzen. Sein Kalkül ging auf: Jede seiner absurden Forderungen, Lügen (nach Recherchen der Faktencheck-Plattform Politfact war jede zweite Aussage Trumps im Wahlkampf komplett falsch) und fremden- oder frauenfeindlichen Beleidigungen fand das gewünschte Echo.

Ein gutes Geschäft für die Medien – und für Trump. Allein vom Mai 2015 bis Mai 2016 durfte er sich über Berichterstattung mit einem Werbewert von rund drei Milliarden Dollar freuen – und lag damit weit vor allen anderen Kandidaten in seiner Partei und auch vor der Rivalin. Der fernseherfahrene Showman zeigte sich darob hocherfreut: »Ich habe so viel Gratiswerbung bekommen, wie ich es nicht erwartet hätte«, sagte er der *New York Times*. Im Fernsehen bestünden viele der Programme aus »100 Prozent Trump«, daher sei »noch mehr Trump« während der Werbepausen nicht nötig.[17] Dank solch medialen Rückenwinds hat es ein »ignoranter, dünnhäutiger Größenwahnsinniger«[18] (Chomsky über Trump) ins höchste Amt der Vereinigten Staaten geschafft.

Call me pig, but call me

Die populistische Provokationsmasche funktioniert dank zuverlässiger medialer Reflexe und wird in der Bundesrepublik derzeit vor allem von der AfD gern bedient. Dank kalkulierter Skandale ist die Partei – der selbst eine Mehrheit ihrer Anhänger nicht zutraut, die Probleme des Landes lösen zu können – ständig in den Medien. Das Prinzip funktioniert so: Im Januar 2016 sagte die damalige AfD-Vorsitzende Frauke Petry in einem Interview mit dem *Mannheimer Morgen*, die Polizei müsse, um Grenzübertritte von Flüchtlingen zu verhindern, »notfalls auch von der Schusswaffe Gebrauch machen«. Ihre Parteifreundin Beatrix von Storch legte noch einen drauf und vertrat via Facebook die Ansicht, auch Frauen und Kinder müssten mit Waffengewalt gestoppt werden. Die Resonanz war enorm, fast alle Medien sprangen auf das Thema an, Politiker aller Parteien äußerten sich empört.

Petry und von Storch – auch dies gehört zum Spiel – distanzierten sich daraufhin von ihren Aussagen. Petry behauptete, sinnentstellend zitiert worden zu sein. Von Storch schränkte ihre Aussage zunächst ein: Nur auf Frauen, nicht auf Kinder solle geschossen werden. Später behauptete sie, ihr Facebook-Post sei auf ungeschickten Umgang mit der Computermaus zurückzuführen gewesen. Um ihn schließlich als Fehler zu bezeichnen. Der gewünschte Effekt aber war eingetreten: Die Partei hatte ihre Schlagzeilen, ihre Hassbotschaft war im Gespräch und damit geadelt. Die Populisten beherzigen eine klassische Devise der Öffentlichkeitsarbeit für Schmerzbefreite: *Call me pig, but call me.* Berühmt oder berüchtigt, Hauptsache in den Medien.

Der amerikanische Medienwissenschaftler Neil Postman veröffentlichte 1985 eine Streitschrift gegen die Dominanz des Fernsehens in den USA. Darin heißt es: »Weitgehend ohne Protest und ohne dass die Öffentlichkeit auch nur Notiz davon genommen hätte, haben sich Politik, Religion, Nachrichten, Sport, Erziehungswesen und Wirtschaft in kongeniale Anhängsel des Showbusiness verwandelt.«[19] Problematisch am Fernsehen, so seine These, »ist nicht, dass es uns unterhaltsame Themen präsentiert, problematisch ist, dass es jedes Thema als Unterhaltung präsentiert«.[20] Mit der Folge, dass seine Landsleute »die am besten unterhaltenen und zugleich wahrscheinlich die am schlechtesten informierten Leute der westlichen Welt« seien.

Postmans Diagnose gilt schon lange nicht mehr nur für die USA. In Deutschland zeigte der Fall Ronald Schill, wohin die Symbiose zwischen einem skrupellosen Entertainer und den Medien führen kann. Der Hamburger Amtsrichter machte in den Neunzigerjahren mit drakonischen Urteilen gegen Schwarzfahrer und Kleinkriminelle auf sich aufmerksam, die fast alle von der nächsten Instanz aufgehoben wurden. Die damals in Hamburg dominierende Springer-Presse (*Bild, Hamburger Abendblatt, Welt*) und auch die *Hamburger Morgenpost* – allesamt besessen vom Thema Kriminalität – berichteten groß über Schill und stilisierten ihn zum »Richter Gnadenlos«. Aus durchaus eigennützigen Gründen, denn Schill lieferte verlässlich auflagenträchtige Storys. Die Tatsache, dass es sich bei ihm offenkundig um einen, vorsichtig formuliert, Exzentriker handelte, der wegen seiner Arbeitseinstellung in der Justiz umstritten war, spielte in der Berichterstattung eine untergeordnete Rolle.

So wurde Schill prominent und dadurch bestärkt, sich politisch zu betätigen. Die von ihm gegründete Partei Rechtsstaatliche Offensive erreichte bei der Wahl zur Bürgerschaft im Jahr 2001 im vermeintlich liberalen Hamburg aus dem Stand fast 20 Prozent – und war sowohl in armen wie in reichen Vierteln erfolgreich. CDU und FDP hatten keine Skrupel, mit den Newcomern zu koalieren, um die SPD aus der Regierung abzulösen. Schill wurde Innensenator und Zweiter Bürgermeister.

Sein Amt interpretierte er eigenwillig: Er hielt »Bürgersprechstunden« in einem Nachtclub ab, blamierte sich mit einer peinlichen Rede zum Oder-Hochwasser im Bundestag und forderte, russisches Senfgas zum Kampf gegen Terroristen anzuschaffen. Im August 2003 versuchte er, den Ersten Bürgermeister Ole von Beust mit dessen Homosexualität und einer angeblichen Affäre zu erpressen, woraufhin von Beust ihn feuerte.

Danach ging es mit Schill rasant bergab. Er lebt heute anscheinend mehr schlecht als recht von seiner gekürzten

Richterpension in einer Favela von Rio de Janeiro und verdient gelegentlich in Reality Shows für abgehalfterte Berühmtheiten und solche, die das noch werden wollen, etwas dazu. Seine Devise: Ist der Ruf erst ruiniert, lebt sich's frei und ungeniert. So thematisiert er in seiner Autobiografie *Der Provokateur* seine Sexsucht und kommt zu dem Schluss: »Mein Schwanz brach mir das Genick.«

In Hamburg schämt man sich heimlich, so einem auf den Leim gegangen zu sein. Und auch die Selbstkritik der Medien fiel außerordentlich zurückhaltend aus. So stellte das *Hamburger Abendblatt* im August 2014 – anlässlich des Einzugs von Ronald Schill in den »Promi Big Brother«-Container – die Frage, wieso dieser Sonderling 13 Jahre zuvor von fast 20 Prozent der Wähler der Stadt gewählt worden war. Und schrieb dazu einen einzigen Satz in eigener Sache: »Die Presse – von *Welt* und *Zeit* über das *Hamburger Abendblatt* bis zur *Bild* – ging arg freundlich mit dem Aufsteiger um, der sich anschickte, die Republik auf den Kopf zu stellen.«[21]

Solche Einsichten sind allerdings schnell wieder vergessen, sobald sich die nächste Gelegenheit bietet, zweifelhafte Affekte zu bedienen. In globalem Maßstab tun das Quasi-Monopolisten im Internet wie Facebook, eine Plattform, über die Unsinn und Hetze in bislang nicht gekanntem Maße verbreitet wird; »Lüge als Geschäftsmodell« nannte es die *Süddeutsche Zeitung*. Dieses Netz ist der ideale Verstärker für destruktive Botschaften kleiner, gut organisierter Gruppen, ergab eine Analyse, für die der IT-Fachmann Philip Kreißel gemeinsam mit dem Institute for Strategic Dialogue in London Hunderte Diskussionen auf Facebook zu Beiträgen verschiedener Medien im Januar 2018 auswertete. Demnach waren lediglich fünf Prozent der Accounts für 50 Prozent der Likes bei Hasskommentaren verantwortlich.

Zu viele Informationen, zu wenig Wissen

Nachrichten waren früher rar und wertvoll, heute gibt es sie im Überfluss und gratis im Netz. Außerdem finden sich dort jede Menge Erlebnis- und PR-Berichte, wissenschaftliche und pseudowissenschaftliche Aufsätze, Produkttests und Schleichwerbung, Kommentare, Polemiken, Beleidigungen, Hassbotschaften und Propaganda – immer häufiger von gedungenen Trollen oder Bots fabriziert –, offizielle Verlautbarungen und geleakte Dokumente, Posts von Berühmtheiten und Nobodys, Abermillionen Bilder, Videos und vieles mehr. Entsprechend mühsam ist es, Sinn von Unsinn zu unterscheiden.

Da uns Informationen – etwa via Internet – von überall auf der Welt sehr schnell erreichen, uns die Zusammenhänge aber nicht selten fremd sind, drängt sich der Eindruck von Chaos auf. »Das Bewusstsein, oder besser: das Gefühl, bei Weitem nicht alles zu durchschauen«, so Manuel Kellner, sei heute gerade wegen des erweiterten Horizontes viel stärker als im 18. oder 19. Jahrhundert.[22] Umso größer ist die Sehnsucht nach einfachen Wahrheiten, nach einem verlässlichen Kompass.

Der Segen des Web 2.0 – Zugang und Teilhabe an Ereignissen in Echtzeit – erweist sich zudem immer häufiger als Fluch. Wir haben heute dank Facebook, Twitter & Co. die Chance, quasi mitzuerleben, was an jedem beliebigen Ort der Welt geschieht. Doch wie zuverlässig sind die Informationen, die auf uns einströmen? Und wozu führt ihre rasante Verbreitung?

Die *Süddeutsche Zeitung* hat dies an einem konkreten Fall rekonstruiert.[23] Am Abend des 22. Juli 2016 tötete der 18-jährige Schüler David S. aus rassistischen Motiven neun Menschen am und im Olympia-Einkaufszentrum in München und später sich selbst. Nach der Tat brach Panik in der Stadt aus, man vermutete eine Attacke von Terroristen wie kurz zuvor in Nizza.

Der Staat setzte mit rund 2300 Sicherheitskräften ein Großaufgebot ein. Darunter bewaffnete Polizisten in Zivil – die von manchen Augenzeugen für Täter gehalten wurden, was sich als Problem erweisen sollte. Denn viele Leute, darunter auch einige Journalisten, verbreiteten ihre wirklichen und vermeintlichen Erkenntnisse umgehend in den sozialen Medien.

In jener Nacht rückte die Polizei zu 67 Einsätzen an 67 Orten aus. 66 Mal handelte es sich um Fehlalarm. »Wie können aus einem Tatort 67 werden?«, fragte die *Süddeutsche Zeitung*. »Warum bricht Panik aus, als der Amoklauf des David S. schon lange vorbei ist? Warum verfallen die Bewohner dieser sonst so gemütlichen Stadt in eine kollektive Hysterie?« Die Antwort: weil falsche Gerüchte echte Panik auslösen, und sich Fehlinformationen mit atemberaubender Geschwindigkeit verbreiteten. »Von Mund zu Mund. Von Smartphone zu Smartphone. Von Whatsapp zu Facebook zu Twitter zu TV-Sendern und zurück.«[24]

Mit Gerüchten ein Echo zu erzeugen ist heute kinderleicht, es braucht lediglich ein Smartphone dazu. Resonanz ist das Hauptziel vieler Leute, denen das Internet hauptsächlich der Selbstinszenierung und -bestätigung dient. So auch einem jungen Mann, der sich als »Social Media Guy« bezeichnet. Mit dem ersten Gebot des Nachrichtenjournalismus – »Be first, but be first right« – hat er dagegen nichts im Sinn: Von ihm stammte die erste Falschmeldung auf Twitter, am Stachus in München wären Schüsse gefallen. »Das Ganze nennt man Social Media«, rechtfertigte er sich später auf Nachfrage, »und Wahrheiten sind da nicht unbedingt auf dem Tagesplan.«[25]

Der Kampf gegen Lügen ist eine Sisyphos-Aufgabe, denn Unsinn lässt sich in Windeseile verbreiten, die Wahrheit herauszufinden, braucht Zeit. Zeit, die viele Menschen nicht aufbringen, weil sie ständig kommunizieren. Im Fall des

Amoklaufs von München paralysierten Fehlinformationen die ganze Stadt über viele Stunden, erst am frühen Morgen gab die Polizei vorsichtig Entwarnung. Zuvor hatten auch diejenigen, die verschiedene als seriös geltende Medien nutzten, keine Chance, sich ein realistisches Bild der Situation zu machen, weil so gut wie alle Berichterstatter dem Herdentrieb verfallen waren und meinten, unentwegt senden zu müssen, obwohl es keine gesicherten Informationen gab. Schweigen wäre besser gewesen. Ist aber in der dauererregten Mediengesellschaft keine Option.

Andererseits verzichten immer mehr Menschen aus freien Stücken allein auf den Versuch, sich umfassend zu informieren, denn Fakten oder andere Meinungen könnten sie in ihrer Weltsicht beirren. Stattdessen versammeln sie sich mit Gleichgesinnten in Echokammern, die die eigenen Stimmen verstärken und solche von außen abschirmen. Das Phänomen ist nicht neu, unter anderem beruhen Sekten oder Psychogruppen auf diesem Mechanismus. Doch hat es durch die weltweite Vernetzung ein neues Ausmaß und eine neue Qualität bekommen.

Im Internet kann sich jeder an jedem Ort problemlos solche Hallräume suchen, ohne sein alltägliches Leben ändern zu müssen. Die Gemeinschaften, die sich finden, reichen von harmlos über skurril bis abartig. So gab es zu Beginn des Jahres 2010 eine Facebook-Seite mit der Forderung, das Konzentrationslager Mauthausen wieder zu eröffnen. In dem größten KZ Österreichs waren zur Zeit des Nationalsozialismus mindestens 90 000 Menschen getötet worden. Die Facebook-Seite erreichte, bevor sie gelöscht wurde, mehr als 11 000 Fans, von denen sich viele mit Namen und Foto zu erkennen gaben.[26]

Nicholas Negroponte, Gründer des Media Lab am Massachusetts Institute of Technology (MIT), propagierte in den Neunzigerjahren das Konzept Daily Me: eine elektronische Tageszeitung, die den Kunden genau dann, wenn er es wünscht, mit genau den Nachrichten versorgt, die relevant für ihn sind. Information nach Maß statt konfektionierter Massenware, das war die Idee des Fortschrittsoptimisten Negroponte. Allerdings blieb unklar, welche allwissende Instanz letztlich über das entscheiden könnte, was dem Geschmack des einzelnen Kunden entspricht. Auch die Frage, ob es nicht eine Stärke der Tageszeitung ist, ihre Leser gelegentlich mit Beiträgen zu überraschen, von denen diese nicht ahnen, dass sie für sie interessant sein könnten, ließ er unbeantwortet.

Mittlerweile ist Negropontes Vision Wirklichkeit geworden, wenn auch anders, als von ihm gedacht. In den Filterblasen des Netzes finden sich Leute zusammen, die dieselbe Ideologie teilen und sich gegenseitig mit den dazu passenden Wahrheiten versorgen – allerdings meist ohne die bei seriösen Tageszeitungen übliche Recherche. Suchmaschinen wie Google und Plattformen wie Facebook profitieren vom Trend zum *closed shop* und verstärken ihn. Sie möchten die Kunden möglichst lange auf ihren Seiten halten und versorgen sie daher mit dem, was diese zu erfahren wünschen: mehr vom Gleichen und von Gleichgesinnten; besonders beliebt ist alles, was Emotionen auslöst – von Katzenvideos bis zu Hassbotschaften.

So tragen die sogenannten sozialen Netze zur Fragmentierung der Gesellschaft bei. Ihre Algorithmen sorgen dafür, dass sich Positionen verfestigen, man setzt sich immer weniger mit anderen Meinungen auseinander, bleibt lieber unter sich und seinesgleichen. »Wer bei AfD oder Pegida ›Gefällt mir‹ drückt«, so die *Frankfurter Allgemeine Zeitung*, öffnet eine Schleuse. Dahinter ist ein breiter Weg zu immer neuen, halbprofessionell gestalteten Seiten des rechtsextremen Spektrums. Die Nähe bedeutet nicht, dass sie kooperieren; die Anhängerschaft überschneidet sich. Facebook verbindet Interessen.«[27]

Cass Sunstein, Jurist und Berater von Barack Obama, erkannte in der technischen Möglichkeit zu solchen Informations-Kokons schon früh eine Gefahr für die Demokratie.[28] Diese braucht seiner Ansicht nach erstens einen öffentlichen Raum, in dem die Bürger gemeinsame Erfahrungen machen könnten. Und zweitens ungeplante Begegnungen, die zu Auseinandersetzung mit Menschen führen, deren Standpunkte und Weltsichten man sonst nie kennen lernte. Beides findet in einem zu Inseln zerfallenden Internet, besiedelt von Egozentrikern mit dem Wahlspruch »Ich bin ganz meiner Meinung«, nicht mehr statt.

Nullnachrichten

Journalisten sind auf Neuigkeiten aus – allerdings häufig nur in den von ihnen gewohnten und von ihren jeweiligen Medien vorgegebenen Rastern. Storys, die nicht in diese Formate passen, etwa, weil keine Prominenten darin vorkommen oder es keine spektakulären Bilder gibt, um sie zu illustrieren, haben weniger gute Chancen, veröffentlicht zu werden.

Gute Karten haben dagegen Interessengruppen und clevere Leute mit ihren Anliegen, wenn sie die Medien mit dem bedienen, was diese mögen. So treten Stars stets dann flächendeckend in der Presse auf, wenn sie ein neues Buch, Album oder einen neuen Film bewerben wollen. C-Promis, die außer Peinlichkeiten nichts zu bieten haben, machen genau damit auf sich aufmerksam. Und wer sich fragt, warum in den Reiseteilen etlicher Blätter zur gleichen Zeit beispielsweise Kreuzfahrten in der Karibik vorgestellt werden, kann davon ausgehen, dass ein paar Dutzend Journalisten auf Einladung eines Veranstalters oder Fremdenverkehrsverbands dorthin geflogen wurden. Hinweise auf diesen Zusammenhang sucht man in den Berichten meist vergeblich.

Meister in der Instrumentalisierung der Medien sind Politiker und deren Berater. Die meisten Auftritte von Volksvertretern sind öffentlichkeitswirksame Inszenierungen mit wenig bis null Substanz. »Die Medien können dann, wenn sie wollen«, schreibt der Politikwissenschaftler Thomas Meyer, »das ihnen dargereichte Scheinereignis an ihr Publikum in der Originalversion weiterreichen, um Ressourcen zu sparen. Sie können die Inszenierung aber auch demontieren, kritisch auf ihren tatsächlichen Gehalt befragen und durch eine eigenmediale Gegeninszenierung ersetzen. Das erfordert Kompetenz und Zeit und birgt immer das Risiko der Ungnade jener Politiker, die als Informationsquelle doch dringend gebraucht werden.«[29]

Zu »eigenmedialen Gegeninszenierungen« kommt es selten, aus Bequemlichkeit, Faulheit und weil Verlage in Zeiten erhöhten ökonomischen Drucks durch die Digitalisierung an den Redaktionen sparen. Daher fehlen die Kapazitäten, Scheinereignissen auf den Grund zu gehen, was deren Erfindern in die Karten spielt. Martin Sonneborn, Ex-Chefredakteur der Satirezeitschrift *Titanic,* hat aus dieser Tatsache ungewöhnliche Konsequenzen gezogen und eine eigene Partei namens »Die Partei« gegründet, mit der er uns die unsinnigen Rituale des Politikbetriebs vor Augen führt.

So reiste er vor einigen Jahren mit einer Delegation – einige Wochen nach dem damaligen Bundesaußenminister Frank-Walter Steinmeier – in die georgische Hauptstadt Tiflis, um dort vor der Presse ein offizielles Abkommen mit der mitgliederstärksten oppositionellen georgischen Arbeiterpartei abzuschließen. Dort entschuldigte er sich vor laufenden Kameras für den Bruch (sic!) des Hitler-Stalin-Paktes, so etwas solle nicht mehr vorkommen. »Ich habe das gesagt, und es wurde übersetzt«, erinnert sich Sonneborn. »Dann stand der Tischherr, der Generalsekretär der georgischen Partei, auf. Es war sehr ruhig, wir Deutschen hatten Angst, dass wir erschossen würden. Dann hat der Generalsekretär gesprochen und der Übersetzter übersetzt: ›Ist egal, macht nichts.‹ Dann haben wir alle darauf angestoßen, und insofern ist unsere Entschuldigung jetzt von einer offiziellen Stelle sanktioniert.«[30]

Auf dieses Happening gab es hierzulande kein Medienecho, was vielleicht daran liegen könnte, dass Politikredakteure den Witz nicht verstanden haben. Oder daran, dass sich für Georgien niemand interessiert, solange der Bundesaußenminister nicht in Begleitung eines Pressetrosses dorthin fliegt.

Der Medienwissenschaftler Siegfried Weischenberg hat einmal über die Rolle von Journalisten in einer komplizierter werdenden Welt gesagt, dass es mehr denn je Profis brauche, »die uns, innerhalb der bekannten Grenzen der jeweiligen Medien, nach bestem Wissen und Gewissen, nach allen Regeln der Kunst, so objektiv und unparteilich wie möglich Informationsangebote machen. Leute, auf die wir uns verlassen können, in einer Welt, in der uns an jeder Ecke irgendjemand etwas verkaufen will.«[31]

Zu den Verkäufern zählen Vertreter verschiedener irrationaler Denkschulen, die großen gesellschaftlichen Einfluss haben. In den folgenden Kapiteln werden die wichtigsten dieser Glaubensgemeinschaften vorgestellt.

Glaubensgemeinschaften

Religion
Geschäftsprinzip Hoffnung

»Der Glaube hat kein Bewusstsein darüber, dass er ein Denken ist (…).«[1]
Georg Wilhelm Friedrich Hegel

»Der Mensch ist der Anfang der Religion, der Mensch der Mittelpunkt der Religion, der Mensch das Ende der Religion.«[2]
Ludwig Feuerbach

Wozu das alles? Welchen Sinn hat mein Leben? Wie soll es nach diesem Schicksalsschlag weitergehen? Kann es das schon gewesen sein? Antworten auf solche Fragen, die uns überfordern, verspricht die Religion. Sie verheißt den Gläubigen (und nur ihnen!) Trost, Hoffnung und Aussicht auf ein besseres Leben nach dem Tod. Die Begründer der großen Glaubensgemeinschaften und deren Nachfolger kreierten Heilsgeschichten, versprachen Erlösung im Jenseits, gründeten Kirchen zur Monopolisierung des Glaubens und hielten so die Menschen an der Kandare. Mit großem Erfolg: Über Jahrtausende hatten Glaubenswächter verschiedener Couleur die Menschheit fest im Griff und ließen stets nur dann locker, wenn sie dazu gezwungen wurden.

In vielen Weltgegenden ist das bis heute noch so – oder schon wieder: Besonders strengreligiöse Strömungen verzeichnen großen Zulauf. Der Theologe Friedrich Wilhelm Graf spricht –

in Abgrenzung etwa vom Protestantismus hierzulande – von »harten Religionen«. Diese böten »den Konsumenten sehr viel«, so seine Erklärung, »eine starke, stabile Identität, krisenresistente Welt- und Zeitdeutung, geordnete Familienstrukturen und dichte Netzwerke der Solidarität.«[3] Und: »Harte Religion bedeutet, in einer unübersichtlichen Welt allzu vieler Sinnangebote eine ganz klare, unbedingt gültige Orientierung zu akzeptieren.«[4]

In weitgehend säkularisierten Gesellschaften wie unserer haben Menschen die Wahl, ob sie und woran sie glauben wollen. Der Philosoph Olaf L. Müller dekliniert die Entscheidung für oder gegen Gott am Beispiel zweier fiktiver Personen durch. Die erste, schreibt er, »könnte voller Hoffnung sein und optimistisch, sie könnte angesichts des Leids, das sie auf der Erde sieht, den Gedanken nicht aushalten, dass diese irdische Wirklichkeit alles sein soll, was es gibt. Sie wird sich, wenn sie kann, mit ihrer ganzen Persönlichkeit (…) der Hoffnung auf Gott verschreiben.«

Die zweite Person verspüre zwar auch den innigen Wunsch, »dass das Leid in der Welt metaphysisch aufgehoben wird«, misstraue diesem innigen Wunsch aber, »denn nichts ist so schlimm wie enttäuschte Hoffnung. Hoffen und Harren macht mich nicht zum Narren.«[5] Für beide Entscheidungen könne es gute Gründe geben, so Müller weiter. Das hänge »von der Gesamtpersönlichkeit des Urteilenden ab; es hängt davon ab, ob Gottes Existenz oder Gottes Nichtexistenz besser in das Kräftefeld integriert werden kann, in dem Vernunft, Gefühl, Intuition, Charakterdisposition und moralische Haltung desjenigen zusammenwirken, dessen Persönlichkeit von all diesen Faktoren konstituiert wird«.

Müller definiert den Glauben auf eine ebenso abstrakte wie nüchterne Weise – die zum Beispiel mit der biblischen Überlieferung wenig gemein hat. Er fasst Religion als Privatsache des mündigen Bürgers auf und schlägt eine entsprechende Lesart des Satzes »Ich glaube an Gott« vor. Der müsse nicht als »Ich meine, dass es Gott gibt« verstanden werden oder »Ich bin mir gewiss, dass es Gott gibt«, sondern im Sinne von »Ich vertraue auf Gott« oder »Es gibt etwas, dem ich restlos vertraue«.[6] So will Müller dem seiner Ansicht nach fruchtlosen Streit zwischen Gläubigen und Atheisten aus dem Wege gehen. Für den Philosophen sind die Überzeugungen beider Seiten gleich respektabel. Der Atheist sei der Ansicht: »Die Sätze der Naturwissenschaften sind (im Großen und Ganzen) wahr, und es gibt nur das, was die Naturwissenschaften sagen, keinen transzendenten Gott.« Der Gläubige vertrete die Meinung: »Die Sätze der Naturwissenschaften sind (im Großen und Ganzen) wahr, *und abgesehen von den Naturdingen gibt es woanders auch noch Gott.«*[7]

Die Entscheidung für Gott kann nach Ansicht Müllers nützlich sein, jedenfalls für Menschen, die nicht wie Max Weber einst von sich sagen, sie seien »religiös absolut unmusikalisch«. Müller führt im Hinblick auf das Christentum unter anderem folgende Vorteile auf: »Trost im Fall von Katastrophen«, »eine gelassene Haltung gegenüber dem eigenen Tod« sowie »das tröstliche Gefühl, in der Welt aufgehoben zu sein«.[8] Die dunklen Seiten wie etwa die Androhung von Höllenqualen für Sünder blendet er dabei allerdings aus.

Das ist eine sehr allgemeine und auf ein harmonisches Miteinander abzielende Definition des religiösen Denkens, der viele moderne Menschen zustimmen können. Allerdings galt es, bevor eine solche Sichtweise überhaupt möglich wurde, harte Kulturkämpfe auszufechten und den erbitterten Widerstand der Kirchen zu überwinden. Die Geschichte zeigt, dass sich eine friedliche Koexistenz zwischen Anhängern unterschiedlicher Glaubensrichtungen und Freidenkern erst einstellt, wenn der religiöse Eifer in weiten Teilen der Gesellschaft erloschen ist, die Religionen also abgekühlt sind und der Klerus sein Deutungsmonopol verloren hat. Der Autor Theo Logisch – ein Pseudonym – schreibt dazu: »Gottseidank werden bei uns die Gläubigen immer lascher und weniger. Ihre Inkonsequenz und Lauheit machen das Leben (der Gläubigen wie Ungläubigen) in unserem ›christlichen Abendland‹ erträglicher.«[9]

Nicht der Mensch dient Gott – Gott dient dem Menschen

Am Anfang war die Not, und das religiöse Denken war unschuldig. Die Menschen sahen sich den Naturgewalten hilflos ausgeliefert. Also beseelten sie ihre Welt. Diese Art Animismus half dabei, Angst und Verzweiflung ertragen zu lernen: Blitz und Donner, Regenfluten und Dürren sind keine Ansprechpartner, Götter schon eher. Man kann sie anbeten, ihnen Opfer bringen, um sie gnädig zu stimmen. Die Götter, von Menschen erschaffen, hatten eine konkrete Funktion – sie sollten ihnen dienen. Dieser eigentliche Sinn religiöser Riten ist bei den Anhängern ursprünglicher Religionen gut zu erkennen; höhere Mächte sind dazu da, im Überlebenskampf Beistand zu leisten.

Solche Gläubige als heidnisch abzuqualifizieren, wie es die großen Kirchen taten und zum Teil noch heute tun, weil der wahre Glaube angeblich erst mit ihnen auf die Welt kam, lenkt von der Gemeinsamkeit aller Religionen ab. »Menschen, die um einen bemalten Baumstamm herumtanzen, um Regen herbei zu beschwören, wecken in mir nicht mehr und nicht weniger Befremdung als Menschen, die sich Oblaten auf der Zunge zergehen lassen und ernstlich glauben, sie verspeisten den Leib unseres vor fast 2000 Jahren verstorbenen und (….) wieder auferstandenen Herrn Jesus Christus«, schreibt der bereits erwähnte Religionskritiker Manuel Kellner. »Beidem ist nicht beizukommen mit Hohn und Denunziation, sondern nur mit einfühlendem Verstehen. Die religiöse Opferbereitschaft, Sammlung, Besinnung und Begeisterung entspringt und entspricht menschlichen Bedürfnissen (…).«[10]

Aus diesem Grund schufen die Menschen mit ihren Göttern zwar übermächtige Wesen, doch nach ihrem Ebenbild. Einer der Ersten, dem dies auffiel, war der griechische Philosoph Xenophanes, der circa 570 bis 475 vor unserer Zeitrechnung lebte. Er schrieb: »Die Äthiopier stellen sich ihre Götter schwarz und stumpfnasig vor, die Thraker dagegen blauäugig und rothaarig. Wenn Kühe, Pferde oder Löwen Hände hätten und damit malen und Werke wie Menschen schaffen könnten, dann würden die Pferde pferde- und die Kühe kuhähnliche Götterbilder malen und solche Gestalten schaffen, wie sie selber haben.«[11]

Ein früher Hinweis darauf, dass Gott allein der menschlichen Vorstellung entspringt. Diese Konsequenz zog Xenophanes nicht, doch er schlug ein Gottesbild vor, das von allem Menschenähnlichen gereinigt sein sollte – da der über allem thronende Schöpfer nichts gemein haben könne mit seinen Geschöpfen. Eine folgerichtige, allerdings weltfremde Forderung, weil Menschen ihre Götter aus gutem Grund nach ihrem Ebenbild erschaffen: Man versteht einander so besser. Zwar sind die Götter der abrahamitischen* Religionen – also des Judentums, Christentums und Islams – den Gläubigen

* Sie werden so bezeichnet, weil sie auf Abraham (Ibrahim) als Stammvater aufbauen.

weiter entrückt als etwa die griechischen Götter mit ihren allzu menschlichen Eigenschaften. Doch an die Stelle der Vielgötterei treten im Monotheismus nahbare Mittlerwesen, an die er sich mit Kummer und Fürbitten wenden kann: etwa Jesus und dessen Mutter, die Jungfrau Maria, Propheten wie Mohammed, außerdem unzählige Engel und Heilige. Besonders zahlreich sind sie in der katholischen Kirche, wo sie im Volksglauben eine große Rolle spielen.

Den wahren Kern des Glaubens hat der Philosoph Ludwig Feuerbach in seinem 1841 erstmals erschienenen – und nach wie vor aktuellen – Hauptwerk *Das Wesen des Christentums* sowie seinen *Vorlesungen über das Wesen der Religion* herausgearbeitet. Anders als Denker vor und nach ihm hielt er sich nicht mit der Frage auf, ob der Glaube wahr ist oder nicht* – ihn interessierte, welchen Nutzen die Religion für ihre Anhänger hat. Religion bedeutet für Feuerbach, Sehnsüchte zum Beispiel nach Gerechtigkeit, Anteilnahme und Geborgenheit unbewusst auf fiktive Gestalten zu projizieren. »Was der Mensch nicht ist, aber zu sein wünscht, das stellt er sich in seinen Göttern als seiend vor; die Götter sind die als wirklich gedachten, die in wirkliche Wesen verwandelten Wünsche des Menschen; ein Gott ist der in der Fantasie befriedigte Glückseligkeitstrieb des Menschen.«[12] Der Himmel ist demzufolge die Vorstellung einer idealen Welt. Und erst dort sorgt das Jüngste Gericht – anders als im irdischen Leben – dafür, dass alle guten Taten belohnt und alle bösen bestraft werden. Eine

* Wer nach einer Antwort sucht, stößt auf die Theodizee-Frage: Wieso gibt es so viel Böses auf der Welt, wenn Gott gütig und allmächtig ist? Verfechter des Glaubens beantworten sie so: Gott habe den Menschen die Freiheit geschenkt, sich für das Gute oder das Böse zu entscheiden. Es spricht allerdings mehr dafür, dass die Menschen sich die materielle und moralische Grundlage ihrer Entscheidungsfreiheit selbst erarbeitet haben.

solche für absolute Gerechtigkeit sorgende Instanz spielt nicht zufällig in unterschiedlichen Religionen eine entscheidende Rolle.

Dem religiösen Denken liegt also der Wunsch nach Befreiung von widrigen Zuständen zugrunde, die allerdings in die Abhängigkeit von einer nur imaginierten Macht führt. Dieses Paradox beschreibt Feuerbach so: »Die Religion ist das Verhalten des Menschen zu seinem eignen Wesen – darin liegt ihre Wahrheit und sittliche Heilkraft – aber zu seinem Wesen nicht als dem seinigen, sondern als einem anderen, von ihm unterschiedlichen, ja entgegengesetzten Wesen – darin liegt ihre Unwahrheit, ihre Schranke, ihr Widerspruch mit Vernunft und Sittlichkeit, darin die unheilschwangere Quelle des religiösen Fanatismus, darin das oberste, metaphysische Prinzip der blutigen Menschenopfer, kurz, darin der Urgrund aller Greuel, aller schaudererregenden Szenen in dem Trauerspiel der Religionsgeschichte.«[13]

Würden den Menschen diese Zusammenhänge bewusst, so Feuerbachs Hoffnung, könnten sie sich aus der Abhängigkeit von der Religion lösen und ihr Glück im Diesseits suchen. Von der Theologie zur Anthropologie, das war seine Forderung. Denn Gott sei überhaupt nur dadurch Gott, indem er »ein dem Menschen nützliches, gutes, wohltätiges Wesen ist; so ist ja in Wahrheit der Mensch das Kriterium, das Maß Gottes, der Mensch ist das absolute Wesen – das Wesen Gottes«.[14]

Feuerbach betrachtet die Religion mit psychologischem Blick. Sigmund Freud greift dessen Projektionstheorie später auf. Der Begründer der Psychoanalyse versteht Religion ebenfalls als Ausdruck menschlicher Ängste und Wünsche. Und vergleicht sie mit einer kollektiven Zwangsneurose, die folgenden Nutzen habe: Der »Frommgläubige« sei »in hohem Maße gegen die Gefahr gewisser neurotischer Erkrankungen geschützt (…); die Annahme der allgemeinen Neurose überhebt ihn der Aufgabe, eine persönliche Neurose auszubilden«.[15] Wie Feuerbach setzt Freud darauf, dass sich Gläubige von der Religion befreien, indem ihnen ihre unbewussten Motive bewusst werden.

Auch das wichtigste religiöse Ritual, das Gebet, interpretiert Feuerbach auf psychologische Weise neu: Da der Mensch in Gott sich selbst suche, handle es sich in Wahrheit um ein Selbstgespräch. »Das Gebet ist die Selbstheilung des Menschen in zwei Wesen – ein Gespräch des Menschen mit sich selbst, mit seinem Herzen.«[16] Von Feuerbachs Theorie ist es nicht mehr allzu weit zu einer Praxis, in der nicht mehr Priester, sondern Psychotherapeuten Menschen bei der Selbstklärung helfen. Tatsächlich hat die Psychologie in vielen westlichen Gesellschaften der Religion das Wasser abgegraben.[17] Menschen suchen ihr Heil nicht mehr im Glauben an Gott, sondern in sich selbst. Hilfe dabei verspricht eine florierende Selbstoptimierungsindustrie mit fließenden Grenzen zur Esoterik (siehe nächstes Kapitel). Allerdings ist der Tanz ums Ich ebenso wie der Glaube an höhere Mächte mit Risiken und Nebenwirkungen verbunden, denn auch er lenkt von den wirklichen Verhältnissen ab, in denen die Menschen leben und an denen sie leiden.

Zu Feuerbachs Zeiten ist radikale Religionskritik kein Kavaliersdelikt – er muss für sie büßen. Sein frühes, 1830 anonym veröffentlichtes Werk *Gedanken über den Tod und Unsterblichkeit* – in dem er dazu auffordert, den Sinn im irdischen Leben zu suchen, weil es kein anderes gibt – wird von der bayerischen Obrigkeit sofort nach Erscheinen konfisziert und verboten. Nachdem die Polizei Feuerbach als Autor ermittelt hat, ist seine akademische Karriere beendet. Sein Vater prophezeit ihm: »Diese Schrift wird dir nie verziehen, nie bekommst du eine Anstellung.«[18] Feuerbach arbeitet zeit seines Lebens als Privatgelehrter und ist lange auf die Unterstützung wohlhabender Gönner und Stiftungen angewiesen.

Wer sich heute in Deutschland kritisch mit Religion beschäftigt, muss nicht mehr damit rechnen, von der Polizei verfolgt zu werden. Allerdings fällt auf, dass bedeutende Werke zu dieser Thematik nicht von etablierten Wissenschaftlern stammen, sondern von Außenseitern. Der Philosoph Michael Schmidt-Salomon spricht von einem »Feuerbach-Syndrom«[19]. Und er fragt, wieso es zum Beispiel der »Einzelkämpfer« Karlheinz Deschner war, der mit seiner unvollendeten, zehnbändigen *Kriminalgeschichte des Christentums* die Verbrechen der christlichen Kirchen und Herrscher detailliert dokumentierte – ein Mann, »der trotz aller Auszeichnungen und Ehrbezeugungen niemals auch nur den Hauch einer Chance auf eine Professorenstelle hatte? Was haben die etablierten akademischen Disziplinen (…) im Gegenzug an Vergleichbarem hervorgebracht? Warum wurde die treffendste aktuelle Analyse der katholischen Dogmatik von einem Anonymus (›Theo Logisch‹) vorgelegt? Weshalb fand Franz Buggles brillante Studie über die psychischen Folgekosten des Christentums in der akademischen Psychologie (aber auch in der Pädagogik!) so wenig Beachtung?« Schmidt-Salomons Antwort: Es gebe einen »Nichtangriffspakt« zwischen Religion und Wissenschaft, man lasse sich gegenseitig in Ruhe.

Dies auch deshalb, weil die Kirchen hierzulande zwar stark an Mitgliedern und Anziehungskraft verloren haben, aber wegen zahlreicher Privilegien und enormer Finanzmittel – die sie zu einem nicht unbeträchtlichen Teil von der öffentlichen Hand, also aus Steuern aller Bürger, erhalten – immer noch über großen Einfluss in vielen gesellschaftlichen Sphären verfügen: in Politik und Medien, im Bildungs-, Gesundheitswesen sowie im sozialen Sektor. Katholische und evangelische Kirche sind mit rund 1,3 Millionen Beschäftigten zudem nach dem Staat der größte Arbeitgeber im Land. Wer dort sein Brot verdient, wird sich mit Kritik zurückhalten. Der Autor, der sich Theo Logisch nennt, begründete seine anonyme Urheberschaft des Buches *Das ist euer Glaube: Strukturen des Bösen im Dogma* auf Nachfrage von Schmidt-Salomon denn auch mit »Angst um seinen Arbeitsplatz«.

Die nach wie vor starke Position der großen Religionsgemeinschaften auch in formal säkularisierten Gesellschaften – unter anderem daran zu erkennen, dass Glaubensinhalte etablierter Konfessionen allgemein nicht infrage gestellt werden, und seien sie noch so widersinnig – ist ein Grund, warum Feuerbachs Hoffnung auf eine Befreiung von der Religion sich bislang nicht erfüllte. Zudem beruht der Reiz dieser Denkform nicht nur darin, moralisch einwandfreien, sondern auch fragwürdigen Wünschen Ausdruck zu verleihen. Der Glaube kann dazu dienen, sich über andere Menschen zu erheben, sie zu unterdrücken und im Namen Gottes Gewalt auszuüben.

Der einflussreiche Schweizer Theologe Karl Barth, der sich intensiv mit Feuerbachs Religionskritik beschäftigte, hielt diesem vor, ein »Verkenner des Bösen« gewesen zu sein – das jedem nicht durch die Gnade Gottes geläuterten Menschen innewohne. Was Barth nicht sehen wollte oder konnte: Das Böse ist im Gottesglauben selbst angelegt.

Die totalitäre Versuchung

Jeder soll nach seiner Façon selig werden, empfahl Friedrich der Große, der sich als Atheist den Religionen gegenüber – abgesehen von den Juden – toleranter gab als die meisten seiner Zeitgenossen. Der König von Preußen machte sich damit eine wichtige Forderung der Aufklärung zu eigen. Allerdings widerspricht die Idee von der Religion als Privatsache den Impulsen tiefgläubiger Menschen. Weil sie davon überzeugt sind, die Wahrheit nicht nur für sich, sondern auch für ihre Mitmenschen entdeckt zu haben, neigen sie zu Rechthaberei, missionarischem Eifer und Übergriffigkeit. Sie schließen sich zu Gemeinschaften zusammen, tragen ihren Glauben demonstrativ nach außen und streben irdische Macht an, um ihre Vorstellungen als allgemeinverbindlich durchzusetzen. Welche blutigen Folgen das haben kann, zeigt unter anderem die Geschichte des Christentums und des Islam*: Je uneingeschränkter die Herrschaft der Religion, desto mehr seelische und physische Grausamkeiten hatte und hat dies zur Folge.

Liberal gesinnte religiöse Menschen stellen die im Namen ihres Glaubens begangenen Verbrechen gern als Missbrauch dar – richtig verstanden, verpflichte der Glaube zu Nächstenliebe und Toleranz. Sie verkennen, dass die Religion ebenso Intoleranz und Hass befeuern kann. Das liegt an dem Absolutheitsanspruch, der besonders die Buchreligionen, also das Juden- und Christentum sowie den Islam kennzeichnet. Manuel Kellner fasst ihre Entstehung prägnant so zusammen: »Ein Mensch hat eine Eingebung, die ihm (…) die entscheidend wichtige Wahrheit offenbart. Er teilt sie seinen Mitmenschen mit. Eine neue Lehre ist geboren. Sie wird formuliert, aufgeschrieben, kodifiziert, kanonisiert – heilig gesprochen. Die Schrift (…) kann durch Argumente nicht entkräftet werden.« Deshalb ist die Vernunft der natürliche Feind des Glaubens.

---

* Buddhismus und Hinduismus gelten vor allem im Westen als friedfertige Religionen. Zu Unrecht: So attackieren in Indien Hindu-Nationalisten Muslime und Christen. Und in Myanmar wird die muslimische Minderheit von den Buddhisten drangsaliert. Vgl. dazu Graf, 2014, S. 78.

Die Bibel lässt da keinen Zweifel: Weil Adam und Eva vom Baum der Erkenntnis essen, tritt der Sündenfall ein, und die Menschen werden aus dem Paradies vertrieben. Auch der Reformator Martin Luther sah dies nicht anders und bezeichnete die Vernunft als »die höchste Hur, die der Teufel hat«; wer ein Christ sein wolle, der »steche seiner Vernunft die Augen aus«. Gemäßigter im Ton, aber ebenso unmissverständlich in der Sache drückt sich der frühere Bischof und Ratsvorsitzende der Evangelischen Kirche Deutschlands (EKD) Wolfgang Huber aus: »Zur christlichen Freiheit gehört auch die Freiheit, sich seines Verstandes zu bedienen. Aber zu dieser Freiheit gehört auch die Einsicht, dass die menschliche Vernunft endlich ist, und dass es sich beim Kult der Vernunft um eine Form des Götzendienstes handelt. Es dient der christlich verstandenen Freiheit, wenn die Vernunft dem Glauben nachfolgt und in seinen Dienst eintritt.«[20]

Die Menschen sollen also nicht allzu scharf nachdenken, weil sie sonst ins Zweifeln kommen könnten. Organisierter Glaube bedeutet seit je vor allem eines: zu gehorchen. Entsprechend sind die Kirchen verfasst.

Weil ER sich unklar ausdrückt, braucht es ein Sprachrohr Gottes

Die drei großen Buchreligionen berufen sich auf heilige Schriften, die wie die Bibel und der jüdische Tanach vor 2000 bis 3000 Jahren oder der Koran vor 1300 bis 1400 Jahren entstanden. Diese Werke bestehen aus formal und inhaltlich sehr unterschiedlichen Texten verschiedener Autoren, die den Wissensstand und die Kultur der damaligen Nomadenvölker im Orient widerspiegeln – die absolute Herrschaft des Patriarchats. Bei einer unhistorischen Lektüre dieser Schriften müsste man zu dem Schluss kommen, dass sowohl der Gott der Juden und Christen als auch der der Muslime ein erhebliches Problem mit Frauen hat.

Die Texte sind zudem in weiten Teilen schwer verständlich und enthalten widersprüchliche Botschaften – es lässt sich aus ihnen herauslesen, was einem gefällt. Wer naiv an sie herangeht, mag sich vielleicht auch fragen, wieso der Allmächtige sich so unklar ausdrückt. Da er dies aber nun einmal tut, braucht es eine Instanz, die die Texte interpretiert und so zum Sprachrohr Gottes wird. Und weil es in den monotheistischen Religionen nur einen Allmächtigen gibt, kann es auch nur eine Wahrheit geben. Totalitarismus ist dem religiösen Denken also immanent, wie der Anonymus Theo Logisch schreibt: »Jede Religion ist bestrebt, ihre Identität zu wahren. Sobald sie sich als Kirche organisiert, muss sie auf der Einheitlichkeit der Verkündigung und auf der Einheit der Verkündigungsinstanz bestehen, sonst würde sie aufhören, Kirche zu sein.«[21]

Am konsequentesten hält sich an diese Devise eine Organisation, die ihren Absolutheitsanspruch schon im Namen trägt: Das aus dem Griechischen stammende Wort katholisch bedeutet allgemeingültig. Die katholische Kirche hat ein klares Profil, einen eigenen Staat, der, obwohl er auf undurchsichtige Weise von alten Männer regiert wird, weltweit anerkannt ist, und einen Chef hat, der inszeniert wird wie ein Popstar. In Sachen Markenführung – für Großreligionen, die multinationalen Konzernen ähneln, ein durchaus angemessener Begriff – ist die katholische Kirche der evangelischen Konkurrenz (bei der man nicht recht weiß, wofür sie eigentlich steht) weit voraus. Das erklärt auch, wieso der Vatikan auf Annäherungsversuche der Protestanten wie etwa beim Projekt Ökumene eher verhalten reagiert. Eine solche überkonfessionelle Kooperation wäre für den Marktführer ungefähr so nützlich wie ein gemeinsamer Arbeitskreis von Coca-Cola mit dem Konkurrenten Pepsi.

Die katholische Kirche steht unter anderem wegen ihres Absolutheitsanspruchs, ihrer strengen Hierarchie und lebensfremder Vorgaben an Gläubige, etwa in puncto Sexualmoral, immer wieder in der Kritik. All dies passt aber zum Selbstverständnis einer monotheistischen Religion. So lässt sich die wohl umstrittenste Entscheidung des Vatikans aus dem Jahr 1870 über die Unfehlbarkeit des Papstes einerseits als Abwehr weltlicher Vernunft und demokratischer Bestrebungen deuten. Andererseits ist dieses Dogma nur folgerichtig: Wieso sollte der Nachfolger Petri auf dem Heiligen Stuhl je falsch liegen?

Dass der aktuelle, als Reformer geltende Papst Franziskus in einem Interview über sich selbst sagte »Ich bin Sünder und bin fehlbar«[22], ändert nichts daran, denn da sprach er als Mensch. Die Unfehlbarkeit aber kommt dem Papst qua Amt zu, wenn er eine Glaubens- oder Sittenlehre als allgemeinverbindlich erklärt, wie das Erste Vatikanische Konzil entschied: »Wenn der Römische Papst in höchster Lehrgewalt (ex cathedra) spricht (….), so genießt er (…) jene Unfehlbarkeit, mit der der göttliche Erlöser seine Kirche (…) ausgerüstet haben wollte. (…) Wer sich vermessen sollte – was Gott verhüte – (…), dieser unserer endgültigen Entscheidung zu widersprechen, der sei ausgeschlossen.« Im Zweiten Vatikanischen Konzil (1962–1965) wurde die Unfehlbarkeitslehre sogar auf alle Katholiken ausgeweitet: »Die Gesamtheit der Gläubigen, welche die Salbung von dem Heiligen haben (…), kann im Glauben nicht irren.« Zu Deutsch: Die Gläubigen haben die Wahrheit für sich gepachtet, die Ungläubigen den Irrtum.

Daher wohne der Religion »eine totalitäre Versuchung inne«, so der Soziologe Ulrich Beck; sie setze eine »Fundamentalunterscheidung« in die Welt. »Der humanitäre Universalismus der Glaubenden beruht auf der Identifikation mit Gott und auf der Dämonisierung der Opponenten Gottes, die, wie Paulus und Luther es ausdrückten, ›Diener des Satans‹ sind. Das Samenkorn religiös motivierter Gewalt liegt in der im Universalismus der Gleichheit der Glaubenden begründetet, die den Anders- oder Ungläubigen entzieht, was sie dem Glaubenden verheißt: Mitmenschenwürde, Gleichheit in einer Welt von Fremden.«[23]

Aus diesem Grund wurden und werden Menschen im Namen Gottes verfolgt, gefoltert, getötet. Die totalitäre Versuchung ist allen Religionen gemein, bei den monotheistischen wird das besonders deutlich. Denn ihre Anhänger haben, wenn sie auf Andersgläubige treffen, prinzipiell nur zwei Möglichkeiten: Sie können ihre Mitmenschen und deren Religion tolerieren – womit sie allerdings notwendigerweise ihre eigene Überzeugung infrage stellen. Oder aber ablehnen, weil es nur einen wahren Gott geben kann, nämlich ihren.

Letzteres ist die Ursache von Unterdrückung und Gewalt bis hin zu Religionskriegen. Diese fallen umso grausamer aus, je näher die Gläubigen sich eigentlich stehen. Das zeigt unter anderem die Geschichte des Dreißigjährigen Kriegs, in dem sich Katholiken (»Pfaffenfreunde«) und Protestanten (»Ketzer«) auf dem Hauptschlachtfeld Deutschland mitleidlos bekämpften. Die Auseinandersetzungen hatten nicht nur religiöse Motive, aber der Glaubensfuror radikalisierte die Parteien. Der wechselseitige Hass von Katholiken und Protestanten führte zu einer Spaltung des Landes entlang konfessioneller Grenzen, die in der Bundesrepublik bis in die Fünfziger- und Sechzigerjahre andauerte. Und die nicht etwa durch Einsicht der Kirchenoberen überwunden wurde, sondern durch die Emanzipation der Menschen von diesen Konfessionen und deren Anspruch, über das Leben der Gläubigen zu bestimmen.

Ähnlich fatale Folgen hat das Schisma zwischen Sunniten und Schiiten heute. Der Kampf der beiden Glaubensrichtungen sowie ihrer jeweiligen Verbündeten um den »wahren« Islam erinnert in mancherlei Hinsicht an den Dreißigjährigen Krieg: Er verheert ganze Länder wie den Irak, Jemen, Syrien, Libyen und hat nicht allein religiöse Gründe – doch die Überzeugung, es mit vom wahren Glauben abgefallenen Feinden zu tun zu haben, enthemmt Sunniten und Schiiten auf ähnliche Weise wie einst Katholiken und Protestanten.

In der arabischen Welt wird auch deutlich, dass scheinbar überwundene Gräben zwischen den Religionen jederzeit wieder aufgerissen werden können. »Im Libanon der Sechziger- und Siebzigerjahre«, erinnert sich der britisch-libanesische Autor Karl Sharro, »hielt sich eine ganze Generation für säkular und aufgeklärt – und zog sich mit Beginn des Bürgerkriegs in die eigene Religionsgemeinschaft zurück. (…) Viele der frühen Hizbullah-Kader waren zuvor stramme Kommunisten und legten sich dann fast im Handumdrehen eine konfessionalistische Identität zu.«[24]

Womöglich fiel ihnen der fliegende Wechsel auch deshalb leicht, weil dogmatisch erstarrte kommunistische Parteien (die heute fast alle Geschichte sind) frappierende Ähnlichkeiten mit Religionsgemeinschaften aufwiesen. Ihre Vordenker meinten, die absolute Wahrheit entdeckt zu haben, verstanden den Marxismus-Leninismus (oder Maoismus) als Heilslehre und versprachen den Gläubigen das Reich der Freiheit – am Ende einer vermeintlich zwangsläufigen, von den Eingeweihten klar erkennbaren, historischen Entwicklung. Auch gab es einen streng hierarchisch organisierten Führungszirkel, der *ex cathedra* die jeweils gültige Parteilinie vorgab. Ungläubige wurden ebenso verfolgt wie Ketzer; und wie viele Religionen tendierte auch die marxistische Bewegung zur Sektenbildung.

Wenn Gott zum Völkermord aufruft

Mächtige bedienen sich gern der Religion, denn Gläubige sind leicht (ver)führbar und abhängig zu machen. Eine wichtige Rolle dabei spielen angeblich heilige, in Wahrheit aber brandgefährliche Schriften.

Angesichts des weltweit zunehmenden islamistischen Terrors kam die Frage auf, ob dieser womöglich etwas mit dem Koran zu tun haben könnte. Fordert diese Schrift Muslime zu Gewalt auf? Die kurze Antwort auf diese Frage lautet: Ja. So finden sich im Koran neben Appellen zu Friedfertig- und Barmherzigkeit zahlreiche Aufrufe zum rustikalen Umgang mit Andersdenkenden. Zum Beispiel in Sure 2, Vers 191: »Tötet sie, wo ihr sie trefft, und vertreibt sie, von wo sie euch vertrieben haben! Aufruhr ist schlimmer als Töten. Bekämpft sie aber nicht bei der unantastbaren Moschee, bis sie euch in ihr bekämpfen! Doch wenn sie euch bekämpfen, dann tötet sie! So wird den Ungläubigen vergolten.« Oder in Sure 9, Vers 123: »Ihr, die ihr glaubt, bekämpft die von den Ungläubigen, die in eurer Nähe sind! Sie sollen bei euch Härte finden. Wisst: Gott ist mit den Gottesfürchtigen.« Oder in Sure 66, Vers 9: »Prophet, setze dich gegen die Ungläubigen und die Heuchler ein und fasse sie hart an! Ihre Heimstatt ist die Hölle.«[25]

Handelt es sich beim Koran also um eine besonders gewaltverherrlichende religiöse Schrift? Die Antwort auf diese Frage lautet: Nein – denn die Bibel enthält viel mehr Grausamkeiten. Der Schweizer katholische Theologe Raymund Schwager rechnete vor, dass der christliche Gott allein im Alten Testament an etwa tausend Stellen »mit Tod und Untergang bestraft, wie ein fressendes Feuer Gericht hält, Rache nimmt und Vernichtung androht«. Und dass es mehr als hundert weitere Stellen gibt, »in denen Jahwe ausdrücklich empfiehlt, Menschen zu töten«[26] – auch Kinder und bis hin zum Völkermord.

Dass das vermeintlich friedlichere Neue Testament dem nicht nachsteht, zeigt unter anderem die Offenbarung des Johannes, der die Apokalypse in einer Art beschwört, die an das Drehbuch eines monumentalen Horrorfilms erinnert: »Dann sah ich einen Engel, der in der Sonne stand. Er rief mit lauter Stimme allen Vögeln zu, die hoch am Himmel flogen: Kommt her! Versammelt euch zum großen Mahl Gottes. Fresst Fleisch von Königen, von Heerführern und von Helden, Fleisch von Pferden und ihren Reitern, Fleisch von allen, von Freien und Sklaven, von Großen und Kleinen! Dann sah ich das Tier und die Könige der Erde und ihre Heere versammelt, um mit dem Reiter und seinem Heer Krieg zu führen. Aber das Tier wurde gepackt und mit ihm der falsche Prophet; er hatte vor seinen Augen Zeichen getan und dadurch alle verführt, die das Kennzeichen des Tieres angenommen und sein Standbild angebetet hatten. Bei lebendigem Leib wurden beide in den See von brennendem Schwefel geworfen. Die Übrigen wurden getötet mit dem Schwert, das aus dem Mund des Reiters kam; und alle Vögel fraßen sich satt an ihrem Fleisch.«[27]

Der Gott der Bibel ist eifersüchtig, unberechenbar und blutrünstig, sein Zorn maßlos. Er verlangt von den Gläubigen nicht nur blinden Gehorsam, sondern setzt sie – wie Hiob – entsetzlichen seelischen und körperlichen Qualen aus, allein um sie auf die Probe zu stellen. »Einem weithin gewalttätig-willkürlichen Gott«, schreibt der Psychologe Franz Buggle in seiner Analyse der Bibel, stehe »ein sündig und verderbt gezeichneter Mensch gegenüber, der wenig bis nichts für sein eigenes Heil bewirken kann, sondern allein auf Gottes Gnade angewiesen ist«.[28] Dieser Allmächtige lässt seinen eigenen, menschgewordenen Sohn als Sühneopfer ans Kreuz nageln; das Folterinstrument wird dann auch zum Symbol des Glaubens.

Zwar enthält die Bibel in ihrer »Legierung von ethisch positiven und negativen Zügen« (Buggle) auch Aufforderungen zur Nächstenliebe und Großzügigkeit. »Ganz vorherrschend jedoch findet sich die extrem gewalttätige Praxis der Liquidierung, der Sanktionierung des Abweichenden durch exzessive, sadistische Strafen, gipfelnd in den neutestamentlichen *ewigen* psychisch und körperlich zugefügten Höllenqualen.«[29] So steht all das Leid, das Christen ihren Mitmenschen zugefügt haben und zufügen, durchaus nicht im Widerspruch zu ihrer heiligen Schrift, im Gegenteil, es lässt sich mit ihr sehr gut rechtfertigen.

Dass dies heute vielen – auch Gläubigen – nicht bekannt ist, liegt daran, dass offenbar kaum noch jemand die Bibel liest, sowie an einer selektiven Präsentation nur bestimmter Stellen durch das kirchliche Establishment. In die sonntäglichen Predigten oder das *Wort zum Sonntag* fließen solche Gottesworte beispielsweise eher selten ein: »In dieser Nacht gehe ich durch Ägypten und erschlage in Ägypten jeden Erstgeborenen bei Mensch und Vieh. Über alle Götter Ägyptens halte ich Gericht, ich, der Herr. Das Blut an den Häusern, in denen ihr wohnt, soll ein Zeichen zu eurem Schutz sein. Wenn ich das Blut sehe, werde ich an euch vorübergehen und das vernichtende Unheil wird euch nicht treffen, wenn ich in Ägypten dreinschlage. Diesen Tag sollt ihr als Gedenktag begehen. Feiert ihn als Fest zur Ehre des Herrn.«[30]

Priester, Pastoren und auch viele Theologen machen um solche Stellen einen Bogen, suchen sich aus dem Alten und Neuen Testament heraus, was in die Zeit passt, relativieren die zahllosen Grausamkeiten und tun so, als ließe sich die Bibel ohne Weiteres mit einem aufgeklärten Menschen- und Weltbild vereinbaren. Die Folge sei, so Buggle, eine »Infantilisierung des religiösen Wissensstandes«. Bei Heinrich Bedford-Strohm, dem Ratsvorsitzenden der EKD, klingt das – im typischen, in Kirchenkreisen mittlerweile üblichen Psycho-Jargon – dann zum Beispiel so: »Und deswegen ist es wunderbar, dass mir die Texte der Bibel helfen, mein Leben zu erschließen. Dass sie mir Sprache geben, wo mir die Worte fehlen. Ich spüre: In diesen Geschichten ist ein Geist der Freiheit aufbewahrt, der Vergangenheit, Gegenwart und Zukunft erschließt.«[31]

Für die einseitige Auslegung der Bibel und die Unterschlagung ihrer inhumanen Botschaften gibt es ehrenwerte Motive. Die Kirchenleute haben erkannt, dass das Schüren von Hass auf Andersgläubige, etwa Juden, die Androhung der ewigen Verdammnis und das Feiern von Gewaltexzessen bei der eigenen Klientel nicht mehr angesagt sind. Allerdings sind sie nicht so konsequent, die Heiligkeit der Schrift infrage zu stellen, »das Buch der Bücher« soll weiterhin Richtschnur verantwortlichen Urteilens und Handelns sein. Selbst ein Dissident wie der katholische Theologe Hans Küng – dem der Vatikan einst die Lehrbefugnis entzog, weil er die Unfehlbarkeit des Papstes angezweifelt hatte – kommt zu dem erstaunlichen Schluss: »Der biblische Gottesglaube ist in sich stimmig, ist zugleich rational verantwortbar und hat sich in einer mehrtausendjährigen Geschichte bewährt.«[32] Um zu einer solchen Auffassung zu gelangen, braucht es eine gehörige Portion Geschichtsvergessenheit und ein sehr eigenes Verständnis von Stimmigkeit, Rationalität und Verantwortung.

Vernünftig wäre eine kritische Revision der Bibel: Was an diesem Werk kann als zeitgemäß gelten, was muss als unsinnig und inhuman verworfen werden? Doch davor steht das Dogma von der Heiligkeit der gesamten Schrift – die sowohl in der katholischen Kirche als auch in der evangelischen Kirche sakrosankt ist. So werden einerseits und zu Recht Salafisten misstrauisch beäugt, die in Fußgängerzonen den Koran verteilen. Andererseits bejubelt man, dass die mindestens ebenso fragwürdige Bibel jährlich weltweit millionenfach verbreitet wird (allein 2014 waren es 34 Millionen vollständige Exemplare). Kein Buch hat eine höhere Auflage, es wird Kindern schon im Vorschulalter nahegebracht, Regierungschefs wie der US-amerikanische Präsident schwören den Amtseid auf sie – und immer mehr Menschen nehmen sie wörtlich.

So glauben dem Meinungsforschungsinstitut Gallup zufolge 42 Prozent der US-Amerikaner, dass die biblische Schöpfungsgeschichte sich genau so zugetragen, Gott also vor 10 000 Jahren die Menschen erschaffen hat – wofür es keinerlei wissenschaftlichen Beleg gibt. 31 Prozent sind zwar der Ansicht, dass sich der Mensch in einer Millionen Jahre währenden Evolution aus niedrigen Arten entwickelt hat, meinen aber, dass dieser Prozess von Gott gesteuert wurde, wofür es ebenfalls keinen Beweis gibt. Und nur 19 Prozent sind von einer Evolution ohne Gottes Hilfe überzeugt, wie sie dem Stand der Wissenschaft entspricht.

Die Anhänger des sogenannten Kreationismus beziehungsweise eines »intelligenten Designs« betreiben eine ähnlich aggressive Lobbyarbeit wie christliche Abtreibungsgegner und haben es in einigen amerikanischen Bundesstaaten mit ihrer kruden Theorie in die Lehrpläne der Schulen geschafft. Zudem hat sich über die USA hinaus eine »kreationistische Internationale« (Friedrich Wilhelm Graf) herausgebildet, die nicht nur in christlichen, sondern auch in muslimischen Ländern mit ihrer Propaganda erfolgreich ist – und eine der bedeutendsten naturwissenschaftlichen Erkenntnisse ohne ein einziges stichhaltiges Argument infrage stellt.

Wenn sich als aufgeklärt verstehende Gläubige mit Strenggläubigen über solche Themen diskutieren, haben sie ein fundamentales Problem. Denn wieso sollte man die Bibel – wenn sie doch heilig ist! – nicht wörtlich nehmen? Abermillionen evangelikale Christen weltweit tun genau das. Sie glauben nicht nur, dass Gott die Welt in sechs Tagen erschuf, sondern auch daran, dass wir in der von der biblischen Apokalypse angekündigten Endzeit leben, weshalb zum Beispiel Bemühungen um Umweltschutz und Frieden vergeblich seien. Sie berufen sich dabei auf Texte, die vom Klerus gegen Kritik immunisiert werden. Das ist die Crux mit den vermeintlich heiligen Schriften.

Erfolgreich und hochflexibel: Kleriker und ihre Geschäfte

In Deutschland und anderen europäischen Ländern ist das Kerngeschäft der großen Konfessionen stark rückläufig: Die Zahl der Katholiken und Protestanten sinkt seit Jahrzehnten, vielerorts bleiben die Kirchen sonntags leer, die Anziehungskraft religiöser Rituale nimmt stetig ab. Eine Renaissance des christlichen Glaubens ist hierzulande nicht in Sicht. In gewöhnlichen Unternehmen käme man angesichts einer solchen Lage ins Grübeln, suchte sich neue Geschäftsideen oder baute solche aus, die bislang keine große Bedeutung hatten. Genau dies haben die katholische und evangelische Kirche getan. Sie haben sich heimlich, still und leise auf Betätigungsfeldern breitgemacht, die mit ihrer ursprünglichen Mission – der Verkündigung des christlichen Glaubens – wenig bis nichts zu tun haben.

Die Großkirchen sind heutzutage vor allem in drei Sphären aktiv. Die erste kann man mit dem Theologen Graf als »Trivialmoral« bezeichnen. Die zweite ist Bildung, die dritte Hilfe. Alle diese Aktivitäten sind gut fürs Image und/oder lukrativ. Und stoßen selbst bei manchen Agnostikern oder Atheisten auf Zustimmung, nach dem Motto: Ich bin zwar nicht gläubig, finde es aber gut, dass die Kirchen auf Missstände hinweisen, den Mächtigen auf die Finger schauen sowie Bedürftigen helfen. Viele Leute meinen sogar irrtümlicherweise, dass dies die eigentlichen Aufgaben dieser Organisationen seien und die Kirchensteuer vor allem dafür verwendet werde – was ganz im Sinne des Klerus ist.

Als sehr hilfreich für die etablierten Religionsgemeinschaften erweist sich, dass sie – obwohl es im Grundgesetz heißt: »Es besteht keine Staatskirche« – in langer Tradition mit der Obrigkeit verbunden sind und enge Beziehungen sowohl mit der Politik als auch mit den Medien pflegen. Auf diese Weise verschaffen sich die im Kern schrumpfenden und zunehmend leer laufenden Apparate nach wie vor großen Einfluss. Die Kirchen verfügen unter anderem über eigene Zeitungen, Zeitschriften und Nachrichtenagenturen, haben eigene Sendungen im öffentlich-rechtlichen Funk und Fernsehen, sind in zahllosen Gremien wie den Rundfunkräten und prominent in allen Parteien bis hin zu der Linken vertreten. All dies ermöglicht ihnen die Verteidigung ihrer Pfründe und öffentlichkeitswirksame Inszenierungen.

»18 Jahre nach dem Tod von Mutter Teresa hat der Vatikan das Verfahren zu ihrer Heiligsprechung abgeschlossen. Voraussetzung dafür war die Anerkennung eines zweiten Wunders. In diesem Fall soll es sich um eine wissenschaftlich nicht erklärbare Heilung eines schwerkranken Menschen aus Brasilien handeln.«
Meldung der »Tagesschau« vom 18.12.2015

Der Trend geht unübersehbar hin zur Eventisierung des religiösen Lebens: von der vielerorts stattfindenden »Nacht der Kirchen« über das Lutherjahr – einer gigantischen, protestantischen Werbeveranstaltung, vom Steuerzahler großzügig mit

42 Millionen Euro subventioniert – bis hin zu PR-Nonsens wie von B-Promis wie Harald Glööckler gestalteten Bibel-Schubern. Hochrangige Kleriker sind in den Medien dauerpräsent und äußern sich dort in bundespräsidialer Art zu allem und jedem. Einer der ersten evangelischen Spitzenmanager, der dieses Rollenverständnis mit erheblichem Sendungsbewusstsein vorlebte, war der bereits erwähnte Wolfgang Huber, EKD-Chef von 2003 bis 2009. Die *taz* charakterisierte ihn einmal als »größten Blasenwerfer unserer Zeit«. Huber verordnete seiner Institution eine Langzeit-Medienstrategie mit eindeutigem Ziel: »Im Jahre 2030 ist die evangelische Kirche in der öffentlichen Wahrnehmung dadurch stark, dass sie gemeinsame Themen und Positionen vorgibt, die in die Gesellschaft hineingetragen und vertreten werden. Die professionelle Reflexion dieser Themen in Zuschnitt und Abfolge sowie die öffentliche Kommunikation der Themen sind die wichtigsten Voraussetzungen für eine starke und profilierte Präsenz.«[33]

An profilierter Präsenz wurde Huber noch von seiner Nachfolgerin Margot Käßmann übertroffen, deren Karriere vorläufig abbrach, als sie im Februar 2010 des Nachts mit 1,54 Promille Alkohol im Blut erwischt wurde, nachdem sie am Steuer ihrer schweren Dienst-Limousine ein rotes Ampellicht übersehen hatte. Später bekam sie den öffentlichkeitswirksamen Job der »Botschafterin des Rates der EKD für das Reformationsjubiläum 2017«. Käßmann gibt gern die patente Frau, die ihre Betroffenheit angesichts des Unglücks in der Welt nicht verbergen kann; am betroffensten scheint sie von ihrer eigenen Betroffenheit zu sein. Ihr Paradefach ist Trivialmoral, welche ohne intellektuelle Anstrengung und Selbstreflexion produziert werden kann. Exemplarisch dafür steht ihre Neujahrspredigt vom 1. Januar 2010 im Berliner Dom, mit der sie große

Aufmerksamkeit erregte. Die damalige Bischöfin sagte über den Militäreinsatz in Afghanistan unter Beteiligung der Bundeswehr: »Nichts in Afghanistan ist gut.«

Ein apodiktischer Satz, der Fragen aufwirft. Zum Beispiel die, was Käßmann eigentlich befähigt, ein solches Urteil zu fällen, für das sie Land, Leute und die Verhältnisse dort sehr gut kennen müsste. Und wie ihre Behauptung wohl bei Menschen ankommt, deren Lage sich dank des Militäreinsatzes tatsächlich verbessert hat – etwa bei Mädchen, die in von den Taliban befreiten Regionen eine Schule besuchen dürfen. Zählen die nicht? Schließlich stellt sich die Frage der Konsequenz: Wenn die oberste Protestantin des Landes zu einer solchen Einschätzung kommt, müsste sie nicht daraus auch Schlüsse für ihr eigenes Unternehmen ziehen? Zum Beispiel den sofortigen Abzug evangelischer Militärseelsorger aus Afghanistan fordern? Oder zumindest den demonstrativen Verzicht auf die Bezahlung dieses Kirchenpersonals durch den Staat, dessen Politik sie ja ablehnt? Derartiges war von Käßmann nicht zu hören. Moralisieren mit persönlicher Konsequenz macht nur halb so viel Spaß.

»Kirchen sind zuallererst durchbetete Räume, und das ist ihnen abzuspüren, finde ich.«

Margot Käßmann in einem Interview, das am 26.3.2016 im Immobilienteil der *Süddeutschen Zeitung* erschien

Vieles, was Kirchenleute öffentlich über Armut, Ausbeutung und Menschenrechte sagen, klingt sympathisch und lässt diese Würdenträger aufrichtig und solidarisch erscheinen. Sie kommen damit in die Medien, sie können ihre Meinungen etwa zu Sterbehilfe und Genforschung in Talkshows oder Expertenkommissionen vertreten. Das Ziel des Klerus, sich als moralische Instanz zu positionieren, hatte konfessionsübergreifend Erfolg. Das, obwohl all die ethischen Standards, Bürgerrechte und -freiheiten, die uns heute selbstverständlich erscheinen, *gegen* die Kirchen durchgesetzt werden mussten – und zum Teil noch immer verweigert werden, man denke nur an die Ausgrenzung von Frauen und Homosexuellen in der katholischen Kirche.

Auch haben sich etablierte Kirchen bis heute nicht als besonders humane oder moralisch gefestigte Instanzen bewiesen. Sie sind für ungeheuerliche Verbrechen verantwortlich, haben, um der Macht und ihrer Privilegien willen, autoritäre Regime bis hin zur Nazi-Dikatur gestützt. Und müssen zur Aufarbeitung ihrer zahlreichen Skandale – von Geldwäsche bis hin zu sexuellen Übergriffen auf und Vergewaltigungen von Kindern – von Öffentlichkeit und Justiz gezwungen werden. Aus eigener Einsicht geschieht da wenig.

Der Glaube allein schafft eben noch keinen besseren Menschen, eher scheint das Gegenteil der Fall. So weist der Soziologe Hans Joas darauf hin, dass Staaten mit einem hohen Prozentsatz religiöser Bürger zumeist korrupter und gewalttätiger sind als andere.[34] Umso erstaunlicher ist der hohe und von keinerlei Selbstzweifeln getrübte Ton, den Kleriker gern anschlagen, wenn sie ihre Urteile fällen – sowie die Tatsache, wie wenig sie in ihrer Rolle hinterfragt werden. Zu den Merkwürdigkeiten zählt beispielsweise, dass sich evangelische und katholische Sektenbeauftragte mit quasi-amtlichem Anschein zu Richtern über den Obskurantismus und die religiöse Konkurrenz aufschwingen. Das ist in etwas so, als wenn der Volkswagen-Konzern Verbraucherschützer damit betraute, über die Gefahren von Autos anderer Hersteller herzuziehen.

Am lukrativsten und nützlichsten für die Kirchen sind die Geschäftsfelder Bildung und Hilfe. So betreiben sie unter anderem mit dem katholischen Sozialkonzern Caritas (rund 620 000 hauptamtliche Mitarbeiter) und der evangelischen Diakonie (knapp 526 000 hauptamtliche Mitarbeiter) Kindergärten, Krankenhäuser, Alten- und Pflegeheime, Werkstätten für Menschen mit Behinderungen und viele weitere Einrichtungen. Dank Tausender solcher Firmen sind die Kirchen überall im Land als Arbeitgeber präsent, können für ihre Sache und um Mitglieder werben und müssen dafür so gut wie keine eigenen Mittel aufwenden – der Löwenanteil kommt vom Staat. Nach einer Berechnung der Forschungsgruppe Weltanschauungen in Deutschland liegt der Anteil der Kirchengelder, die in die kirchlichen Wohlfahrtsverbände fließen, bei zwei (!) Prozent.

Obwohl diese Unternehmen von der Allgemeinheit finanziert werden, dürfen die Kirchen – anders als freie Träger der Wohlfahrtspflege – dort dank des kirchlichen Arbeitsrechts ihre eigenen Regeln durchsetzen. So wird in Stellenanzeigen die Kirchenmitgliedschaft zur Einstellungsvoraussetzung gemacht, selbst wenn die Arbeit nichts mit der Verkündigung des Glaubens zu tun hat. Der Europäische Gerichtshof (EuGH) hat diese Praxis im April 2018 mit einem Urteil* eingeschränkt. Doch auch weiterhin werden Caritas und Diakonie den Kirchen zahlende Mitglieder verschaffen, die sich nicht aus Überzeugung, sondern um ihrer Existenz willen dafür entscheiden, evangelisch oder katholisch zu sein. Wer zum Beispiel als Sozialpädagoge oder klinischer Psychologe aus der Kirche austräte, schränkte seine beruflichen Möglichkeiten dadurch erheblich ein.

Für die großen Religionsgemeinschaften dagegen ist der Deal perfekt: Sie können auf fremde Kosten und ohne eigenes Risiko ihre Geschäfte immer stärker ausweiten.

---

* Demnach darf die Zugehörigkeit zu einer bestimmten Konfession nur dann zur Bedingung gemacht werden, wenn die für die Tätigkeit »objektiv geboten« ist (C-414/16).

Nehmen ist seliger denn Geben: die Kirchen und das liebe Geld

Religionen sind überaus profitable und krisenfeste Unternehmungen. Gläubige achten nicht auf den Cent, und sehr viele Staaten erleichtern Glaubensgemeinschaften das Geschäft – die Religion wird als irrationale Denkform nicht nur toleriert, sondern auch privilegiert. Die Bundesrepublik macht es dem Klerus besonders bequem, indem sie von Amts wegen die Kirchensteuer einzieht. Die Bürger sind verpflichtet, dem Finanzamt zu offenbaren, welcher Konfession sie angehören, der Arbeitgeber und der Fiskus führen dann automatisch einen bestimmten Anteil des Einkommens an die jeweilige Glaubensgemeinschaft ab. Auf diese Weise sind die Kirchen automatisch am Wachstum der Volkswirtschaft beteiligt – was zur Folge hat, dass ihre Einnahmen trotz sinkender Mitgliederzahlen steigen. Im Jahr 2016 kassierten die beiden großen Kirchen die Rekordsumme von 11,5 Milliarden Euro. Zudem lässt sich die Kirchensteuer voll als Sonderabgabe absetzen, der Staat verzichtet damit Jahr für Jahr auf einige Milliarden Euro an Einnahmen. So subventionieren also auch Menschen, die mit der Religion nichts am Hut haben, diese Institutionen. Und das nicht nur auf diesem Wege.

»Ach, wie sehr möchte ich eine arme Kirche und eine Kirche für die Armen!«
Papst Franziskus zu einem Journalisten

Dank der Kirchensteuer ist der Klerus, der zunehmend vor allem um sich selbst kreist und, wie dargestellt, für soziale Zwecke kaum eigenes Geld ausgibt, eigentlich ausgezeichnet versorgt. Dennoch gibt es noch einen Bonus obendrauf: sogenannte Staatsleistungen, die aktuell mehr als eine halbe Milliarde Euro jährlich ausmachen. Dieser Geldsegen geht auf das Jahr 1803 zurück.

Damals mussten die Kirchen im Zuge der Säkularisierung Ländereien und Immobilien an den Staat abgeben, der im Gegenzug finanziellen Ausgleich versprach – und 116 Jahre ohne zu murren zahlte.

Erst im Jahr 1919 wurde in der Weimarer Verfassung die Ablösung dieser Subventionen verankert. Ein entsprechender Passus ging auch in das Grundgesetz der Bundesrepublik ein. Doch bis heute geschah: nichts. Der Staat zahlt unverdrossen weiter, in guten wie in schlechten Zeiten, und passt den Obolus brav an die allgemeine Preisentwicklung an. Nach Berechnungen des *Handelsblatts* kamen allein von 1949 bis 2015 für die Hauptkirchen 16,8 Milliarden Euro zusammen. So lukrativ kann es sein, enteignet zu werden.

»Die englische Hochkirche z. B. verzeiht eher den Angriff auf 38 von ihren 39 Glaubensartikeln als auf 1/39 ihres Geldeinkommens.«
Karl Marx

Da verwundert es nicht, dass die Kirchen heute über ein immenses Vermögen verfügen, das auf Druck der Öffentlichkeit hier und da offengelegt wird, wie etwa in dem im ersten Kapitel bereits erwähnten Erzbistum München und Freising. Allerdings lassen die Zahlen Fragen offen; es gibt auch keine amtlichen Register, in denen der Kirchenbesitz landesweit erfasst und bewertet wird. Der Politologe Carsten Frerk hat daher das Eigentum der beiden großen Kirchen geschätzt. Er kam auf 435 Milliarden Euro: 150 Milliarden in Geld und Aktien, 220 Milliarden in Immobilien – ohne Kirchengebäude – und 65 Milliarden in Stiftungen und anderen Vermögenstiteln. Dass der Klerus über dieses Thema ungern spricht, begründete Frerk gegenüber dem *Tagesspiegel* so: »Geld bedeutet Macht, und das will die Kirche nicht dokumentieren.«[35] Außerdem ginge das Spendenaufkommen womöglich zurück, wüssten die Gläubigen vom Reichtum der Kirchen.

Religion ist seit je ein glänzendes Geschäft: Wer über ein wenig Charisma und Verkaufstalent verfügt, der kann mit dem Prinzip Hoffnung gutes Geld verdienen. Besonders leicht geht das in den USA, dem Land des freien Unternehmertums und der Freikirchen. Dort wird die Religionsfreiheit in einigen Bundesstaaten sehr weit ausgelegt, sodass Propheten aller Art mit Steuerbefreiung rechnen dürfen – was nicht wenige allein deshalb tun, um sich zu bereichern. Der Satiriker John Oliver demonstrierte das im Sommer 2015, als er in Texas ganz offiziell eine Nonprofit-Organisation namens »Unsere Liebe Frau der dauerhaften (Steuer-)Befreiung« gründete. Zu diesem Zweck widmete er das New Yorker Fernsehstudio seiner Sendung »Last Week Tonight« zur Kirche um und rief die Zuschauer im salbungsvollen Ton auf: »Schickt mir die Saat! Dann werden gute Dinge geschehen.« Tatsächlich gingen innerhalb eines Monats und obwohl seine Fans wussten (oder hätten wissen müssen), dass es sich um eine Satire handelte, Zehntausende Dollar* ein. Selbstverständlich steuerfrei. Halleluja!

---

* Oliver leitete das Geld an die Organisation Ärzte ohne Grenzen weiter.

Esoterik
Geheimwissen für alle

»Eine religiöse oder weltanschauliche Bewegung kann man nicht nach Belieben produzieren. Sie setzt ein entsprechendes geistiges Klima, genauer: ein seelisches Bedürfnis voraus.«[1]

Karl Hutten, Theologe

Der Siegeszug der modernen Esoterik beginnt im Frühjahr 1848 in dem kleinen Dorf Hydesville im US-Bundesstaat New York mit einem Streich, der aus dem Ruder läuft. Die fünfzehnjährige Margaret Fox und ihre elfjährige Schwester Katy machen sich einen Spaß daraus, die Mutter im neu bezogenen Haus mit nächtlichen Klopfgeräuschen zu erschrecken. Mrs. Fox nimmt die Sache ernst und lässt sich von ihren Töchtern weismachen, dass sie mit dem Geist, der im Haus umgehe, kommunizieren könnten. Nachbarn und Leute aus der Umgebung werden auf die mysteriöse Geschichte aufmerksam. Und die Mädchen bringen es selbst in Gegenwart anderer Leute fertig, mit Händen und Füßen knackende, hämmernde oder knallende Töne zu erzeugen, ohne dass diese durchschauen, was vor sich geht.

Aus Sorge, ihre Mutter oder gar die gesamte Familie lächerlich zu machen, trauen sich Margaret und Katy nicht, den Schwindel zuzugeben. Als ein Besucher einen Klopf-Code vorschlägt – jedem Buchstaben im Alphabet wird eine Zahl zugeordnet –, damit der Geist auf diese Weise ganze Sätze formulieren könne, lassen sich die Mädchen darauf ein. Und übermitteln die Botschaft, dass es sich bei dem geheimnisvollen Mitbewohner um einen Hausierer handle, der ermordet und im Keller begraben worden sei. Die Nachbarn gehen der Story nach, graben den Keller auf, müssen die Arbeit aber abbrechen, als wegen starken Frühjahrsregens Wasser eindringt. Später werden weitere Untersuchungen angestellt, um dem Phänomen des Klopfgeistes auf den Grund zu gehen – immer ohne Ergebnis. Es setzt sich die Meinung durch, die unbedarften Schwestern seien gewiss unfähig, die Öffentlichkeit zu täuschen, an ihren Kontakten ins Jenseits müsse also wohl etwas dran sein.

Das Phänomen an sich war nicht neu, schreibt Karl Hutten, ein evangelischer Theologe, der sich früh mit der esoterischen Konkurrenz beschäftigt hat. »Auch zuvor und in allen Jahrhunderten hatten Geister geklopft und noch viel Spektakuläreres getan. Damals war das nichts Besonderes; die Geister hatten ihren festen Platz im allgemeinen Bewusstsein. Aber für die ›aufgeklärte‹ Welt waren sie zu einem lächerlichen Relikt des ›finsteren Mittelalters‹ geworden. Entsprechend reagierte man denn auch auf die Geisterklopferei in Hydesville. Früher hätte man wohl einen Exorzisten geholt; jetzt wurde eine Untersuchungskommission aus den ›gebildetsten Bewohnern‹ der nahen Stadt Rochester gebildet (…) Sie prüfte und forschte, aber sie konnte die Klopftöne nicht auf natürliche Weise erklären. Im Kampf um seine Existenz hatte der Klopfgeist über den skeptischen Zeitgeist gesiegt.«[2]

Die Fox-Schwestern – später beteiligt sich noch die um einiges ältere Leah an dem Betrug – werden zu nationalen Berühmtheiten, die mit ihren Auftritten Geld verdienen. In New York City treten sie vor Publizisten und Schriftstellern auf, unter ihnen ist James Fenimore Cooper, der Verfasser der *Lederstrumpf*-Erzählungen. Sie beeindrucken ihn schwer, indem sie so tun, als könnten sie Kontakt zum Geist seiner fünfzig Jahre zuvor bei einem Reitunfall verstorbenen Schwester aufnehmen.

Ähnliche Phänomene werden bald aus dem ganzen Land berichtet; in den 1850er Jahren sollen bis zu zwei Millionen Amerikaner davon überzeugt gewesen sein, dass man mit Verstorbenen in Kontakt treten könne. Henry Raymond, Mitgründer und Herausgeber der *New York Times*, schreibt im September 1855: »Der Spiritismus hat eine Anziehungskraft, die größer, stärker und tiefer ist als jede philosophische oder sozialistische Theorie, weil er das Wunderbare im Menschen anspricht. Innerhalb von fünf Jahren hat er sich wie ein Lauffeuer über diesen Kontinent ausgebreitet, und es gibt kaum ein Dorf ohne Medien und Geheimnisse. (...) Wenn es sich um eine Täuschung handelt, so hat sie sowohl viele der Intelligenten als auch der Unwissenden in die Irre geführt.«[3]

Das lässt sich auch über weitere okkulte Bewegungen* sagen, die in jener Zeit entstehen beziehungsweise zu neuer Blüte gelangen. 1875 gründet Helena Petrovna Blavatsky, »die Sphinx des Westens«[4] oder auch »Urmutter des Unsinns«[5] die einflussreiche Theosophische Gesellschaft in New York. Sie liefert mit ihrer *Geheimlehre* ein bis heute einflussreiches Grundlagenwerk moderner Esoterik inklusive der Hinwendung zu fernöstlichen Lehren. Darin, schreibt der Religionswissenschaftler Hartmut Zinser, sind die »abseitigen Überlieferungen und Deutungen der Religionsgeschichte ins Zentrum gestellt und meist flächenhaft und unsystematisch mit den Erkenntnissen

---

* Okkultismus stammt aus dem Lateinischen und bedeutet verborgen. Der Begriff Esoterik stammt aus dem Griechischen und bedeutet inneres Wissen im Gegensatz zum äußeren Faktenwissen (Exoterik).

der modernen Naturwissenschaften irgendwie in Übereinstimmung gebracht.«[6]

1902 tritt Rudolf Steiner der Theosophischen Gesellschaft bei und wird ihr erster Generalsekretär für Deutschland. 1913 spaltet er sich mit seiner eigenen Anthroposophischen Gesellschaft ab, bis heute eine der einflussreichsten esoterischen Glaubensgemeinschaften. Es sind vor allem die von ihm begründeten Institutionen, die ihr Dauerhaftigkeit verleihen: von der bio-dynamischen Landwirtschaft über die anthroposophische Medizin und Pharmazie bis zur Waldorf-Pädagogik. Er inszeniert sich als Universalgelehrter, sein Gesamtwerk umfasst mehrere hundert Bände. Die Steinersche Methode charakterisiert der Publizist Marcus Hammerschmitt so: »Er kümmert sich um den Kenntnisstand seiner Zeit gar nicht, weil er keine Hoffnung haben kann, ihn aufzuholen, und erfindet das Rad in Form einer privaten Pseudowissenschaft neu.«[7]

Zu Beginn des 20. Jahrhunderts entsteht in den USA zudem eine protestantische Erneuerungsbewegung, die dem Spiritismus in mancherlei Hinsicht ähnelt. Ihr Name – Pfingstkirchen – verweist auf die im Neuen Testament beschriebene »Ausgießung des Heiligen Geistes« in der Jerusalemer Urgemeinde. Als einer ihrer Begründer gilt der Methodistenpfarrer Charles F. Parham, eine schillernde Figur, die dem Ku-Klux-Clan nahesteht. »Traumatische Erfahrungen mit Ärzten, die seine Homosexualität therapieren wollten, bearbeitete er durch eine radikale Kritik des modernen medizinischen Glaubens an eine wissenschaftlich exakte, abschließende Definition des Individuums«, schreibt der Theologe Friedrich Wilhelm Graf. »1895 verließ Parham die methodistische Kirche und begann mit ›Geistheilungen‹. In deren Zentrum stand die Taufe durch den Heiligen Geist, die er, analog zum ›Pfingstwunder‹ der Apostelgeschichte, durch ›Zungenreden‹ bestätigt sehen wollte. Unter Handauflegen und kurzem Gebet des Predigers errichtete sich Parhams Personalgemeinde ein sozioakustisches Heiligtum spontaner Zungenrede (Glossolalie).«[8]

Große Bedeutung erlangt die Bewegung durch William J. Seymour, weil der sie, entgegen den Absichten seines Lehrers Parham, demokratisiert. Seymour – dessen Eltern einst Sklaven waren und der wegen seiner schwarzen Hautfarbe die Predigten Parhams nur vor der Kirchentür verfolgen darf – beschwört den Heiligen Geist, »um die Grenzen von Rasse, Stand, Geschlecht und Bildung zu überwinden«[9]. Diese Idee der spirituellen Befreiung zündet zunächst in den USA und später weltweit. Die Pfingstkirchen und verwandte Bewegungen, die auch charismatisch genannt werden, verheißen den Gläubigen einen direkten Draht zum Heiligen Geist, Erweckungserlebnisse sowie ein erfülltes und erfolgreiches Leben schon im Diesseits. Sie sind heute die am schnellsten wachsende Strömung des Christentums, die vor allem in Afrika und Lateinamerika der katholischen Kirche Gläubige abspenstig macht.

In den USA legen die Pfingstler mit ihrer Methode der Geistheilung nebenbei den Grundstein zur Psychologisierung der Gesellschaft. Die aus Europa stammende Psychoanalyse trifft dank dieser Laienbewegung in den Vereinigten Staaten auf fruchtbaren Boden und etabliert sich als professionelle Psychotherapie. Ihr Begründer Sigmund Freud sieht es zwar nicht gern, dass seine weit ausgreifende Theorie in den USA auf eine profane medizinische Methode reduziert wird, und er hat auch mit Okkultismus nichts im Sinn, dafür aber sein Lieblingsschüler Carl Gustav Jung. Der bricht mit Freud, verbindet Psychologie mit Astrologie und Religion und wird zu einem wichtigen Vordenker der esoterischen Bewegung.

In den Sechziger- und Siebzigerjahren des 20. Jahrhunderts kommen beide Trends zusammen: Viele rebellische junge

Leute treten, enttäuscht von den Verhältnissen und der Politik, die Reise in die Innerlichkeit an; sie befeuern einen Psycho-Boom, der vielfach okkulte Züge trägt. Die sich zunehmend individualisierende Konsumgesellschaft bekommt ihre eigene Quasireligion: Elemente fernöstlicher Lehren, esoterische Psychotechniken und Heilmethoden erreichen ein Massenpublikum. Heute sind Begriffe und Versatzstücke okkulter Weltanschauungen in der Mitte der Gesellschaft angekommen und werden nicht weiter hinterfragt. So finden allerorten Esoterikmessen statt und an Volkshochschulen – eigentlich der Bildung verpflichtet – Kurse zur »Energiearbeit im Alltag«, »Kunst des Kartenlegens« oder »Psychologischen Astrologie«.

Der einflussreiche rumänische Religionswissenschaftler Mircea Eliade, der mit der Bewegung sympathisiert, spricht in den Siebzigerjahren von einer »okkulten Explosion«. Die Zündschnur lässt sich bis zu dem Streich der Fox-Schwestern zurückverfolgen. Vierzig Jahre nach den Auftritten des vermeintlichen Klopfgeistes legt Margaret, mittlerweile zum katholischen Glauben konvertiert, ein Geständnis ab und gibt den Schwindel öffentlich zu. Ihr Weg hat sie zurückgeführt zu einer traditionellen Glaubensgemeinschaft. Der Zeitgeist aber schlägt die entgegengesetzte Richtung ein.

Je vernünftiger der Klerus, desto unattraktiver seine Botschaften

Der Erfolg der modernen Esoterik geht einher mit dem Bedeutungsverlust der Altreligionen. Besonders die großen christlichen Kirchen räumen im Zuge der Aufklärung und unter dem Druck der Säkularisierung Terrain, das Konkurrenten besetzen können. Im Lichte wissenschaftlicher Erkenntnisse wird das christliche Gottesbild immer abstrakter: Je mehr die Menschen lernen über die Erde, die Natur und den Weltraum, desto schwerer fällt ihnen der Glaube, dass hoch oben im Himmel der Allmächtige thront, während Satan unten in der Hölle das Fegefeuer schürt. Das lange festgefügte christliche Weltbild gerät ins Wanken. Je vernünftiger sich der Klerus des wissenschaftlichen Fortschritts wegen geben muss, desto unattraktiver werden seine Botschaften.

Besonders die protestantischen Kirchen tun sich immer schwerer, den Gläubigen Hoffnung zu vermitteln, etwa auf Erlösung im Jenseits. Aber auch praktisch in Form von Lebenshilfe. Die Reformation beginnt mit dem Protest gegen den Ablasshandel der katholischen Kirche – Erlass der Strafen des Sünders gegen Bares. Martin Luther, Ulrich Zwingli und Johannes Calvin ziehen gegen diesen ihrer Ansicht nach gotteslästerlichen Deal zu Felde. Nur haben die Reformatoren und deren Nachfolger keine ähnlich Erfolg versprechenden Angebote zur Lebensbewältigung in petto. Friedrich Nietzsche charakterisiert den Protestantismus denn auch hämisch als »halbseitige Lähmung des Christentums – und der Vernunft«[10].

In die Lücken stoßen Esoteriker, die sich zwar auf jahrtausendealtes geheimes Wissen berufen, dieses aber zeitgemäß interpretieren, präsentieren und verkaufen. Nachdem der katholische Klerus über Jahrhunderte einen unerbittlichen Glaubenskrieg gegen die Wissenschaft geführt und verloren hat, setzen die Vertreter aktueller okkulter Weltanschauungen und Praktiken eher auf eine Umarmungsstrategie. So behauptet man etwa, dass es wissenschaftliche Beweise für die Existenz von Erdstrahlen oder den Nutzen von Astrologie gebe, und operiert gern, wenn auch nicht korrekt, mit physikalischen Begriffen und Theorien wie Energie, Schwingungen oder Quantenmechanik. Das Gottesproblem wird durch den Pantheismus gelöst, also die Entpersonalisierung des Allmächtigen: Das Göttliche ist ein allgegenwärtiges Prinzip. Wer sich unter kundiger Anleitung auf den Weg der Erleuchtung begibt, kann, so das Versprechen, selbst Teil davon werden. Das zentrale Projekt der Esoterik ist die Wiederverzauberung einer scheinbar von kühler Rationalität beherrschten Welt. Sie appelliert an das Gefühl und suggeriert, dass unmittelbare Erkenntnis möglich sei, ohne sich den Kopf zu zerbrechen. Entsprechend locker ist der Umgang mit Begriffen und Theorien, die sich bei näherer Betrachtung als luftig, widersprüchlich oder schlicht unsinnig erweisen.

Der Markt mit den entsprechenden Angeboten ist zwar unübersichtlich und wie der für Konsumgüter im ständigen Wandel, es gibt aber einige Konstanten esoterischen Denkens. Dazu zählt die Idee der Transmutation. Der Begriff stammt ursprünglich aus der Alchemie und steht für die Verwandlung eines Elements in etwas Höherwertiges, also etwa Blei zu Gold. Diese Transmutation ist Esoterikern zufolge auch Menschen möglich, die sich auf ihrer spirituellen Reise der Erkenntnis vervollkommnen. Außerdem ist man überzeugt, dass es hinter der sichtbaren eine eigentliche, verborgene Welt gibt, in die Eingeweihte Einblick gewinnen können. Als vermittelnde Instanz zwischen der materiellen (»groben«) und der geistigen Welt gelten der sogenannte Feinstoff beziehungsweise feinstoffliche Energien.

Eine wichtige Rolle spielt Ganzheitlichkeit, also die Behauptung, alles hänge irgendwie mit allem zusammen. Der Begriff ist weit über die einschlägigen Kreise hinaus gebräuchlich und populär geworden, weil er so schön klingt, plausibel erscheint und sich dazu eignet, Überlegenheit zu demonstrieren: Wer in der Lage ist, Phänomene – wie auch immer – ganzheitlich zu betrachten, der hebt sich von seinen Mitmenschen ab, deren Horizont eingeschränkt ist. Zusammenhänge stellen Esoteriker gern in Form des Analogieschlusses her: So wie etwas im Großen existiere, existiere es auch im Kleinen, der Makrokosmos entspreche dem Mikrokosmos, Gleiches könne mit Gleichem geheilt werden. »Das Universum«, schreibt der Religionswissenschaftler Kocku von Stuckrad über die okkulte Weltanschauung, »gleicht einem Spiegeltheater, in dem alles Hinweise auf anderes enthalten kann. Veränderungen geschehen parallel auf allen Ebenen der Wirklichkeit.«[11]

Eine Gemeinsamkeit aller Religionen und auch der Esoterik ist magisches Denken, also der Glaube, mit der Kraft der Gedanken auf die materielle Welt einwirken zu können. Im Unterschied zu den christlichen Kirchen – in denen man seit der Reformation beispielsweise darüber streitet, ob beim Abendmahl Oblaten und Wein tatsächlich in den Leib und das Blut Christi verwandelt werden – plagen Esoteriker weniger Zweifel. Ihre Lehren sind nicht angekränkelt von theologischen Diskussionen; sie treten einerseits in archaischer Kostümierung auf, passen andererseits gut in die Zeit; es handelt sich um eine Art »Popreligion« (Eliade).

Auch diese kommt wie ihre klassischen Vorbilder nicht ohne Vermittler aus, die die Gläubigen einweihen und anleiten. In traditionellen Glaubensgemeinschaften sind Priester dafür zuständig. Sie versuchen, die Götter gnädig zu stimmen. In esoterischen Kreisen übernehmen Magier, Hexen, Schamanen oder Gurus die Vermittlungsaufgabe – mit einem feinen Unterschied, wie der bereits genannte Wissenschaftsautor Thomas Grüter schreibt: »Der Magier (…) garantiert eine Wirkung seiner Zauberkunst. Er ist sozusagen der Handwerker des Übernatürlichen, während der Priester nur als Makler fungiert.«[12] Ersteres ist für die Gläubigen attraktiver, für den

Magier allerdings riskanter, weil er, anders als der Priester, im Falle des Misslingens seiner Kunst die Schuld nicht auf Gott schieben kann, der womöglich einen schlechten Tag hatte. Die Esoterik-Branche löst das Problem, indem sie stets den Kunden für ihr handwerkliches Versagen verantwortlich machen: Der hat im Zweifel nicht genug an sich gearbeitet, noch zu viele Defizite, ist also nicht gut genug gerüstet für den Pfad der Erleuchtung. Dazu später mehr.

Du hast es dir verdient

Esoterische Weltanschauungen werden nach dem Baukastenprinzip konstruiert: Man nehme Versatzstücke aus verschiedenen Philosophien und Religionen und interpretiere sie nach Belieben. Zum Beispiel die Reinkarnationslehre. Sie wird schriftlich das erste Mal in den *Upanishaden* beschrieben, Texten, die zwischen 700 und 200 Jahren vor unserer Zeitrechnung entstanden und Grundlage des Hinduismus sind. Im später entstandenen Buddhismus griff man die Idee auf. Demnach sucht sich die Seele nach dem Tod eines Menschen einen neuen Körper, um dort weiterzuleben. Der Zyklus der Wiedergeburten setzt sich unablässig fort. In Gang gehalten wird er vom »Karma«, was »die Tat« bedeutet oder auch »die Frucht, die einer Tat entwächst«. Wer Gutes tut, wird im nächsten Leben belohnt, wer Böses tut, bestraft. Die Buchhaltung ist penibel, nichts wird vergeben oder vergessen.

Die Vorstellung, viele Male zu leben, ist weder im Buddhismus noch im Hinduismus etwas Positives – ganz im Gegenteil: Erlösung bedeutet für beide Religionen, aus dem ewigen Kreislauf der Wiedergeburten zu entkommen. Dieser Kerngedanke ging interessanterweise bei der Rezeption im Westen verloren.

Als einer der ersten neuzeitlichen Denker griff Lessing die asiatische Lehre auf und formulierte sie in seiner *Erziehung des Menschengeschlechts* neu: Dank mehrerer Leben bestehe die Chance, sich zu immer größerer Vollkommenheit weiter zu entwickeln. Rudolf Steiner war angetan davon und formulierte für seine Anthroposophie das erste ausdifferenzierte westliche Reinkarnationsmodell.

Mit dem Siegeszug der Esoterik in den Sechziger- und Siebzigerjahren wurde die Idee der Seelenwanderung immer populärer. Dazu trug unter anderem die amerikanische Schauspielerin Shirley MacLaine bei, die mehrere autobiografische Bücher über ihre angeblichen Reinkarnations-Erfahrungen schrieb. Zu den einflussreichen Propagandisten zählten zudem die Sterbeforscherin Elisabeth Kübler-Ross und der, so die Eigenbezeichnung, »Reinkarnationstherapeut« Thorwald Dethlefsen. Mittlerweile ist die Vorstellung von der Wiedergeburt Allgemeingut geworden; populäre Bücher, Filme und auch die Werbung spielen damit.

Der Theologe Rüdiger Sachau hat die Gründe für die Karriere des Themas untersucht.[13] Ein wesentliches Motiv ist Trost: Die Vorstellung, nach dem Tod noch einmal ganz neu anfangen zu können und zuvor vertane Chancen doch zu ergreifen, erscheint attraktiver als etwa die deutlich abstraktere, christliche Vorstellung von der Wiederauferstehung im Irgendwann. Die so gewendete Vorstellung von Seelenwanderung und Karma ist Ausdruck einer pragmatisch erscheinenden, vom Unerklärlichen befreiten Religiosität. Alles fügt sich, es gibt keinen Zufall; das Leben vor und nach dem Tod unterscheidet sich nicht wesentlich. »Die Idee, individuelles Glück sei machbar, wird aus der Leistungsgesellschaft in die Sphäre des Religiösen verlängert«, sagt Sachau. »Der Fortschritt geht immer weiter – auch über den Tod hinaus.«[14]

Neben solch optimistischen Botschaften für das Jenseits verspricht die Esoterik auch handfesten Nutzen im Hier und Jetzt. Theodor W. Adorno charakterisierte die Denkform in seinen 1946/47 im amerikanischen Exil verfassten *Thesen gegen den Okkultismus* als »Metaphysik der dummen Kerle«[15] – Hauptzielgruppe heute sind aber gebildete Frauen in mittleren Jahren. Welche Bedeutung Esoterik für sie hat, ist Gegenstand einer sozialpsychologischen Studie von Claudia Barth, die neue religiöse Bewegungen erforscht.[16] Eine ihrer Gesprächspartnerinnen war eine Betriebswirtin, die Karriere in einem Industriebetrieb gemacht, den Aufstieg in den Vorstand aber nicht geschafft hatte, weil ein von ihr geleitetes Projekt gescheitert war. Daraufhin verließ die Managerin die Firma, orientierte sich beruflich neu und wandte sich verschiedenen psycho-spiritistischen Praktiken wie Familienaufstellung, Channeling sowie der sogenannten Kontemplativen Kommunikation zu. Und fand eine Erklärung für ihr Scheitern: Sie sei im Mittelalter ein weises Kräuterweib gewesen und wegen ihres naturheilkundlichen Wissens von der Inquisition umgebracht worden. Daraus schloss die Frau, »dass sie immer, wenn sie kurz davor sei, groß herauszukommen, Angst habe, wieder verfolgt zu werden, wenn sie ihr ganzes Wissen, ihr ganzes Können zeige. Aus diesem Grunde ziehe sie sich intuitiv zurück«.[17]

Diese Geschichte enthält typische Elemente esoterischer Lebenshilfe. Sie

- schmeichelt der Eitelkeit: Die Frau war in ihrem früheren Leben »ein weises Kräuterweib«, also etwas Besonderes (und nicht etwa eine Magd, Prostituierte oder Aussätzige).
- macht aus der im heutigen beruflichen Konkurrenzkampf Unterlegenen eine Überlegene: Das Kräuterweib verfügte über geheimes Wissen, zählte zu den Erleuchteten.

- verwandelt das profane Ende einer Karriere in eine Auseinandersetzung zwischen Gut (Esoterik) und Böse (Inquisition).
- entlastet: Für die Hexenverfolgung von damals kann die Frau von heute nichts.
- liefert eine beruhigende Deutung des aktuellen Problems der Frau. Die Ursachen liegen tief in der Vergangenheit; es hat also keinen Sinn, an der gegenwärtigen Situation etwas zu ändern.

»Esoterik ist eine Religion«, resümiert Claudia Barth, »die verspricht, dass es mit einer neuen Sichtweise von sich selbst und den Dingen ganz sanft und ohne Kampf gelingen kann, wieder Erfolg zu haben, wieder glücklich und innerlich und äußerlich reich zu werden.«[18]

Der okkulte Weg zu einem besseren Lebens führt weg von der Realität. Jeder, der bereit ist, sich auf die entsprechenden Lehren einzulassen – häufig gegen ein nicht geringes Entgelt –, kann ihn beschreiten. Es handelt sich um eine Religion ohne Gott, aber mit Klerus, der sein Geheimwissen allen offeriert, die dafür zahlen. Der Widerspruch zwischen Exklusivitätsanspruch und Massenmarkt ist offensichtlich – behindert das Geschäft aber ebenso wenig wie das mit anderen angeblichen Luxusprodukten, die einer großen Zielgruppe angedient werden.

Das breit gefächerte esoterische Angebot mit Bergen von Literatur, unzähligen Seminaren und therapeutischen Offerten passt zur Überflussgesellschaft, in der es vielen an nichts fehlt, außer an Sinn. Es stößt auch auf breite Akzeptanz. So glaubt jeder Vierte in Deutschland, dass die Sterne unser Leben beeinflussen[19], etwa jeder Fünfte an Wiedergeburt, und ebenso viele sind der Ansicht, dass alternative Heilmethoden besser bei Gesundheitsproblemen helfen als die sogenannte Schulmedizin[20].

Esoterik wird, wie dargestellt, nach dem Baukastenprinzip produziert und auch so konsumiert: Jeder stellt sich das spirituelle Paket seiner Wahl zusammen, viele hängen mal dieser, mal jener Lehre an oder gleichzeitig verschiedenen – würde man das Prinzip auf traditionelle Religionen übertragen, wäre es kein Problem, sowohl Katholik als auch Protestant zu sein und nach Belieben die nächste Moschee oder Synagoge zum Gebet aufzusuchen. Diese Vielfalt, Offenheit und – auf den ersten Blick – undogmatische Haltung unterscheidet die Esoterik von der traditionellen Konkurrenz. Es handelt sich um eine Diesseitsreligion, die mit ihrer Problemlösungskompetenz für sich wirbt. Von diesen Versprechen mehr zu erwarten als von einem Wellness-Wochenende, ist allerdings nicht empfehlenswert, denn esoterische Lehren löschen, so der bereits genannte Autor Manuel Kellner, »den Durst mit Salzwasser«[21].

Selber schuld

Das esoterische Denken ist per se desinteressiert an der Realität; die eigentliche Welt, auf die es ankommt, ist ja verborgen – und kann daher zur Lösung wirklicher Probleme nicht beitragen. Im Ergebnis läuft dieser Glaube auf eine Apologie des Bestehenden hinaus: Man akzeptiert die Verhältnisse, so wie sie sind; es kommt allein auf den Einzelnen an, der an seiner Erleuchtung zu arbeiten hat. Die Esoterik ist damit Teil der Selbstoptimierungsindustrie, die dem Individuum alle Last aufbürdet – und es damit systematisch überfordert. Hier einige typische Statements aus einem einschlägigen Internetforum[22], die das illustrieren:

»Alles, was wir brauchen, um die vollkommene Zufriedenheit (in jeder Hinsicht, körperlich, psychisch etc.) zu erlangen, finden wir in uns selbst!«

»Der Schlüssel ist der Glauben. Der Glauben an euch selbst. Verliert diesen niemals, denn ihr seid das Universum und niemand anders.«

»Der erste Schritt (…) zur Heilung ist das Bewusstmachen, nicht heil zu sein, und der tiefe, aufrichtige Wunsch und Wille, gesund / heil' zu werden (…)«

Diese Beschwörung des Ichs ist aus verschiedenen Gründen vergeblich. Zum einen gibt es kein Ich als solches, kein Wesen unserer selbst. Wir Menschen sind komplexe Lebewesen in einer komplexen Umwelt. Wir nehmen, ob im Beruf oder Privatleben, unterschiedliche Rollen ein, verfügen also über mehrere Identitäten. Und wir sind stets von bestimmten äußeren und inneren Umständen abhängig. Auch jemand, der sich entscheidet, sein Leben der einsamen Meditation zu widmen, braucht dazu eine materielle Grundlage, für die andere Menschen sorgen, zum Beispiel der Bäcker, der ihm die Brötchen backt.

Die Umstände determinieren den Menschen nicht, denn er kann sich in jeder Situation so oder anders entscheiden – aber seine Handlungen ergeben nur im jeweiligen sozialen Zusammenhang Sinn. Wer davon absieht, verfehlt die Natur des Menschen. Die Propagandisten der Selbstverwirklichung tun das mit großer Konsequenz. Wer ihnen auf den Leim geht und bei dem Versuch, das unerreichbare Ziel des erleuchteten und autonomen Ichs zu erreichen, scheitert, hat selbst Schuld – und kann gern das nächste einschlägige Angebot nutzen. Ein unendlicher und für die Esoterikbranche lukrativer Zirkel, der die Gläubigen keinen Schritt weiterbringt.

Selbsternannte Gurus, Heiler und Therapeuten locken Ohnmächtige mit Allmachtsfantasien – heile dich selbst, dann heilt die Welt. Das ist besonders perfide bei ernsthaft kranken Menschen, die auf Hilfe hoffen. In der esoterischen Szene wird eine auf schlichten Analogien beruhende und gegen medizinische Tatsachen immune Psychosomatik propagiert. Sie führt menschliches Leid prinzipiell auf seelische Ursachen zurück – und macht letztlich den Kranken für sein Schicksal verantwortlich. Der bereits erwähnte Thorwald Dethlefsen hat gemeinsam mit Rüdiger Dahlke ein Schlüsselwerk dieser Ideologie verfasst. Thema des Bestsellers *Krankheit als Weg* (mehr als eine Million verkaufte Exemplare) ist die angebliche »Deutung und Be-Deutung der Krankheitsbilder«, wie es im Untertitel des Buchs heißt. Über Infektionen heißt es dort beispielsweise: »Wer zu Entzündungen neigt, versucht, Konflikte zu vermeiden.«[23] Leberkranke sollten sich unter anderem die Frage vorlegen: »In welchen Bereichen habe ich die Fähigkeit rechter Wertung und Bewertung verloren?« Und: »Kümmere ich mich um den Bereich meiner ›religio‹, meiner *Rück-bindung* zum Urgrund, oder verbaut mir die Vielheit die *Ein-sicht?* Kommen weltanschauliche Themen in meinem Leben zu kurz?«[24] Und über eine der tückischsten und furchteinflößendsten Krankheiten heißt es: »Der Krebs braucht nicht besiegt zu werden – er muss nur verstanden werden, damit auch wir uns verstehen lernen. Dass die Menschen doch immer ihre Spiegel zertrümmern wollen, wenn ihnen ihr Gesicht nicht gefällt! Die Menschen haben Krebs, weil sie Krebs sind.«[25]

Das sind halt- und mitleidlose Schuldzuweisungen. Noch weiter geht Tom Hockemeyer, der sich selbst Trutz Hardo nennt, unter anderem als »Rückführungstherapeut« tätig ist und auf seiner Homepage für sein – in Deutschland seit 1998 verbotenes – Buch *Jedem das Seine* wirbt. Darin stellt er den Holocaust als gerechte Strafe für Verbrechen dar, die Juden in angeblich früheren Leben begangen hätten. Deshalb wurde Hockemeyer alias Hardo bereits 1998 »wegen Volksverhetzung in Tateinheit mit Beleidigung und der Verunglimpfung des Andenkens Verstorbener« vom Amtsgericht Neuwied zu einer hohen Geldstrafe verurteilt.[26] In der Urteilsbegründung heißt es: »Der Angeklagte spricht beispielsweise Hitler von individueller Schuld frei und bezeichnet ihn als einen Vollstrecker eines ewig geltenden schicksalhaften Ausgleichs, genannt Karma.«

Ein folgenreicher Irrtum

Die Erfolgsgeschichte der Esoterik, ihr Reiz und das Geschäft mit ihr lässt sich pars pro toto am Beispiel der Homöopathie darstellen. Diese magische Heilmethode ist in Deutschland und anderen wohlhabenden Ländern weit verbreitet, sie wird vom Gesetzgeber privilegiert und vor allem in der gebildeten Mittelschicht geschätzt. Die Homöopathie beruht auf der Überzeugung, Krankheiten mit Nichts heilen zu können. Denn in den Globuli (lateinisch: Kügelchen) der sogenannten Hochpotenzen – also extrem stark verdünnten Substanzen – sind keine Moleküle der angeblich wirksamen Ingredienzien mehr nachweisbar. Die Kügelchen bestehen aus reinem Milchzucker; man kann sie unbesorgt in großen Mengen wie Bonbons schlucken. Kritiker der Homöopathie führen das immer mal wieder öffentlich vor, um zu demonstrieren, dass es sich um Scharlatanerie handelt.

Das hat bislang allerdings nichts an der Popularität der Methode geändert. Sie erfreut sich, ganz im Gegenteil, zunehmender Beliebtheit. Eine repräsentative Umfrage des Instituts für Demoskopie Allensbach aus dem Jahr 2014 ergab, dass 60 Prozent der Befragten schon homöopathische Mittel genommen hatten. Fünf Jahre zuvor waren es 53 Prozent, im Jahr 1970 lediglich 24 Prozent. Besonders beliebt sind Globuli bei Frauen und in den westlichen Bundesländern. Im Jahr 2015 wurden in Deutschland knapp 600 Millionen Euro mit homöopathischen Arzneimitteln umgesetzt. Erhältlich sind sie in jeder Apotheke, viele werben ausdrücklich damit. Die Mehrzahl der Krankenkassen erstatten die Kosten für homöopathische Behandlungen als sogenannte freiwillige Satzungsleistung. Neben Laien – man braucht keine medizinische Vorbildung, um sich als Homöopath zu betätigen – und Heilpraktikern gibt es rund 60 000 Ärzte, die regelmäßig Globuli verordnen.

Wie kann es sein, dass so viele intelligente Menschen einer obskuren Lehre anhängen, die allen naturwissenschaftlichen Erkenntnissen widerspricht?

Werfen wir einen Blick zurück ins ausgehende 19. Jahrhundert. Die Medizin ist auf dem Weg in die Moderne. Mittelalterliche Vorstellungen über die menschliche Gesundheit werden mehr und mehr infrage gestellt. Allerdings sind die Kenntnisse über die menschliche Physiologie noch lückenhaft. So weiß man noch nichts von den Körperzellen und ihrem Einfluss auf Krankheiten. Rudolf Virchow wird dieser Erkenntnis erst etwa sechzig Jahre später mit seiner Zellularpathologie zum Durchbruch verhelfen und damit die aus der Antike stammende Humoralpathologie ablösen. Zur Jahrhundertwende hängen die Ärzte dieser Lehre noch an, derzufolge die Gesundheit des Menschen von der Ausgewogenheit der vier Säfte Blut, Schleim, gelbe und schwarze Galle abhängt. Krankheiten werden rabiat bekämpft, zum Beispiel mit starken Arzneien, die nicht selten zu Vergiftungen führen. Oder durch Aderlass, Abführ- oder Brechmittel, um »schlechte« Säfte zu reduzieren – was fatale Folgen haben kann. Als prominentes

Opfer gilt George Washington, erster Präsident der Vereinigten Staaten von Amerika. 1799, nach seiner Amtszeit, erkrankt er an einer Kehlkopfentzündung und stirbt. Bei mehreren Aderlässen hat man ihm etwa 1,5 Liter Blut entnommen – dieser massive Blutverlust mag mit zu seinem Tode beigetragen haben.

Es gibt also durchaus Bedarf an einer anderen, sanfteren Medizin. Einer, der dies erkennt und mit der Homöopathie seine eigene Lehre erfindet, ist Samuel Hahnemann, der Sohn eines Meißner Porzellanmalers. Hahnemann studiert in Leipzig, Wien und Erlangen Medizin. Er ist ein Querkopf, der die herrschende Lehrmeinung nicht anerkennt und auf Probleme hinweist. So zählt er zu den ersten Ärzten, die sich für Hygiene einsetzen. Hahnemann experimentiert gern und probiert allerhand Stoffe und Kräuter an sich, seinen Familienangehörigen und Schülern aus. »Unglücklicherweise«, so der Wissenschaftsautor Thomas Grüter, »neigte er dazu, seine Erkenntnisse unzulässig zu verallgemeinern.«[27]

Hahnemanns Schlüsselerlebnis ist ein Selbstversuch. Er nimmt als gesunder Mensch Chinarinde ein, den Ausgangsstoff für Chinin, das als Medikament gegen Malaria bekannt ist. Nach der Einnahme notiert er folgende Symptome: »(…) die Füße, die Fingerspitzen, u.s.w. wurden mir erst kalt, ich ward matt und schläfrig, dann fing mir das Herz an zu klopfen, mein Puls ward hart und geschwind, eine unleidliche Ängstlichkeit, ein Zittern (aber ohne Schauder), eine Abgeschlagenheit durch alle Glieder; dann ein Klopfen im Kopfe, Röthe der Wangen, Durst, kurz alle mir sonst beim Wechselfieber gewöhnlichen Symptome erschienen nacheinander; doch ohne eigentlichen Fieberschauder.«[28]

Hahnemann deutet die Symptome als Malaria-ähnlich. Und leitet daraus eine weitreichende Hypothese ab: Die Wirksamkeit der Chinarinde zeige sich dadurch, dass sie beim Gesunden genau die Symptome hervorrufe, die sie beim Kranken heile. Hahnemanns Kernidee lautet: Ähnliches möge durch Ähnliches geheilt werden (*similia similibus curentur*). Für seine Theorie sucht und findet der Arzt allerhand Belege. 1810 veröffentlicht er sein Hauptwerk *Organon der rationellen Heilkunde* (später: *Organon der Heilkunst*). Es ist in einem grimmigen, apodiktischen, überheblichen Ton abgefasst. So schreibt Hahnemann in seinen »Vorerinnerungen« zur ersten Auflage: »Soviel warne ich im Voraus, dass Indolenz, Gemächlichkeit und Starrsinn vom Dienste am Altare der Wahrheit ausschließt, und nur Unbefangenheit und unermüdeter Eifer zur heiligsten aller menschlichen Arbeiten fähigt, zur Ausübung der wahren Heilkunde. Der Heilkünstler in diesem Geiste aber schließt sich unmittelbar an die Gottheit, an den Weltenschöpfer an, dessen Menschen er erhalten hilft, und dessen Beifall sein Herz dreimal beseligt.«[29]

Die Homöopathie, die ihr Erfinder im Laufe seines Lebens zu einem komplexen System, ja zu einer Weltanschauung ausbaut, beruht dummerweise auf einem Irrtum. Denn Chinarinde ruft beim Gesunden kein Fieber hervor. Es ist nie gelungen, den von Hahnemann beschriebenen Effekt zu wiederholen. Womöglich leidet er bei seinem Selbstversuch unter einer Grippe, ist gegen Chinarinde allergisch, oder die Symptome haben eine andere Ursache. Hahnemann aber meint, den Stein der Weisen gefunden zu haben.

Später ergänzt er seine Lehre um zwei wichtige Regeln: So muss jede homöopathische Behandlung auf den Einzelfall abgestimmt werden, die entsprechenden Medikamente sind durch Versuch und Irrtum zu ermitteln. Außerdem gelangt Hahnemann zu der Überzeugung, die Wirkung homöopathischer Medikamente lasse sich steigern, indem sie verdünnt und dabei auf eine bestimmte Weise geschüttelt werden. So nähmen die Nebenwirkungen ab und die gewünschten Effekte zu; Hahnemann spricht von »potenzieren«.

Eine aus Marketingsicht clevere Wortwahl: Bis heute denken viele Patienten bei den sogenannten Hochpotenzen an hochwirksame Arzneien, nicht an solche, deren etwaige Wirkstoffe durch Verdünnung praktisch nicht mehr nachweisbar sind. Überhaupt hat der Arzt Sinn für die Macht der Sprache. So grenzt er seine Homöopathie (der aus dem Altgriechischen abgeleitete Begriff bedeutet wörtlich: ähnliches Leiden) von der von ihm so genannten Allöopathie ab, mit der er alle herkömmlichen Behandlungsmethoden abqualifiziert. Spätere Homöopathen benutzen mit derselben Absicht den Begriff Schulmedizin, der es bis in den allgemeinen Sprachgebrauch schafft – und bis heute verwendet wird.

Ein kluger Schachzug, denn Schulmedizin klingt verknöchert und wenig innovativ – dabei gilt gerade das für die Homöopathie. Sie wird rasch vom medizinischen Fortschritt überholt, bereits im 19. Jahrhundert von Wissenschaftlern als Quacksalberei entlarvt und bleibt bis heute den Beweis ihrer Wirksamkeit schuldig. Dennoch wird sie im ausgehenden 20. Jahrhundert sehr populär. Dafür gibt es zwei wesentliche Gründe: die zunehmende Kritik an der Pharmaindustrie, die Medikamente mit zweifelhaftem Nutzen skrupellos vermarktet, ebenso wie an Ärzten, die die Sorgen ihrer Patienten, etwa vor Nebenwirkungen, nicht ernst nehmen und sie wie am Fließband abfertigen.

Die Homöopathie erscheint als sanfte Alternative. Da Globuli keine Wirkungen haben, sind auch keine Nebenwirkungen zu befürchten, weshalb Eltern sie gern ihren Kindern verabreichen. Homöopathische Ärzte nehmen sich viel Zeit für das Erstgespräch – was auch entsprechend honoriert wird –, interessieren sich für die persönliche Geschichte und die

Lebensumstände des Patienten. Nach der Anamnese schlagen sie im sogenannten Repertorium nach, einem dicken Nachschlagewerk der homöopathischen Arzneimittellehre, und suchen dort die angeblich zu den Symptomen passenden Globuli heraus; ein nicht nachvollziehbarer Prozess. Zuwendung plus Paternalismus: Wer zum Homöopathen geht, fühlt sich dort angenommen und begibt sich dann ganz in die Hand des magischen Heilers.

Vor allem bei Erkältungen, grippalen Infekten, Kopfschmerzen oder Verdauungsbeschwerden greift man gern zu Globuli – leichteren Beschwerden also, die auch ohne Behandlungen verschwinden. Die Besserung wird dann der Homöopathie zugeschrieben, eine prima Werbung für diese Methode. Dass so viele Krankenkassen die Kosten für homöopathische Behandlungen übernehmen, hat wiederum mit Kundenwerbung zu tun, wie der Gesundheitswissenschaftler Norbert Schmacke erläutert: »Die Anhänger der Lehre, häufig gut ausgebildete, auf ihre Gesundheit bedachte Menschen, gelten, versicherungsmathematisch gesprochen, als gute Risiken. Das ist das Kalkül. Krankenkassenchefs geben das auch zu, wenn man vertraulich mit ihnen spricht.«[30]

Die Homöopathie-Industrie betreibt – anderen Firmen aus der Pharmabranche nicht unähnlich – intensive und erfolgreiche Lobbyarbeit. So ist es ihr gelungen, in der Bundesrepublik und anderen Ländern Sonderrechte durchzusetzen. Im deutschen Sozialgesetzbuch ist die Methode ebenso wie die anthroposophische Medizin und die Phytotherapie als »besondere Therapierichtung« privilegiert. Das bedeutet: Anders als andere Arzneien müssen homöopathische Mittel ihre Wirksamkeit nicht nachweisen. Übertrüge man dieses Privileg auf die Automobilindustrie, dürften Pkw verkauft werden, mit denen man nicht vom Fleck kommt.

Obwohl die Homöopathie ihren Nutzen für den Patienten nicht belegen muss, werden immer mehr klinische Studien zu diesem Thema durchgeführt; ihre Zahl hat sich seit den Achtzigerjahren verzehnfacht. Auf den ersten Blick verwundert das, weil sich die Anhänger der Lehre ja von der »Schulmedizin« ausdrücklich abgrenzen. Auf den zweiten Blick ergeben diese Bemühungen aber Sinn, weil sie der esoterischen Lehre einen wissenschaftlichen Anstrich verleihen – nicht nur Laien fällt es schwer, seriöse von unseriösen empirischen Studien zu unterscheiden (siehe dazu auch das Kapitel zur Wissenschaft).

Verlässlich sind sogenannte Doppelblindstudien: Einer ausreichend großen Zahl von Patienten wird entweder das zu prüfende Medikament oder ein Placebo verabreicht – weder die Studienteilnehmer noch der Versuchsleiter wissen, wer zur Experimental- (Medikament) oder Kontrollgruppe (Placebo) zählt. Seit Samuel Hahnemans Tagen hat keine diesen Ansprüchen genügende Untersuchung eine Wirkung homöopathischer Medikamente festgestellt, die über die von Placebos hinausgeht. Zu dieser Erkenntnis sind bemerkenswerterweise auch Forscher gekommen, die alternativen Heilmethoden positiv gegenüberstehen. Zu ihnen zählt Claudia Witt, ehemalige Inhaberin eines von der Carstens-Stiftung – die sich die Förderung der Naturheilkunde und Homöopathie auf die Fahnen geschrieben hat – finanzierten Lehrstuhls an der Berliner Charité.

Die Propagandisten der Homöopathie argumentieren zweigleisig: einerseits mit angeblich wissenschaftlichen Beweisen, die sich bei näherer Betrachtung als fadenscheinig erweisen. Andererseits wird die vom Philosophen Stephen Law so genannte »Mysterienkarte« ausgespielt. So räumen Anhänger der Lehre zwar ein, dass in den Hochpotenzen keine Moleküle des jeweiligen Wirkstoffes mehr nachweisbar sind; sie behaupten, die Heilkraft der Globuli beruhe auf dem »Wassergedächtnis« – die Flüssigkeit erinnere sich sozusagen an den Stoff, der einmal in ihr enthalten war. Eine magische Vorstellung, für die es keinerlei Belege gibt.

Das aber ist nicht etwa das Problem der esoterischen Methode, sondern der Wissenschaft, folgt man der Argumentation von Jens Behnke von der Carstens-Stiftung. Er sagte dem Deutschlandradio Kultur: »Die Homöopathie ist eine sogenannte Anomalie, also ein Phänomen, das sich unter Rückgriff auf gängige Theorien nicht gut erklären lässt. Und das tatsächlich interessante wissenschaftliche Vorgehen wäre, jetzt immer diese Anomalien ernst zu nehmen und dann zu fragen, wie wir unsere Theorien verändern können, um auch diese Phänomene gut zu erklären.«[31] Eine Forderung, die, käme man ihr nach, weitreichende Folgen hätte – Physik, Chemie, Pharmakologie, Medizin und Elektrotechnik müssten in weiten Teilen revidiert werden. Zudem könnten auch Anhänger anderer »Anomalien« wie etwa Geistheiler, Gesundbeter oder Astromediziner auf der Anpassung wissenschaftlicher Theorien an ihren Glauben bestehen.

»Wenn wir schon früh anfangen würden, unsere Kinder gut homöopathisch zu behandeln und auch chronische Krankheiten gut zu behandeln, dann hätten wir die beste Krebsprävention.«
Dr. med. Jens Wurster

Solche Kritik hört man in der Branche ungern, nicht selten fallen die Reaktionen aggressiv aus. So finanzierten mehrere Hersteller homöopathischer Arzneien einen Blog, in dem Wissenschaftler und Journalisten, die sich kritisch mit der Methode befassen, angeschwärzt wurden. »Bei jedem herkömmlichen Pharmakonzern«, schrieb die *Süddeutsche Zeitung*, »wäre dies ein Skandal.«[32] Die Vertreter einer vermeintlich sanften Medizin kämpfen mit harten Bandagen.

Dies auch deshalb, weil das Geschäft mit Homöopathie äußerst lukrativ ist – bei minimalem Aufwand. Die Entwicklung eines klassischen Medikaments mit neuem Wirkstoff dauert bis zur Zulassung im Durchschnitt 13 Jahre und kostet mindestens eine Milliarde US-Dollar. »Homöopathika werden einfach aufgeschüttelt, verdünnt und auf den Markt gebracht«, sagt Edzard Ernst, emeritierter Professor für Alternativmedizin in Großbritannien. »Das kostet nichts und wird teuer verkauft.«[33]

Etliche Ärzte betreiben dieses Geschäft mit einem Augenzwinkern. Sie verordnen Patienten, die unter Befindlichkeitsstörungen leiden, Globuli, die nicht schaden und dank des Placeboeffekts womöglich sogar nutzen. Es gibt aber auch Fundamentalisten, die behaupten, ernste Leiden mit dieser Methode heilen zu können. Zu ihnen zählt der Arzt Jens Wurster von der Tessiner Clinica Santa Croce, der behauptet, Krebs mit Homöopathika heilen zu können. Spätestens hier höre »der Spaß auf«, so der Gesundheitswissenschaftler Norbert Schmacke, »denn es gibt keinen einzigen Beleg für eine sinnvolle homöopathische Behandlung oder Symptomlinderung von Krebspatienten«.[34]

Einmal Homöopathie und retour

Interessante Einblicke in die homöopathische Szene verdankt die Öffentlichkeit einer Aussteigerin. Die Ärztin Natalie Grams traut sich nicht nur, ihren Glauben an die Lehre mit allen Konsequenzen infrage zu stellen, sondern sie berichtet auch offen über ihren Weg zur Homöopathie und die Gründe für ihren Sinneswandel.

Als junge Frau studiert sie zunächst in München, später in Heidelberg Medizin, mit dem Ziel, Chirurgin zu werden. Im

Jahr 2001 wirft sie ein Autounfall aus der Bahn. Nur durch großes Glück bleibt sie unverletzt; der Unfallverursacher begeht Fahrerflucht. Einige Monate später bekommt die damals 22-jährige Studentin gesundheitliche Probleme. »Ich bin immer wieder ohnmächtig geworden, hatte Herzrasen.« Sie sucht Hilfe bei Fachärzten, ohne dass sich ein körperlicher Befund erheben lässt. Auf die Idee, eine Psychotherapie zu machen, kommt sie nicht. »Psychologie war für mich ein rotes Tuch. Da geht man nur hin, wenn man irgendwie einen an der Waffel hat.«[35] Sie lässt sich allerdings von einer Kollegin überreden, eine Homöopathin aufzusuchen. Diese unterhält sich lange mit Grams über deren Krankengeschichte und Leben. Und stellt eine Verbindung zu dem Autounfall her; die Symptome seien eine verspätete Reaktion auf das Unglück. Die Homöopathin verordnet Globuli und rät Grams zu einer Psychotherapie, die sie auch macht. Es geht ihr bald besser, und sie führt das auf die Globuli zurück: »Ach, so kann man auch heilen.«

Grams ist fasziniert und beginnt neben dem Studium eine Ausbildung zur Homöopathin. Die Lehre erscheint ihr »wie eine Art Parallelwissen, etwas, das man noch nicht so gut erklären kann wie eine chemische Reaktion«. Aber es sei ja offenkundig, dass sie Patienten helfe. Im Jahr 2009 bricht sie ihre Facharztausbildung ab, weil sie das Angebot bekommt, eine gut gehende Praxis für Homöopathie in Heidelberg zu übernehmen. Die Universitätsstadt mit vielen privat versicherten Beamten ist ein guter Standort.

Die Praxis läuft gut, aber gelegentlich kommen Natalie Grams und auch Kollegen leise Zweifel. Zum Beispiel bei Fortbildungen mit Live-Untersuchungen von Patienten durch den jeweiligen Ausbilder. »Im Anschluss gibt es eine Fragerunde, jeder Homöopath kann dann sagen, welche Globuli er geben würde«, erinnert sie sich. »Und ich habe es in keiner Fortbildung erlebt, dass die Leute sich einig geworden sind. Es wurde dann gegeben, was der Chef sagt.« Sie berichtet auch von Diskussionen unter ärztlichen Homöopathen im vertrauten Kreis, nach dem Motto: »Wir wissen ja alle, dass in den Globuli nichts Materielles enthalten ist. Aber es wäre schön zu wissen, was da eigentlich wirkt. Schon allein, um die Kritiker zum Schweigen zu bringen.«

Kritische Stimmen werden ignoriert. Grams spricht von einer »Blase«, in der man sich bewegte. Sie allerdings lässt sich verleiten, der Autorin eines kritischen Buchs über die Homöopathie* ein Interview zu geben. Grams äußert sich zum Beispiel so: »Krankheit ist auch nur eine Form von Energie. Im Patienten ist ein energetisches Loch, da legt man ein ähnliches Zuckerkügelchen drauf, dann normalisiert sich der Energiezustand des Patienten.« Später kauft sie sich das Buch – und ärgert sich maßlos: Sie sieht die Homöopathie völlig falsch dargestellt und beschließt, eine Erwiderung zu verfassen. Zu diesem Zweckt beschäftigt sie sich näher mit den Argumenten der Kritiker und spricht auch mit Wissenschaftlern. Da sei ihr »naturwissenschaftliches Denken wieder auferstanden«.

Grams ändert ihren Plan: von einer Ehrenrettung der Homöopathie zu einer Antwort auf die Frage, was übrig bleibt von der Methode, wenn man sie unvoreingenommen prüft. Das Ergebnis ist ihr Buch *Homöopathie neu gedacht.* Im Vorwort heißt es: »Wir alle hängen an lieb gewordenen Gewohnheiten. Dazu zählen nicht unbedingt Fakten; ausschlaggebend ist vielmehr ein gutes Gefühl. Ich unternehme in diesem Buch den Versuch, beides einmal näher zu betrachten: die Fakten

---

* *Die Homöopathie-Lüge* von Christian Weymayr und Nicole Heißmann erschien 2012.

der Homöopathie und das, was sich irgendwie gut anfühlt an ihr, um dann zu entscheiden, wie wir fortan damit umgehen können.«[36]

Sie verwirft die Homöopathie als Arzneimitteltherapie, denn die Globuli seien »Träger einer Bedeutung und einer individuellen Autosuggestion, keine Medikamente im eigentlichen Sinn«[37]. Ihre Quintessenz: »Die Homöopathie wirkt, weil wir als Homöopathen und weil unsere Patienten die Vorstellung haben, dass sie wirke.«[38] Dennoch könne die Medizin von der Methode lernen, zum Beispiel das einfühlsame Eingehen auf Patienten. Der reale Kern der Homöopathie, so Grams' Erkenntnis, ist eine Art Gesprächstherapie, die aber nicht so genannt wird.

Daher fällt ihr die Arbeit als Homöopathin immer schwerer. Behauptungen wie »Ja, klar wirkt dieses C30 Natriumchlorid – also hochverdünntes Kochsalz – gegen Ihre Depression« mag sie nicht mehr aufstellen. Sie verabschiedet sich vorzeitig in eine Babypause und denkt darüber nach, wie es weitergehen könnte. Sie beschließt, ihre Praxis nicht mehr zu öffnen. Eine Entscheidung mit einschneidenden Folgen: Ihrer bald fünfköpfigen Familie wird das Geld fehlen, das sie verdient hat.

Ihr Buch versteht Natalie Grams als ein Gesprächsangebot an ihre ehemaligen Kollegen. »Wir alle hängen an der Homöopathie, unsere Patienten profitieren offensichtlich bis zu einem gewissen Grad davon. Aus wissenschaftlicher Sicht handelt es sich also um eine wirksame Scheintherapie. Darüber sollten wir die Patienten aufklären, denn wir sind nicht ganz ehrlich, sie zu behumsen. Lasst uns eine Tür zur evidenzbasierten Medizin öffnen.«

Ein Appell, der nicht erhört wird. Natalie Grams gilt heute unter Homöopathen als Ketzerin. Nach ihrem Schritt an die Öffentlichkeit wird sie persönlich angefeindet: »Die Reaktionen waren ausschließlich gegen mich als Person gerichtet, nach dem Motto: Ich hätte die falsche Ausbildung, keinen Erfolg mit meiner Praxis und sei überhaupt bescheuert. Der Kernvorwurf war, dass ich die Homöopathie nicht verstanden hätte. Denn wenn man die Homöopathie verstehe, komme man ja nicht auf solch komische Gedanken.«

Sie erhält sogar Drohungen: »Heidelberg ist ja nicht groß, wir finden schon raus, wo Sie wohnen. Und hoffentlich werden Sie mal richtig krank, und kein Homöopath nimmt Sie dann mehr an, und Sie müssen von der Schulmedizin getötet werden.« Die Vehemenz erinnert an die Reaktionen von Sekten auf Abtrünnige.

Natalie Grams engagiert sich mittlerweile beim Informationsnetzwerk Homöopathie. Eine Initiative, die »wissenschaftlich fundiert und fair offenlegen will, was Homöopathie leisten kann und was nicht«, wie es auf der Homepage heißt. Über den Grund für ihr Engagement sagt sie: »Vielleicht ist da eine gewisse Traurigkeit darüber, dass ich mich selbst so getäuscht habe und dieser Verheißung so blind gefolgt bin. Trotzdem bin ich da rausgekommen und hoffe, dass es anderen vielleicht auch gelingt.«

Verschwörungstheorien
Ich sehe was, das du nicht siehst

CIA-Vorgesetzter: *»Von nun an behalten Sie jeden im Auge. Beobachten Sie, was sie tun.«*
CIA-Offizier: *»Jawohl. Und wir setzen uns mit dem FBI wegen dieser Leiche in Verbindung.«*
CIA-Vorgesetzter: *»Nein, nein. Um Gottes willen, nein. Wir wollen nicht, dass diese Idioten da herumstümpern. Verbrennen Sie die Leiche. Werden Sie sie los. Und, äh, behalten Sie jeden im Auge. Beobachten Sie, was sie tun. Und erstatten Sie mir Bericht, wenn es, äh, ich weiß nicht, sinnvoll ist.«*

Dialog aus der Kino-Komödie *Burn after reading*

Die Gefahr lauert überall. Sie bedroht jeden. Aber kaum einer ist sich ihrer bewusst. Die Leute kaufen ohne Bedenken im Supermarkt verpackte Lebensmittel, die auf der Rückseite mit einem maschinenlesbaren Code gekennzeichnet sind – und ahnen nicht, dass die parallel nebeneinander verlaufenden Striche wie eine Antenne Strahlung aus der Umgebung aufnehmen und auf Speisen und Getränke übertragen; durch den Laserscanner an der Kasse wird dieser Effekt noch verstärkt. Lebensmittelindustrie und Handel verschweigen das.

Was tun? Nur noch unverpackte Waren kaufen? Oder die Produkte im Laden auspacken, bevor sie an der Kasse aufs Band kommen? Das wäre kaum praktikabel. Glücklicherweise gibt es eine andere Lösung: Ein Querstrich durch den Code bannt die Gefahr zuverlässig, ändert aber nichts an der Maschinenlesbarkeit. Es wäre also für die Hersteller von Lebensmitteln und Getränken ein Leichtes, ihre Kunden durch eine winzige Änderung des Etiketts zu schützen. Manche tun dies auch schon – nachdem sie mit Nachdruck dazu aufgefordert wurden. Zum Beispiel die Brauerei Neumarkter Lammsbräu in der Oberpfalz. Und auch der Safthersteller Rabenhorst in Unkel am Rhein mit der bekannten Marke Rotkäppchen.

Was nach Satire oder einer Anekdote aus der Psychiatrie klingt, ist Realität. Es gibt Menschen, die an die sogenannte Strichcode-Verschwörung glauben. Sie sind fest davon überzeugt, dass von maschinenlesbaren Etiketten Gefahren ausgehen. Neben der Strahlen-Fraktion existiert eine weitere, die glaubt, in jedem EAN-Code, so der Fachjargon, sei die Zahl 666 verborgen: das Zeichen des Antichristen. Und es gibt tatsächlich Firmen wie die beiden genannten, die den Strichcode auf die oben beschriebene Weise »neutralisieren« – weil ihnen das offenbar bequemer erscheint, als mit verwirrten Kunden zu diskutieren.

Jedenfalls antwortete ein Verantwortlicher der Brauerei Neumarkter Lammsbräu auf eine Frage bei Facebook, wieso die Etiketten der Bier-, Limonaden- oder Mineralwasserflaschen der Firma mit einem Strich durch den Code versehen sind, folgendermaßen: »(…) manche Menschen haben Sorge, Barcodes könnten Energien bündeln und würden damit die Qualität von Nahrungsmitteln beeinflussen. Eine Wirkung, die sich deren Meinung nach durch einen Querstrich im Barcode neutralisieren lässt. Beides ist bisher wissenschaftlich nicht hinreichend belegt, weshalb wir dieser Theorie neutral gegenüberstehen. Da es für uns und den Handel aber keinen Unterschied macht, ob wir unsere Barcodes mit einem

Querstrich versehen oder nicht, kommen wir diesem speziellen Kundenwunsch nach.«

Man erkennt das Bemühen des Brauerei-Mitarbeiters, sich möglichst diplomatisch aus der Affäre zu ziehen. Allerdings ist seine Begründung hanebüchen. Er hätte ebenso gut argumentieren können, Galileo Galileis Fallgesetze seien »wissenschaftlich nicht hinreichend belegt«, weshalb man der Theorie, dass alle Gegenstände auf der Erde schwerelos dahinschweben, »neutral« gegenüberstehe. Die *Frankfurter Allgemeine Zeitung* hat sich die Mühe gemacht, Fachleute zu den angeblich Gefahren der Striche auf den Etiketten zu befragen.[1] Das Bundesinstitut für Risikobewertung teilte mit: »Letztlich handelt es sich um ein optisches Verfahren. Uns ist nicht klar, welche Risiken davon ausgehen sollten.« Und aus dem Bundesamt für Strahlenschutz hieß es: »Es ist wissenschaftlich in keiner Weise nachvollziehbar, dass Strichcodes aus der Umgebung Strahlen aufnehmen und an das Produkt weitergeben.«

Mit der satanischen Variante – die drei Begrenzungsstriche des Codes sollen für die Zahl 666 stehen – haben sich die Autoren des Online-Lexikons Etikettenwissen.de auseinandergesetzt. Ergebnis: »Diese Theorie hat (…) zwei Fehler. Erstens ist der Strichcode ein Binärcode, die Begrenzungen am Anfang und Ende ergeben 101, die Begrenzung in der Mitte 01010, es handelt sich also auf keinen Fall dreimal um die gleiche Zahl. Laut EAN-Spezifikation könnte höchstens die Begrenzung rechts als 6 gelesen werden, aber auch nur, wenn der weiße Rand um den Code mitgelesen wird (die Begrenzung soll aber genau das verhindern). Zweitens gehören die Grenzmarker nicht zum eigentlichen Code, sondern dienen nur der Ausrichtung, sollen also dem Lesegerät die Grenzen des Codes zeigen.«

Die Strichcode-Verschwörungen lassen sich also leicht widerlegen; das unterscheidet sie von anderen, komplexeren Theorien des Genres. Typisch dagegen die Sujets: So sind Strahlen sehr beliebt, sie stehen für die unsichtbaren Gefahren der modernen Gesellschaft, verursacht von angeblich dunklen Mächten wie der Industrie oder dem Militär. Und der Antichrist ist das absolut Böse, gegen das man sich mit allen Mitteln wehren muss, ein religiöses Motiv. Im Kern handelt es sich bei Verschwörungstheorien um rational verkleidete Glaubenssysteme. Das Strichcode-Phantasma zeigt im Kleinen den Einfluss, den Verschwörungstheoretiker sich verschaffen können: Namhafte Firmen sind auf ihre Forderungen eingegangen und haben durch die Umgestaltung ihrer Etiketten aus einer Wahnidee etwas Reales gemacht. Ein weiterer Sieg der Unvernunft.

Verschwörungstheorien erleben derzeit eine Renaissance; sie sind so zahlreich, verbreitet und erfolgreich wie lange nicht. Das hat zum einen mit dem Internet zu tun. Es ermöglicht nicht nur jedermann die Veröffentlichung jedweden Unsinns, sondern auch die Vernetzung selbst kleinster Gruppen von Verschwörungstheoretikern, die sich so bestärkt fühlen können, während sie früher ohne Resonanz blieben. Zudem vergisst das Netz nichts: Jede Idee, und sei sie noch so abwegig, kann, einmal dort verewigt, jederzeit (wieder-)entdeckt und weiterverbreitet werden. Vor allem autoritäre Politiker tragen überall auf der Welt zum Aufschwung konspirativen Denkens bei. Sie pflegen sowohl im Kampf um die Macht als auch an der Regierung einen paranoiden Stil und wittern überall Verschwörer – beziehungsweise tun so als ob. Die permanente Beschwörung des Notstands ist ihre Existenzgrundlage. Dazu später mehr.

Von »Die Mondlandung fand nicht statt« bis »Bielefeld existiert nicht«

Die Vorstellung, dass Geschichte ein Ergebnis von Komplotten ist, wurde – ebenso wie die Esoterik, wie wir sie heute kennen – in der Moderne geprägt. Nachdem die Kirchen ihr Monopol auf die Welterklärung verloren hatten, füllten entsprechende Theorien die Lücken. Michael Butter, Professor für Amerikanistik an der Universität Tübingen und stellvertretender Leiter eines Forschungsverbunds zur Erforschung des Phänomens, schreibt: »Die Denker der Aufklärung glaubten zwar nicht mehr an einen göttlichen Heilsplan, sie glaubten jedoch auch (noch) nicht, dass geschichtliche Prozesse von Chaos und Kontingenz geprägt seien. Verschwörungstheorien entstanden in dieser Situation fast notwendigerweise, da sie erlaubten, das etablierte heilsgeschichtliche Strukturmuster, demzufolge alles, was geschieht, so geplant worden ist, zu säkularisieren. Nicht mehr Gott kontrollierte demnach den Lauf der Dinge, sondern die Verschwörer.«[2]

Mit der Aufklärung setzten sich bestimmte Vorstellungen durch, die konspiratives Denken begünstigten. Erstens die, dass nun der Mensch und nicht mehr der Allmächtige den Weltenlauf bestimmt. Zweitens ein mechanistisches Ursache-Wirkungs-Denken. Und drittens eine moralische Deutung von Ereignissen: Demnach haben gute Absichten und Überzeugungen positive Folgen, böse Absichten und Überzeugungen negative. Daraus folgt logisch, dass für negative Entwicklungen schlechte Menschen verantwortlich sein müssen, auch wenn diese das nicht zugeben. Verschwörungstheorien lagen also nahe und waren gesellschaftlich akzeptiert; der Begriff hatte keine negative Bedeutung. Bis in die Mitte des 20. Jahrhunderts war das Gerede von Konspiration ein selbstverständlicher Bestandteil des politischen Diskurses. So machte der bis dahin unbekannte Senator Joseph McCarthy Anfang der Fünfzigerjahre mit der abenteuerlichen Geschichte auf sich aufmerksam, ganz Amerika sei von Kommunisten unterwandert. Er wurde weltbekannt und war für die größte Hexenjagd in den USA verantwortlich. Er selbst hat an seine Story wohl nie geglaubt.

Wegen solcher Erfahrungen und der Erkenntnis, dass die moderne Welt zu komplex ist, um sie als von Geheimbünden gesteuert zu begreifen, wandelte sich die Bedeutung des Begriffs. Als Verschwörungstheoretiker galten nun Leute, die Verwirrung stiften. Einer, der zu dieser Deutung wesentlich beitrug, war der Philosoph Karl Popper. »In ihren modernen Formen« sei die Verschwörungstheorie »ein typisches Ergebnis der Verweltlichung eines religiösen Aberglaubens«.[3] Der Begriff wurde mehr und mehr in abwertender Absicht gebraucht – und auch gegen diejenigen in Stellung gebracht, die wirklichen Missständen auf der Spur waren. Neutral formuliert, zählten Verschwörungstheorien nun zum heterodoxen, also abweichenden Wissen.

Der Bedeutungswandel änderte allerdings nichts an der Attraktivität dieser Denkform. Verschwörungstheorien

- beruhen auf der genuin menschlichen Fähigkeit, sich zu verstellen, und dem Bedürfnis, Leuten, die dies tun, auf die Schliche zu kommen.
- knüpfen an ein – nicht selten gerechtfertigtes – diffuses Misstrauen gegenüber Mächtigen an.
- stellen die interessante Frage, wem welche Ereignisse nutzen.
- versprechen auf der Suche nach der Antwort ein spannendes Detektivspiel.
- machen eine undurchschaubare Welt scheinbar durchschaubar.

- füllen die Lücken in der offiziellen Geschichtsschreibung.
- schaffen klare Fronten zwischen Gut und Böse.
- legitimieren Hass durch die Dämonisierung der vermeintlichen Verschwörer.
- vermitteln den Gläubigen das Gefühl der Überlegenheit: Wir sehen, etwas, das die anderen nicht sehen.

Mittlerweile treten Schöpfer und Anhänger von Verschwörungstheorien zunehmend offensiv und selbstbewusst auf. Ihre Denkweisen passen zu einem Zeitgeist, der in mancherlei Hinsicht an die Dreißigerjahre erinnert: Nationalismus, Rassismus, religiöser Fanatismus und feindselige Propaganda sind überall auf der Welt auf dem Vormarsch. Sowohl auf der politischen Bühne als auch in den sogenannten sozialen Netzen geben grobe Vereinfacher den Ton an – häufig mit verschwörerischem Beiklang. Wer Orientierung in unübersichtlichen Verhältnissen sucht, der kann sich aus einem enormen Angebot an Verschwörungstheorien bedienen. Es gibt kaum ein Ereignis, das ohne den Verdacht auf den Einfluss dunkler Mächte auskommt.

Eine kleine Auswahl: Die erste Mondlandung der Amerikaner am 20. Juli 1969 fand nicht statt – sie wurde für die Weltöffentlichkeit in einem Filmstudio inszeniert. Viel früher aber gelang den Nazis die Reise zum Erdtrabanten; sie verstecken sich bis heute auf der dunklen Seite des Mondes. Der Klimawandel ist die Erfindung einer Lobby von Umweltaktivisten, die die Freiheit einschränken und Big Government stärken wollen. Die Krankheit Aids wurde in den Laboren amerikanischer Geheimdienste kreiert mit dem Ziel, die schwarze Bevölkerung zu dezimieren. Elvis lebt, Lady Di wurde ermordet, Paul McCartney ist schon lange tot; er wurde noch zu Zeiten der Beatles durch einen Doppelgänger ersetzt. Die

US-Regierung wusste über Pläne für die Anschläge vom 11. September 2001 Bescheid (ebenso wie über jene der japanischen Luftwaffe zum Angriff auf den Flottenstützpunkt Pearl Harbour im Jahr 1941) und nahm die terroristischen Attacken bewusst in Kauf – wenn sie diese nicht sogar ausführte. Hinter vielen Übeln dieser Welt stehen die Illuminaten, deren Siegel interessanterweise auf dem US-Dollar-Schein verewigt ist. Neben ihnen betätigen sich seit je die Juden, die Freimaurer sowie die Teilnehmer der Bilderberg-Konferenz als Verschwörer. Zudem arbeiten Eliten und verschiedene Regierungen insgeheim an einer autoritären Weltregierung (New World Order). Und: Bielefeld existiert nicht – es handelt sich um eine groß angelegte Täuschung, die Fata Morgana einer Stadt.

Letzteres ist eine Satire, die der Informatiker Achim Held 1994 via Internet in die Welt setzte und damit das eher weniger aufregende Bielefeld um eine geheimnisvolle Facette bereicherte. Die anderen Komplotte dagegen wollen ernst genommen werden. Es sind harmlose Ideen darunter, gefährliche und sehr einflussreiche. Es gibt Konspirationen, die nur für kurze Zeit in Mode sind, aber auch Dauerbrenner. Solche, die nur im Kleinen gedeihen, und andere, die kühl kalkuliert, von tonangebenden Menschen in die Welt gesetzt werden, um ihre Ziele durchzusetzen.

Geschichte wird gemacht, es geht bergab

Die meisten Verschwörungstheorien folgen diesem Muster: Eine mehr oder weniger große Gruppe sehr mächtiger und sehr böser Leute tut sich insgeheim zusammen, um üble Pläne zu schmieden, die der Menschheit schaden. Wer ihnen auf die Spur kommen möchte, muss die Zeichen zu deuten wissen, denn: Nichts ist, wie es scheint. Und nichts geschieht ohne Grund. Am Anfang steht das Misstrauen gegenüber gewissen Kreisen. Dann stellen sich Zweifel an der offiziellen Version bestimmter Ereignisse ein. Ihnen gilt es, akribisch nachzugehen, Fakten zu prüfen, Beweise zu sichern. Je mehr Indizien zusammengetragen sind, desto klarer wird das Bild des Komplotts. Und es stellt sich die Erkenntnis ein: Geschichte ereignet sich nicht einfach, sie wird von IHNEN geplant und gemacht. Doch damit sind SIE noch längst nicht besiegt, denn SIE sind sehr gut darin, sich zu tarnen, falsche Spuren zu legen und die Öffentlichkeit auf IHRE Seite zu bringen.

Die Dramaturgie erinnert nicht zufällig an die von Thrillern: Komplotte und ihre Aufdeckung sind ein beliebtes Muster der Spannungsliteratur – vom Grafen von Monte Christo über die Abenteuer von James Bond bis hin zu Dan Browns Bestsellern über das angebliche Wirken der Illuminaten. Ohne Verschwörungsgeschichten wäre unsere Kultur insgesamt, wären Verleger und Filmproduzenten deutlich ärmer.

Es gibt auch gewisse Parallelen zum Vorgehen investigativer Reporter, die Skandale aufzudecken versuchen – allerdings recherchieren Verschwörungsapostel weniger sorgfältig. Einige der bekanntesten hierzulande sind Journalisten. Zu ihnen zählt Mathias Bröckers, seit vielen Jahren Mitarbeiter der *taz*. Er erzielte hohe Auflagen – unter anderem mit seinem Buch *Verschwörungen, Verschwörungstheorien und die Geheimnisse des 11.9.*, in dem er die USA und Israel für die Terroranschläge verantwortlich macht. »Ich kann das nicht beweisen«, so ein typisches Statement von Bröckers, »aber es spricht mit hoher Wahrscheinlichkeit sehr viel dafür in meinen Augen, dass 9/11 mit 99-prozentiger Wahrscheinlichkeit nur als Inside-Job denkbar war. Das heißt: mithilfe von Militär und Geheimdiensten durchgeführt werden konnte.«[4]

Udo Ulfkotte, ehemaliger Redakteur der *FAZ*, landete mit seinem Buch *Gekaufte Journalisten* einen Bestseller. Kernbotschaft: Die deutsche Presse werde von der CIA und der Wall Street gesteuert. Ebenfalls sehr erfolgreich im Conspiration Business ist Jürgen Elsässer. Der ehemalige radikale Linke ist heute Chefredakteur von *Compact*. Die Zeitschrift versteht sich als Sprachrohr von AfD und Pegida und besteht vor allem aus verschwörungsartiger Propaganda. Elsässer geht offensiv mit dieser Rolle um: »Denken Sie an den Begriff ›schwul‹ – das war vor zwanzig, dreißig Jahren noch ein Schimpfwort, und heute ist es auch von Homosexuellen selbst als positiver Begriff anerkannt und wird auch selbst so im Marketing, in der Selbstvermarktung sozusagen, verwendet. Und in dem Sinne sehe ich es auch gelassen, dass jemand wie ich als Verschwörungstheoretiker gehandelt wird.«[5]

Zu perfekt, um wahr zu sein

Verschwörungsideologen berufen sich nicht auf den Glauben, sondern auf vermeintliche Fakten. Anders als religiöse Menschen oder Esoteriker bemühen sie keine offensichtlich übernatürlichen Erklärungen für ihre Überzeugungen, sondern scheinbar kausale. Daher wirkt ihre Art der Argumentation auf den ersten Blick plausibel, zumal sie häufig naheliegende Fragen aufwerfen. Auf den zweiten Blick wird die Schwäche dieser Art des Denkens deutlich. Da wäre zum einen das Prinzip der groben Vereinfachung: Selbst wenn die einschlägigen Gedankengebäude recht umfangreich ausfallen können, führen sie komplexe Zusammenhänge doch auf ein einziges Prinzip zurück: den Gegensatz zwischen Gut und Böse.

Widersprüchliche Interessen, die Eigenlogik von Organisationen, menschliches Versagen, bürokratischer Schlendrian, unvorhersehbare Wendungen, unbeabsichtigte Folgen, Zwischentöne – all dies hat in Verschwörungstheorien keinen Platz. Sie erinnern vielmehr an Superhelden-Comics mit Superschurken, die akribisch das perfekte Verbrechen planen. Der Philosoph Karl Hepfer charakterisiert Verschwörungstheorien als »zu schön, um wahr zu sein«[6].

Der gravierendste Konstruktionsfehler: Es wird prinzipiell nur in eine Richtung ermittelt. Die Anhänger einer bestimmten Theorie berücksichtigen nur das, was zu ihr passt, zitieren sich gern gegenseitig und sind bei den Belegen, die sie heranziehen, nicht wählerisch. Fakten, die der eigenen Überzeugung zuwiderlaufen, werden ignoriert oder passend gemacht. Ein Beispiel: In einschlägigen Kreisen wird gern behauptet, das World Trade Center in New York sei am 11. September 2001 nicht durch die von den Terroristen gekaperten Passagierflugzeuge zerstört, sondern von US-Geheimdiensten gesprengt worden – auch wenn keine Sprengstoffreste gefunden wurden. Das aber ist für die Anhänger dieser These kein Problem, denn gerade die Nichtexistenz solcher Spuren beweist, dass diese beseitigt wurden. So werden Gegenargumente in die Verschwörungstheorie integriert, um sie unangreifbar zu machen.

»Er ist das bekannteste Geheimnis unserer Zeit. Alle sehen ihn, aber keiner wagt es, über ihn zu reden. Der Große Austausch findet statt. Er betrifft uns alle. Er bedroht uns alle. (…) Die einheimische Bevölkerung verschwindet und wird durch fremde Einwanderer ersetzt.«
Identitäre Bewegung Österreich

Das Bemühen, eine einmal gefasste Meinung mit allen Mitteln zu bestätigen, ist ein Charakteristikum dieser Spielart des irrationalen Denkens. Und es ist nur allzu menschlich: Wir alle neigen dazu, nur das wahrzunehmen, was in unser Weltbild passt. Welche fatalen Folgen diese Schwäche haben kann, zeigt exemplarisch das

Behördenversagen bei der Verfolgung des Nationalsozialistischen Untergrunds (NSU). Die rechte Terrorgruppe ermordete zwischen 2000 und 2011 neun Menschen ausländischer Herkunft sowie eine Polizistin. Mit der Aufklärung der Verbrechen war eine der größten polizeilichen Sonderkommissionen betraut, die es je in der Bundesrepublik gab.

Doch die 160 Beamten ermittelten nur in eine Richtung, wie die Rechtsanwältin Angelika Lex, die die Ehefrau eines der Opfer als Nebenklägerin im Prozess gegen den NSU vor dem Staatsschutzsenat des Oberlandesgerichts München vertrat, feststellt: »Organisierte Kriminalität, Prostitution, Rotlicht, Spiel, Waffen. In den ganzen Ermittlungsakten wird nicht ein einziges Mal das Thema Rechtsextremismus erwähnt. Auch bei den vielen Zeugenbefragungen ist nie gefragt worden, ob es vielleicht irgendwelche fremdenfeindlichen Übergriffe oder Anhaltspunkte in dieser Richtung gegeben habe.«[7] Die Theorie, der die Polizei folgte, spiegelte sich nicht zuletzt in den Begriffen, mit denen die Verbrechen bald auch in der Presse betitelt wurden: »Döner-Morde« oder auch »Bosporus-Mordserie«. Sie gaben den Rahmen der Ermittlungen vor, Hinweisen auf rassistische Motive der Täter ging man nicht ernsthaft nach.

»Die #Umvolkung #Deutschlands hat längst begonnen. Handlungsbedarf besteht!«

Die CDU-Bundestagsabgeordnete Bettina Kudla in einem Tweet am 24. September 2016

Die Wahrheit kam erst nach dem 4. November 2011 ans Licht, als sich Uwe Böhnhardt und Uwe Mundlos nach einem Überfall auf eine Sparkasse in Eisenach selbst töteten und ihre Komplizin Beate Zschäpe Bekennervideos des NSU an verschiedene Adressaten schickte, bevor sie sich der Polizei stellte. Weil die Ermittler so sehr an ihrer Theorie hingen, konnten sie den Terroristen – die vermutlich über ein größeres Unterstützernetz verfügten – nur wegen deren Selbstenttarnung auf die Spur kommen. Verschiedene Politiker entschuldigten sich später bei den Opfern und deren Angehörigen für das Versagen des Staates. Die damalige nordrhein-westfälische Ministerpräsidentin Hannelore Kraft sagte dem *Kölner Stadtanzeiger:* »Wir können nur um Vergebung bitten, so lange so unentschuldbar blind gewesen zu sein.«

Bei dem Versuch, diese Verbrechen aufzuklären, gab es also eine Gemeinsamkeit mit Verschwörungstheorien: Ermittlungen in nur eine Richtung. Und einen wesentlichen Unterschied: Die Annahme, der die Behörden – ganz offensichtlich auf dem rechten Auge blind – so lange folgten, ist widerlegt, das Versagen wurde öffentlich. Verschwörungsfantasien aber lassen sich nicht widerlegen; sie existieren selbst dann munter fort, wenn sich herausstellt, dass sie gegenstandslos sind. Die Bezeichnung Verschwörungstheorie ist daher irreführend, da es das Wesen einer Theorie ist, widerlegt werden zu können. Den Gespenstern aber, die Konspirationsgläubige sehen wollen, ist mit Tatsachen nicht beizukommen.

Das gilt zum Beispiel für die Fantasien, die sich um die Illuminaten ranken. Bei diesen Erleuchteten handelt es sich um eine Geheimgesellschaft, die nur kurz existierte. Sie wurde am 1. Mai 1776 von dem Philosophen Adam Weishaupt in Ingolstadt gegründet mit dem Ziel, die Herrschaft des Menschen über den Menschen durch Bildung überflüssig zu machen. Ein prominenter Mitstreiter, den er gewann, war der Schriftsteller Adolph Freiherr von Knigge, der sich mit seinem Buch *Über den Umgang mit Menschen* einen Namen als Aufklärer gemacht hatte. Trotz ihrer hehren Ideale zerstritten sich die Illuminaten und waren als Freigeister zudem der Obrigkeit ein Dorn im Auge. 1785 wurde der Orden im Kurfürstentum Bayern verboten. Einige Jahre später hörte die Geheimgesellschaft faktisch auf zu existieren. Das allerdings hindert Verschwörungstheoretiker bis heute nicht, die Illuminaten für allerlei Übel verantwortlich zu machen.

Ein weiteres Beispiel für die Unsterblichkeit solcher Konstrukte sind die sogenannten Protokolle der Weisen von Zion. Sie wurden zu Beginn des 20. Jahrhunderts von unbekannten Autoren verfasst, die sich dazu aus unterschiedlichen fiktionalen Texten bedienten. Ihr Machwerk gaben sie als geheimes Dokument eines Treffens jüdischer Weltverschwörer aus. Der Text kursierte zuerst in Russland und nach dem Ersten Weltkrieg auch in weiteren Ländern, obwohl die Londoner *Times* ihn bereits 1921 als Fälschung entlarvt hatte. Weitere Untersuchungen mit demselben Ergebnis folgten. Dennoch glauben auch heute noch weltweit Menschen an diese angeblichen Protokolle, weit verbreitet sind sie in der arabischen Welt.

Der große Klima-Schwindel

Dass Verschwörungstheoretiker weniger an Aufklärung und mehr an der Bestätigung ihrer Feindbilder interessiert sind, demonstrieren auch die sogenannten Klimaskeptiker. Deren Mission besteht darin, eine wissenschaftlich gut belegte Tatsache infrage zu stellen: die von Menschen verursachte Erderwärmung. Den sogenannten Treibhauseffekt als Folge der Verfeuerung fossiler Rohstoffe erkannte bereits 1896 der Physiker, Chemiker und spätere Nobelpreisträger Svante Arrhenius. Der Schwede sah die Entwicklung voraus – und schätzte sie positiv ein: »Der Anstieg des CO_2 wird zukünftigen Menschen erlauben, unter einem wärmeren Himmel zu leben.«

Seine Theorie geriet in Vergessenheit, und es dauerte noch rund sechzig Jahre, bis dank der systematischen Erfassung von

Klimadaten nachgewiesen wurde, dass die Kohlendioxidkonzentration in der Atmosphäre tatsächlich steigt und diese aufheizt. In der rund 11000 Jahre dauernden Warmperiode, die die jüngere Erdgeschichte kennzeichnet, lag die CO_2-Konzentration bis zur Industrialisierung stabil bei 280 ppm (parts per million). Heute sind es mehr als 400 ppm.

1988 gründeten die Weltorganisation für Meteorologie und das Umweltprogramm der Vereinten Nationen das Intergovernmental Panel on Climate Change (IPCC), auch Weltklimarat genannt. Hauptaufgabe des IPCC, dem 195 Regierungen angehören, ist es, den Forschungsstand zu dem Thema zusammenzutragen. Dazu wurden Hunderte Wissenschaftler aus aller Welt berufen. Im selben Jahr verpflichteten sich Industrieländer in Toronto, auf freiwilliger Basis ihren Kohlendioxidausstoß zu reduzieren. Mit dem 1997 beschlossenen und 2005 in Kraft getretenen Kyoto-Protokoll folgte das erste völkerrechtlich verbindliche Abkommen.

»Nahe liegende Anhänger der Klima-Religion sind die Profiteure mit den Allüren von ›Wissenschaftlern‹, der Klerus, der mit der Ausbeutung seiner Schäfchen seinen Lebens-Unterhalt verdient, vereint mit den Hof-Lieferanten, die mit den Religions-Fürsten gute Geschäfte machen.«
Werner Furrer, Präsident der Schweizer Initiative gegen den Klima-Schwindel

Eine Zäsur. Die Weltgemeinschaft stellte aufgrund naturwissenschaftlicher Erkenntnisse die Verfeuerung von Kohle, Öl und Gas infrage und damit ganze Wirtschaftszweige. Unter anderem auch das Geschäftsmodell von Exxon (heute ExxonMobil), einem der größten Energiekonzerne der Welt. Die Führung des Unternehmens entschied sich, Einfluss auf die öffentliche Meinung zu nehmen und Zweifel an den Erkenntnissen über den Klimawandel zu säen. So war Exxon führend an der sogenannten Global Climate Coalition beteiligt, einer 1989 als Reaktion auf den IPCC gegründeten Allianz von Konzernen, die staatliche Vorgaben zur Senkung des CO2-Ausstoßes verhindern wollten. Zudem finanzierte der Multi Dutzende Organisationen, die wissenschaftliche Tatsachen verdrehten, wie sich Bob Ward von der britischen Wissenschaftsakademie Royal Society im Jahr 1996 beschwerte.[8]

Das Engagement von Exxon ist umso bemerkenswerter, weil es wider besseres Wissens geschah. Der Konzern war nämlich schon sehr früh von eigenen Leuten über den Treibhauseffekt informiert worden, wie Journalisten von *Inside Climate News* und der *Los Angeles Times* enthüllten. James F. Black, ein hochrangiger Mitarbeiter in Exxons Forschungs- und Entwicklungsabteilung, warnte das Management demnach bereits 1977 – also mehr als zwanzig Jahre vor dem Kyoto-Protokoll –, dass der durch die Verfeuerung fossiler Rohstoffe verursachte Klimawandel die Menschheit gefährde. Ein Jahr später präsentierte er der Konzernspitze eine konkrete Vorhersage: Eine Verdoppelung der CO2-Konzentration würde die globale Durchschnittstemperatur um zwei bis drei Grad Celsius erhöhen.

Die Verantwortlichen bei Exxon reagierten und begannen ein ambitioniertes Forschungsprogramm. So rüstete man einen Supertanker mit Messtechnik aus, um auf der Route vom Golf von Mexiko in den Persischen Golf die Kohlendioxidkonzentration in Luft und Wasser zu erfassen. Und stellte Wissenschaftler ein, die mit Kollegen aus Universitäten und staatlichen Einrichtungen Computersimulationen über den Klimawandel erstellten. Sie kamen 1982 zu dem Ergebnis, dass die globale Erwärmung noch deutlich stärker ausfallen würde, als von Black fünf Jahre zuvor prophezeit.

Exxon hätte daraus Konsequenzen ziehen und sein Geschäftsmodell überdenken können. Stattdessen entschied die Unternehmensspitze, die Erkenntnisse der eigenen Forscher zu ignorieren und auf Desinformation der Öffentlichkeit zu setzen. Die Strategie erinnert nicht zufällig an die der Tabakindustrie, die auf ähnliche Weise systematisch Zweifel an den gesundheitlichen Gefahren des Rauchens schürte. Erst nach öffentlichem Druck kündigte Exxon in Jahr 2008 an, die Unterstützung dubioser Lobby-Institute zu beenden.

Mittlerweile ermitteln verschiedene Staatsanwaltschaften gegen ExxonMobil. Dem Unternehmen wird vorgeworfen, seine Anleger getäuscht zu haben, indem es die Risiken der Erderwärmung verschwieg. Es reagierte nach bewährtem Muster: Angriff ist die beste Verteidigung. Sarah Leibowitz, Forscherin an der New York University, sprach von »gezielten Attacken« gegen Kritiker, denen man eine »illegale Verschwörung«[9] gegen ExxonMobil vorwerfe. Sie war Mitglied in einem Beirat mit externen Beratern des Konzerns gewesen und gab diese Position aus Protest auf. Kurz zuvor war Rex Tillerson, ehemaliger Vorstandsvorsitzender von ExxonMobil, als Außenminister in die Regierung Trump berufen worden. Bei der vorausgehenden Anhörung im Senat wollte sich der Mann, der vierzig Jahre lang bei dem Ölgiganten tätig war, davon zehn als Chef, nicht zu der Frage äußern, ob und wann man dort vom Klimawandel gewusst habe.

Der Ölmulti trug seinen Teil bei zu einer Verschwörungstheorie, die heute vor allem in den USA viele Anhänger hat. Demnach gibt es keinen von Menschen verursachten Klimawandel; die Mär davon werde von Wissenschaftlern, Umweltschützern und Politikern in die Welt gesetzt, die sich Forschungsgelder sichern und den Menschen ein schlechtes Gewissen einreden wollten. Diese Story passt gut zu der in den USA weit verbreiteten Überzeugung, der Staat und Gesetze seien per se schlecht.

Hierzulande verbreitet das sogenannte Europäische Institut für Klima und Energie (EIKE) ähnliche Botschaften. Anders als der Name vermuten lässt, handelt es sich nicht um eine Forschungseinrichtung, sondern um einen Verein mit dem Zweck, so die Selbstdarstellung, »die Behauptung eines ›menschengemachten Klimawandels‹ als naturwissenschaftlich nicht begründbar und daher als Schwindel gegenüber der Bevölkerung an[zu]sehen. EIKE lehnt folglich jegliche ›Klimapolitik‹ als einen Vorwand ab, Wirtschaft und Bevölkerung zu bevormunden und das Volk durch Abgaben zu belasten.«[10]

Patrick Illinger, Physiker und Leiter des Ressorts Wissen der *Süddeutschen Zeitung*, hat einmal einen von dem Verein organisierten Kongress besucht und schrieb darüber: »An (…) Kritik oder Diskussionsstoff war auf der Skeptiker-Konferenz niemand interessiert. Auch störte sich kaum jemand an den Widersprüchen, die sich aus den Referaten selbst ergaben. Da wurde einerseits die Erderwärmung bestritten, andere Redner hingegen lieferten Theorien darüber, was die Erwärmung statt des menschengemachten Kohlendioxids antreiben könnte. (…) Unter Skeptikern ist es offenbar egal, welche These man bekämpft. Die von der Erderwärmung generell. Oder die von der CO_2-betriebenen Erwärmung. Oder die von der Erwärmung durch menschengemachtes CO_2. Egal. Hauptsache dagegen.«[11]

Weil das EIKE gern Zweifel sät, nur nicht an den eigenen Theorien, nimmt man es offensichtlich mit der Prüfung von Quellen nicht so genau. Im März 2016 war auf der Homepage des Vereins eine sensationelle Nachricht zu lesen: Nach Auskunft des Whistleblowers Edward Snowden stecke hinter der »Theorie von der globalen Erwärmung« niemand anderes als die CIA. Dummerweise handelte es sich um eine Falschmeldung, die EIKE von der Satire-Webseite *worldnewsdailyreport.com* übernommen hatte, die dafür bekannt ist, Nonsens-Nachrichten zu verbreiten. Und, nein, antwortete Michael Limburg, Vizepräsident des Vereins und AfD-Mitglied, auf die Frage von Journalisten: Er habe die Meldung zuvor nicht auf Plausibilität geprüft.[12] Sie passte einfach zu gut in sein Weltbild.

Wieso eingebildete Konspirationen mächtiger sind als echte

Verschwörungstheorien unterscheiden sich in einem wesentlichen Punkt von anderen irrationalen Denkformen. Während es sich bei religiösen oder esoterischen Ideen um Vorstellungen handelt, die keine Entsprechung in der wirklichen Welt haben, sind Intrigen, Komplotte und Konspirationen Realität. Es gibt sie, seit es Zivilisationen gibt, in einigen gesellschaftlichen Sphären ist der Umgang mit ihnen alltäglich. So zählen Verschwörungen und ihre Enttarnung zum Kerngeschäft von Geheimdiensten. Politiker mit Ambitionen kommen nicht weit, wenn sie nicht auf der Hut sind vor Plänen, die die Konkurrenz oder die lieben Parteifreunde womöglich gegen sie aushecken. Ähnliches gilt für Manager in Konzernen und darüber hinaus für sehr viele Menschen, die in kleineren oder größeren Organisationen tätig sind oder mit ihnen zu tun haben.

Verschwörungstheoretiker aber interessieren sich bezeichnenderweise nicht für die Praxis der Konspiration. Dächte man so wie sie, müsste man zu der Überzeugung kommen, ihre Hirngespinste dienten vor allem dazu, von echten Verschwörungen abzulenken. Jedenfalls bleiben sie am liebsten unter sich und spinnen an ihren Gedankengebäuden, die auf zwei Grundannahmen beruhen: Verschwörungen ändern den

Lauf der Geschichte, und Verschwörer sind mit ihren Plänen sehr erfolgreich. Ersteres stimmt. Letzteres nicht, wie schon Niccolò Machiavelli wusste, »denn die Schwierigkeiten einer Verschwörung sind zahllos«. Die Erfahrung zeige, so der Philosoph und Theoretiker der Macht, »dass viele Verschwörungen gemacht, aber nur wenige geglückt sind«.[13]

Das gilt bis heute. Sehr häufig erreichen Verschwörer ihre Ziele nicht oder sogar das Gegenteil, wie ein Blick in die jüngere Geschichte zeigt. Da wäre zum Beispiel der gescheiterte Putsch von Teilen des türkischen Militärs gegen die Regierung unter dem Präsidenten Recep Tayyip Erdoğan in der Nacht vom 15. auf den 16. Juli 2016. Der Plan geht unter anderem deshalb nicht auf, weil Informationen darüber durchsickern, die Umstürzler die Medien nicht unter Kontrolle haben und die Stimmung in der Bevölkerung falsch einschätzen.

Der türkische Präsident nutzt den misslungenen Staatsstreich, um seine Macht auszubauen. Er lässt erst das Parlament und dann das Volk über eine Verfassungsreform abstimmen, die ihn sowohl zum Staats- als auch zum Regierungschef macht, der weitgehend per Dekret und ohne Kontrolle der gewählten Abgeordneten regieren kann.

Die Putschisten haben also versagt und die Lage – nicht nur aus ihrer Sicht – verschlimmert. Daher kursieren seit den Ereignissen auch Verschwörungstheorien, die genau darin den eigentlichen Plan sehen: Bei dem angeblichen Putsch habe es sich um eine Inszenierung gehandelt, um Erdoğan den Vorwand zu liefern, gegen seine Gegner vorzugehen. Manche ziehen Parallelen zum sogenannten Röhm-Putsch. Im Sommer 1934 ließ Adolf Hitler eine Reihe politischer Gegner ermorden, darunter die gesamte SA-Führung. Die NS-Propaganda stellte die Verbrechen als Präventivschlag dar gegen einen angeblich drohenden Putsch der SA unter ihrem Stabschef Ernst Röhm.

Eine Lüge. Die wahren Ereignisse und ihre Hintergründe sind längst umfassend aufgeklärt.

Hätte es sich beim Putschversuch in der Türkei um eine Inszenierung gehandelt, käme dies irgendwann ans Licht. Denn groß angelegte Konspirationen lassen sich nicht dauerhaft verheimlichen. David Grimes, Physiker an der Oxford University, hat dazu eine Rechnung aufgestellt. Demnach dürfen an einer Verschwörung, die fünf Jahre lang geheim bleiben soll, höchstens 2521 Menschen beteiligt sein. Soll sie mehr als zehn Jahre unentdeckt bleiben, darf die Zahl der Mitwisser rein statistisch nur bei 125 liegen. Folgt man Grimes, wären die populärsten Verschwörungstheorien statistisch widerlegt.

Operation Eigentor

Auch wenn jeder weiß, dass wir dahinter stecken – Hauptsache, unsere Interessen werden gewahrt. Nach diesem Motto maßen sich die beiden Supermächte zu Zeiten des Kalten Krieges an, in ihren jeweiligen Einflusszonen Regierungen zu stürzen, die ihnen nicht passen. Allerdings ändern auch diese scheinbar gelungenen Coups die Welt nicht selten auf eine Weise, die die Absichten der Verschwörer konterkarieren. Ein Paradebeispiel ist die Intervention westlicher Mächte im Iran. Im August 1953 stürzen amerikanische und britische Geheimdienste sowie iranische Offiziere bei der sogenannten Operation Alex den im Land sehr beliebten Premier Mohammad Mossadegh. Zuvor hat das iranische Parlament beschlossen, die Ölindustrie zu verstaatlichen und die Anglo-Iranian Oil Company (AIOC) – von der vor allem die Briten profitierten – entschädigungslos zu enteignen.

Nach dem Staatsstreich regiert der Schah Mohammed Reza Pahlavi das Land mithilfe seiner brutalen Geheimpolizei und freundlicher Unterstützung der USA. Die AIOC wird 1954 von britischen, amerikanischen, französischen und niederländischen Ölkonzernen übernommen. Diese Demütigung ist eine einschneidende Erfahrung für die Iraner; ihr verdankt letztlich der Revolutionsführer Ayatollah Chomeini seinen Aufstieg. Er sagt im Jahr 1979 über den Schah: »Nicht unserer Bedürfnisse wegen werden unsere Bodenschätze exportiert, sondern weil die Politik dieses Mannes in der völligen Abhängigkeit von den Amerikanern besteht.«[14] Die weitere Entwicklung ist bekannt. Das Magazin *Spiegel Geschichte* charakterisierte die Geheimdienstaktion der USA aus dem Jahr 1953 als »Eigentor des Jahrhunderts – sie beseitigte die einzige demokratisch legitimierte Regierung Irans, stabilisierte die Schah-Diktatur und ebnete so den Weg in den islamischen Gottesstaat«[15].

Fünfzig Jahre später schießt die Regierung der USA erneut ein Eigentor mit noch fataleren Folgen. George W. Bush will unbedingt gegen den Irak in den Krieg ziehen, und dazu muss eine Begründung her. Der damalige Präsident behauptet, Amerika werde von dem irakischen Diktator Saddam Hussein mit den »zerstörerischsten Waffen der Welt bedroht«. Sein Außenminister Colin Powell beteuert vor der Uno, es könne »keinen Zweifel geben«, dass Hussein über biologische Waffen verfüge. Doch diese werden nie gefunden. Später bezeichnet Powell seine Aussage vor der Weltgemeinschaft, die auf gefälschten Geheimdienstinformationen beruhte, als »Schandfleck« auf seiner Biografie.

Am 20. März 2003 greifen die USA mit ihren britischen Verbündeten sowie einer »Koalition der Willigen« den Irak an und schlagen dessen weit unterlegene Streitkräfte in nur sechs Wochen. George W. Bush bejubelt voreilig den Sieg der Alliierten an Bord des Flugzeugträgers USS »Abraham Lincoln«;

an der Kommandobrücke des Schiffes hängt ein Banner mit der Aufschrift: »Mission accomplished«. Doch in Wirklichkeit ist die Mission selbst 15 Jahre später noch nicht erfüllt. Der Irak versinkt im Chaos, auch weil die USA keinen Plan für die Zeit nach Saddam Hussein haben. Die Vorstellung, nun würde dort ganz automatisch die Demokratie erblühen, erweist sich als naiv. Stattdessen bekriegen sich Schiiten und Sunniten, die Terrororganisation Islamischer Staat erobert zeitweise große Gebiete, wo sie eine Schreckensherrschaft errichtet. Aus dem Blitzkrieg wird ein dauerhafter, blutiger Militäreinsatz.

Hinter der vollmundig als Iraqi Freedom bezeichneten Operation steht ein Drehbuch. Verfasser sind neokonservative Denker um Paul Wolfowitz, die den Nahen Osten mit militärischen Mitteln neu ordnen und demokratisieren wollen; diese Entwicklung soll mit dem Sturz Saddam Husseins beginnen. Die Neocons haben großen Einfluss auf die Regierung von George W. Bush, besonders auf dessen Vize Dick Cheney und den Verteidigungsminister Donald Rumsfeld. Als Rechtfertigung für den Krieg bemühen sie auch die Terroranschläge vom 11. September 2001. Saddam Hussein sei darin verwickelt gewesen – diese Behauptung ist ebenso falsch wie die von den irakischen Massenvernichtungswaffen. Richard Clarke, ein Berater Bushs zu Fragen der Terrorabwehr, bringt die verquere Logik der Falken in Washington auf den Punkt: Der Angriff auf den Irak sei so, »als wenn wir in Mexiko einmarschiert wären, nachdem die Japaner Pearl Harbour angegriffen hatten«[16].

Die Bilanz des Krieges ist verheerend. Allein bis 2010 sind mehr als 110 000 Tote zu beklagen, fast 90 Prozent von ihnen irakische Zivilisten. 2,6 Millionen Menschen werden innerhalb des Landes vertrieben, 1,9 Millionen flüchten aus dem Irak. Die USA kostet das militärische Abenteuer rund 750 Milliarden Dollar; für die medizinische Betreuung von Veteranen könnte noch einmal die gleiche Summe hinzukommen.[17] Von einem funktionierenden Staatswesen ist der Irak noch weit entfernt, das Land ist zerrissen und droht zu zerfallen. Die USA haben ihre strategische Position im Nahen Osten nicht gestärkt, sondern geschwächt. Gewinner ist ausgerechnet der Iran; er kann seinen Einfluss in der Region erheblich ausweiten.

Diese Beispiele zeigen: Echte Verschwörungen sind schwer zu bewerkstelligen und haben häufig andere Ergebnisse als geplant. Verschwörungstheorien kommen dagegen leichter ans Ziel. Sie müssen sich nicht in der Wirklichkeit bewähren – und da ihre Urheber häufig allein destruktive Absichten verfolgen, erfüllen sie auch ihren Zweck. Welche verheerende Wirkung sie haben können, zeigen zwei Verschwörungstheorien, die die deutsche Geschichte maßgeblich bestimmt haben.

Frech behauptet ist halb bewiesen

Seine Erfolge als Feldherr sind bescheiden, doch er erweist sich als durchtriebener Stratege, indem er seinen politischen Gegnern die Verantwortung für die unabwendbare Niederlage zuschiebt. Erich Ludendorff ist seit 1916 offiziell Erster Generalquartiermeister und Stellvertreter des Generalfeldmarschalls Paul von Hindenburg in der Obersten Heeresleitung (OHL) – de facto aber Oberbefehlshaber der kaiserlichen Armee sowie der eigentliche Machthaber im Deutschen Reich. Ende September 1918 muss er zur Kenntnis nehmen, dass der Krieg verloren ist. Ludendorff – der noch kurz zuvor vor einem »übereilten« Friedensschluss gewarnt hat – schwenkt nun radikal um. Dem Gegner, so seine ultimative Forderung, müsse ein »sofortiges« Waffenstillstandsangebot übermittelt werden. Und zwar nicht etwa von der OHL oder der kaiserlichen Regierung, sondern von einer neuen, die der Reichstag wählen soll. Dies nicht, um die Demokratie zu fördern, sondern um ihr zu schaden, wie er später gegenüber seinen Stabsoffizieren offenbart: »Sie sollen die Suppe jetzt essen, die sie uns eingebrockt haben.«[18] Korrekterweise hätte er sagen müssen: die Suppe, die *wir ihnen* eingebrockt haben.

Ludendorffs Plan geht auf. Der Kaiser ernennt am 3. Oktober den liberalen Prinzen Max von Baden zum Reichskanzler, der eine parlamentarische Regierung unter Beteiligung von Sozialdemokraten bildet. Diese richtet, wie von der OHL gefordert, sofort ein Friedensgesuch an den amerikanischen Präsidenten Woodrow Wilson. Am 8. November beginnen im Wald von Compiègne nahe Paris die Waffenstillstandsverhandlungen, während aufständische Soldaten und Arbeiter in Deutschland Revolution machen und den Kaiser vom Thron jagen. Die Bedingungen für den Waffenstillstand sind hart – und geben einen Vorgeschmack auf den Friedensvertrag von Versailles; Hindenburg rät dringend, sie zu akzeptieren. Am 11. November 1918 endet der Erste Weltkrieg, der zehn Millionen Tote und zwanzig Millionen Verwundete gefordert hat.

Für viele in Deutschland ist diese De-facto-Kapitulation ein Schock. Die Militärführung hat Politikern und Öffentlichkeit bis zum bitteren Ende vorgegaukelt, ein »Siegfrieden« sei möglich – und in den Jahren zuvor, als die Verhandlungsposition besser war, alle Friedensinitiativen torpediert. Zudem sind alliierte Truppen nicht auf deutsches Territorium vorgedrungen, sodass der Eindruck entstehen kann, man sei »im Felde unbesiegt«. Ludendorff hat den Boden bereitet für die entsprechende Verschwörungstheorie, sein ehemaliger Chef verkauft sie der Öffentlichkeit. Am 18. November 1919 verliest Hindenburg, seit Kurzem im Ruhestand, in Weimar vor dem Ausschuss der Nationalversammlung für die Schuldfragen des

Weltkrieges eine Aussage über die »Ursachen des deutschen Zusammenbruchs im Jahre 1918«. Er behauptet, der Krieg wäre trotz der Überlegenheit des Feindes gewonnen worden, wenn nur »Heer und Heimat« zusammengestanden hätten. Doch stattdessen habe eine »heimliche planmäßige Zersetzung von Flotte und Heer« eingesetzt. »So mussten unsere Operationen misslingen, es musste der Zusammenbruch kommen.« Schließlich erfindet Hindenburg noch das Zitat eines englischen Generals, der gesagt habe: »›Die deutsche Armee ist von hinten erdolcht worden.‹«[19] Der fälschlicherweise zitierte General widerspricht sofort und öffentlich – doch der infame Kampfbegriff ist in der Welt.

»Solange noch große Teile unseres Volkes glauben, dass wir nur deshalb nicht weiterkämpften, weil Verschwörer, Schlappmacher und Phantasten uns daran gehindert haben, solange wird aus diesem Volk keine Nation. In Deutschland wächst ein neues Nationalbewusstsein auf. Es wird demokratisch sein oder es wird nicht sein. Wenn es sich aus der Dolchstoßlegende nährt, wird es keine Dauer haben.«

Adolf Köster, SPD-Politiker und Publizist, 1922

Diese Dolchstoßlüge findet enorme Resonanz. Sie wird von rechten Kreisen unermüdlich verbreitet. Stimmen der Vernunft stoßen dagegen auf wenig Gehör. Denn die Legende ist für viele angenehmer als die bittere Wahrheit: Das kaiserliche Deutschland ist für den Ersten Weltkrieg wesentlich verantwortlich und hat seine Möglichkeiten überschätzt. Aus dem »Griff nach der Weltmacht«[20] wurde nichts und zudem die Chance auf eine günstigere Verhandlungslösung verspielt. Abermillionen litten und starben umsonst.

Gleichzeitig liefert dieses Lügenmärchen, das immer weiter variiert wird, Sündenböcke: Die deutschen Soldaten sind nicht dem militärischen Gegner erlegen, sondern einem internationalen Komplott, ausgeheckt von Sozialisten, Pazifisten und Juden. Demokratische Politiker, die nun mit dem Desaster umgehen müssen, für das Ludendorff & Co. verantwortlich sind, werden als »Erfüllungspolitiker« denunziert. Die Dolchstoßlegende, resümiert der Historiker Reinhard Sturm, wirkte »ihrerseits wie ein Dolchstoß in den Rücken der Republik«. Den Todesstoß versetzt ihr Adolf Hitler, der besessen ist von einer wahnsinnigen Verschwörungstheorie, die zum größten Verbrechen der Menschheitsgeschichte führt.

Man erfinde: einen Todfeind

Eines kann man Adolf Hitler nicht vorwerfen: dass er mit seiner fixen Idee und den Konsequenzen, die er daraus zieht, hinterm Berg hält. Was er mit den Juden vorhat, daran lässt er schon lange, bevor er an die Macht gelangt, keinen Zweifel. In seiner Mitte der Zwanzigerjahre erstmals erschienenen Schrift *Mein Kampf* baut er »den Juden« als Universalfeind der Menschheit auf. »Sein Endziel ist die Entnationalisierung, die Durcheinanderbastardisierung der anderen Völker, die Senkung des Rassenniveaus der Höchsten sowie die Beherrschung dieses Rassebreies durch Ausrottung der völkischen Intelligenzen und deren Ersatz durch Angehörige des eigenen Volkes. (…) Siegt der Jude mit Hilfe seines marxistischen Glaubensbekenntnisses über die Völker dieser Welt, dann wird seine Krone der Totenkranz der Menschheit sein.«[21]

Die logische Konsequenz dieser Wahnvorstellung: Wer die Menschheit retten will, muss die Juden umbringen. Auf dieses Ziel richtet Hitler seine gesamte Politik aus, er bleibt bis zum Schluss davon besessen. Sein letztes Diktat an seinen Sekretär Martin Bormann am 2. April 1945 beendet er mit den Worten: »Man wird dem Nationalsozialismus ewig dafür dankbar sein, dass ich die Juden in Deutschland und Mitteleuropa ausgelöscht habe.«[22] Die Deutschen sind ihm trotzdem oder deswegen gefolgt; viele haben tatkräftig dabei geholfen, aus der Verschwörungsgeschichte blutigen Ernst zu machen.

Nach ihrer Machtübernahme geht es den Nazis zunächst darum, den eingebildeten Feind – der in Wahrheit keinerlei Bedrohung darstellt – dingfest zu machen, also darüber zu entscheiden, wer Jude ist. Die Antwort ist keinesfalls trivial, weil die meisten jüdischen Bürger seit ihrer Emanzipation ebenso wenig als solche zu erkennen sind wie katholische oder evangelische. Zudem bestreiten die Nazis vehement die Tatsache, dass es sich um eine Religionsgemeinschaft handelt. Für sie ist das Judentum eine »Rasse«, sie wollen »arisches« von »jüdischem« Blut unterscheiden – was nicht möglich ist. Die NS-Justiz löst das Problem schließlich 1935 mit einer willkürlichen Definition in den sogenannten Nürnberger Gesetzen: Demnach ist Jude, wer drei jüdische Großeltern hat; zudem werden noch »Mischlinge ersten« und »zweiten Grades« definiert. Die als Jude gebrandmarkten Menschen werden nach und nach ihrer Bürgerrechte, ihres Eigentums, ihrer Freiheit und schließlich ihres Lebens beraubt.

»Wenn es dem internationalen Finanzjudentum in- und außerhalb Europas gelingen sollte, die Völker noch einmal in einen Weltkrieg zu stürzen, dann wird das Ergebnis nicht der Sieg des Judentums sein, sondern die Vernichtung der jüdischen Rasse in Europa!«
Adolf Hitler am 30. Januar 1939 in einer Rede vor dem Reichstag

Der Publizist Sebastian Haffner charakterisiert den Judenhass Hitlers als »klinisches Phänomen«, denn »die jüdische Weltverschwörung ist deutlich nicht einfach ein Irrtum, sondern paranoider Irrsinn«. Von ihm lassen sich Millionen infizieren, die sogenannte Endlösung sticht alle anderen Ziele des NS-Staates aus, auch die militärischen: Wären hunderttausende Männer nicht mit dem Massenmord beschäftigt, könnten sie an den Fronten kämpfen. Der Holocaust geht bis zum letzten Tag der NS-Herrschaft weiter – als wirklich jedem klar ist, dass der Krieg verloren ist.

Die Legende von der jüdischen Weltverschwörung wird dann von einer neuen abgelöst, die der Historiker Peter Longerich so charakterisiert: »Der Satz ›Davon haben wir nichts gewusst‹ formte sich damals als Ausdruck einer kollektiven Verweigerungshaltung gegen die Zumutung, dass das Regime, dem man so lange angehangen hatte, seinen verbrecherischen Charakter offenbarte. Schon vor der Niederlage erfüllte er gleichsam präventiv den Zweck, später nicht zur Verantwortung gezogen werden zu können.«[23] Ein Plan, der für viele aufging, die sich schuldig gemacht hatten.

Autokraten lieben Verschwörungstheorien

Das 20. Jahrhundert zeigt wie kein anderes das zerstörerische Potenzial von Verschwörungstheorien. So basierte Stalins Terrorherrschaft in der UdSSR, der Millionen Menschen zum Opfer fielen, auf seiner – frei erfundenen – Behauptung, die Partei und staatliche Institutionen seien bis in höchste Stellen von Verrätern durchsetzt. Niemand in der Sowjetunion konnte sich seines Lebens sicher sein. »Es wirkt wie eine bittere Ironie«, so der Autor Thomas Grüter, »dass Stalin seine Untertanen zwang, ihn als Übermenschen zu verehren, während er sie gleichzeitig zu Hundertausenden in den Gefängnissen foltern ließ, damit sie zugaben, wie sehr sie ihn hassten.«[24]

Mit solch skrupellosen Gewaltherrschern und deren Machtfülle sind die Diktatoren, Autokraten und Demagogen des 21. Jahrhunderts nicht zu vergleichen. Doch auffällig ist, dass auch sie – so sehr sie sich in ihren Überzeugungen und Taten unterscheiden –, allesamt Verschwörungsfantasien lieben. Denn der Erfolg dieser Politiker beruht maßgeblich auf einem rhetorischen Trick: Sie stilisieren sich und ihre Anhänger zu Opfern. Selbstmitleid und Hass auf vermeintliche Feinde sind die Energien, die faschistoide Bewegungen antreiben. Daher werden bösartige Gegner dringend gebraucht, ohne sie stünden die Angstunternehmer blank dar. Bei der Wahl ihrer Feinde sind sie nicht zimperlich: von mittellosen Flüchtling bis zum Mitglied des sogenannten Establishments ist ihnen jeder recht.

»Er lebt in seiner eigenen Welt, in der er in einer Endlosschleife aus Menschen Feinde für sein Psychodrama macht.«
Michael D'Antonio, Biograf von Donald Trump

Verschwörungstheorien sorgen für das gewünschte hysterische Grundrauschen in der Anhängerschaft oder dienen auch konkreten Zwecken. Bei Demagogen, die in Demokratien um die Macht kämpfen, ist das Thema Wahlbetrug außerordentlich beliebt. So behauptete Donald Trump während des Präsidentschaftswahlkampfes, er wisse von geplanten Manipulationen, und nur solche könnten ihn um den Sieg bringen. Ein Beitrag zur Legendenbildung, denn vermutlich glaubte er selbst nicht an seinen Erfolg und wollte ihn auch gar nicht, weil er ahnte, dass das Präsidentenamt anstrengend würde. Nachdem er aber tatsächlich gewählt worden war, erneuerte er den Betrugsvorwurf, weil es ihn wurmte, dass er zwar die Mehrheit der Wahlmänner, nicht aber die der abgegebenen Stimmen gewonnen hatte; da lag seine Rivalin Hillary Clinton mit etwa zwei Millionen vorn. Erhärten konnte Trump seine Verschwörungstheorie nicht. Die zuständigen Wahlbehörden sahen keine Anzeichen für Betrug.

Wie man das Thema professionell angeht, demonstrierte die Rechte in Österreich. Dort trat am 22. Mai 2016 der

FPÖ-Kandidat Norbert Hofer in der Stichwahl um das Amt des Bundespräsidenten gegen den Grünen Alexander van der Bellen an. Zuvor hatte die FPÖ vor allem in den sozialen Medien Gerüchte über drohenden Wahlbetrug gestreut. Johannes Schnizer, ein später mit dem Fall befasster Richter des Verfassungsgerichtshofs, sagte der Wochenzeitung *Falter*, dass Hofer offenkundig entschlossen gewesen sei, den Sieg des anderen Kandidaten nicht zu akzeptieren. »Er hat bereits vor der Stichwahl die Wahlanfechtung aufgrund von Mängeln bei vorangegangenen Wahlen vorbereitet, die in diesem Ausmaß nicht allgemein, aber offenkundig den Wahlbeisitzern dieses Kandidaten bekannt waren; sie haben aber in der Wahlbehörde (mit einer Ausnahme) nicht darauf hingewirkt, rechtmäßig vorzugehen.«[25]

Wozu auch? Hätte Hofer gewonnen, wären ihm Unregelmäßigkeiten gleichgültig gewesen. Dann aber machte van der Bellen – wenn auch knapp – mit 50,35 Prozent der abgegebenen Stimmen das Rennen. Nun stellte die FPÖ sich als Opfer eines Wahlbetrugs dar und zog die vorbereitete Anfechtung aus der Schublade. Moniert wurde unter anderem, dass in manchen Bezirken Briefwahlkuverts zu früh geöffnet worden waren. Die Strategie der FPÖ war von Erfolg gekrönt, die Stimmung im Lande aufgeheizt; der Verfassungsgerichtshof hob die Wahl auf und ordnete eine Wiederholung an.

Eine zweifelhafte Entscheidung, denn laut der österreichischen Verfassung ist einer Wahlanfechtung stattzugeben, »wenn die Rechtswidrigkeit erwiesen wurde und auf das Verfahrensergebnis von Einfluss war«. Letzteres war nicht der Fall. Zu diesem Ergebnis kamen Statistiker, die die Wahrscheinlichkeit errechneten, mit der Hofer durch die Schlampereien um seinen Wahlsieg gebracht wurde. Sie lag bei 0,00000000132. Das ist etwa ein Tausendstel der Wahrscheinlichkeit, mit der ein Sechser im Lotto zu erwarten ist.

Am 4. Dezember 2016 wurde die Stichwahl wiederholt, van der Bellen gewann dieses Mal deutlicher mit 53,8 Prozent. Aber Verschwörungstheorien sind bekanntlich nicht leicht totzukriegen. Ein FPÖ-Anhänger postete bei Facebook nach dem Urnengang einen denkwürdigen Satz, der die Logik dieser Denkform auf den Punkt bringt: »Sollte Hofer nicht eindeutig gewinnen, ist das eindeutig Wahlbetrug.« Die Welt als Wille und Vorstellung.

Verschwörungstheoretiker berufen sich auf Fakten, aber in Wirklichkeit sind Fakten ihre gefährlichsten Feinde. Daher ist ihr Kampf gegen seriöse Medien nur konsequent. Als besonders eifrig hierbei erweist sich wiederum Donald Trump, zu dessen Lieblingsschimpfwörtern »fake news media« zählt. Damit meint er unter anderem die *New York Times* sowie die Fernsehsender CNN und NBC. Diese Medien, twitterte er einmal, seien nicht nur sein Feind – »sie sind der Feind des amerikanische Volkes«. Damit trug er, wenn auch unfreiwillig, zur Aufklärung bei. »Je mehr die Verschwörer zu übermenschlichen Mustern des Bösen werden«, so der Philosoph Hepfer, »desto stärker sollte unser Verdacht sein, dass die Theorie allein der Einbildung entspringt.«[26]

Wissenschaft
Unsinn aus dem Elfenbeinturm

»Alles ist Zahl.«
Lehrmeinung der Pythagoreer

»Die Empiristen pflegen zu sagen, zwischen Physik und Theorie der Gesellschaft bestehe kein grundsätzlicher Unterschied, diese habe es nur noch nicht so weit gebracht.«[1]
Max Horkheimer

Die Wissenschaft gilt als Reich, in dem allein die Vernunft regiert. Doch dieser Eindruck täuscht – unter anderem deswegen, weil Forscher auch nur Menschen sind. Sie sollen zwar unbestechlich nach der Wahrheit suchen, Koryphäen ihres Fachs furchtlos kritisieren und ihrerseits offen für begründete Einwände an der eigenen Arbeit sein. Aber nicht selten lassen sie sich mehr von ihrer Eitelkeit leiten, von Ressentiments, Dogmen oder den Interessen sogenannter Drittmittelgeber, die zunehmend Einfluss auf den akademischen Betrieb nehmen. Auch Wissenschaftler schwimmen gern mit dem Strom, bilden Zitierkartelle, um sich gegenseitig in ihrer Meinung zu bestätigen – und manche pfuschen oder betrügen gar, um sich die Arbeit zu erleichtern oder mit spektakulär erscheinenden, aber verfälschten Studien auf sich aufmerksam zu machen.

Verstöße gegen die Regeln wissenschaftlicher Arbeit sind in Universitäten und anderen Forschungseinrichtungen an der

Tagesordnung. Denn einerseits ist das relativ einfach, während das Risiko, ertappt zu werden, gering ist – und selbst wenn, hat das für die Missetäter nur selten empfindliche Folgen. Andererseits steht, wer heute eine akademische Karriere machen möchte, so stark wie nie zuvor unter dem Druck, Ergebnisse zu produzieren. *Publish or perish,* lautet die Devise: Veröffentliche etwas (egal was) oder gehe unter.* Ein Denker wie Immanuel Kant, der vor seinem Opus magnum *Kritik der reinen Vernunft* zehn Jahre lang keine Zeile publizierte, ist an den Hochschulen von heute nicht mehr vorstellbar. »Das könnte sich kein ehrgeiziger Wissenschaftler leisten«, sagt Konrad Paul Liessmann, Professor für Philosophie in Wien und Kritiker eines zunehmend auf Kennzahlen fixierten Wissenschaftsbetriebs.[2] Dessen Logik wird unter anderem am sogenannten Hirsch- oder H-Faktor deutlich, einer wichtigen Messgröße in der akademischen Welt. Sie gibt darüber Auskunft, wie viele Aufsätze jemand in anerkannten Fachzeitschriften veröffentlicht hat und wie oft diese von Kollegen zitiert werden: je höher beide Werte, desto größer der H-Faktor, das Renommee des Wissenschaftlers und der jeweiligen Hochschule. So zählt dort, wo es doch zuallererst auf gründliches Nachdenken ankommen sollte, vor allem die Masse; das System schafft Anreize zur Produktion enormer Mengen Unsinn.

Besonders verführerisch für Wissenschaftler, die auf Teufel komm raus Ergebnisse vorweisen wollen oder müssen, ist der kreative Umgang mit Daten. Man kann bei Studien oder

---

* Dieser Publikationsdruck ist wiederum die Geschäftsgrundlage von Fake-Verlagen. Sie veröffentlichen gegen Entgelt – aber ohne die bei seriösen Journalen übliche Prüfung der Beiträge – Artikel von Wissenschaftlern. Nach Recherchen des NDR und der *Süddeutschen Zeitung* gibt es derzeit weltweit rund 8700 solcher Schummel-Zeitschriften, in denen jedweder Unsinn veröffentlich werden kann.

Experimenten beispielsweise unerwünschte Ergebnisse unter den Tisch fallen lassen, Versuche so lange wiederholen, bis sie das gewünschte Ergebnis erbringen oder in Datenhaufen dank geeigneter Software in Windeseile nach irgendwelchen Mustern suchen, um sie hinterher mit einer dazu passenden Theorie zu unterlegen. Sehr häufig wird – aus Not oder Bequemlichkeit – mit Stichproben gearbeitet, die zu klein oder zu homogen sind, um überhaupt Allgemeingültiges herauszufinden. So handelt es sich bei der Mehrheit der Probanden für psychologische Experimente ausgerechnet um – Psychologiestudenten. Denn die sind auf dem Campus stets verfügbar und während ihres Studiums häufig auch verpflichtet, eine gewisse Zahl an sogenannten Versuchspersonenstunden abzuleisten, aber sie sind selbstverständlich nicht repräsentativ für die Gesellschaft.[3] Diese inzestuöse Praxis ist einer der Gründe für die Dürftigkeit der Erkenntnisse dieses akademischen Fachs.

Dass Wahlforscher in jüngster Zeit mit ihren Prognosen so häufig danebenliegen, hat ebenfalls mit mangelhafter Datenerhebung zu tun. Die bekannten demoskopischen Institute wählen zwar eine ausreichend große Bruttostichprobe nach dem Zufallsprinzip aus – müssen dann aber feststellen, dass viele der ins Visier genommenen Leute telefonisch auch nach mehrmaligen Versuchen nicht erreichbar sind oder keine Lust haben, auf Fragen zu ihren politischen Präferenzen zu antworten. Deshalb bleiben von der Bruttostichprobe netto nur wenige Menschen übrig. Diese sogenannte Ausschöpfungsquote ist häufig so niedrig, dass von Repräsentativität ernsthaft nicht mehr die Rede sein kann und daher auch nicht von belastbaren Ergebnissen. Wer die Aussagekraft von Umfragen beurteilen will, muss also die Ausschöpfungsquote kennen.

Dass unter anderem die Forschungsgruppe Wahlen bei ihrem regelmäßig im ZDF prominent präsentierten »Politbarometer« diesen Wert nicht veröffentlicht, kritisiert Andreas Diekmann, Soziologe und Fachmann für empirische Sozialforschung, folgendermaßen: »Auf jedem Joghurtbecher muss stehen, was alles drin ist. Von Meinungsumfragen, die politisch ja zweifellos einflussreicher sind, oft sogar sehr folgenreich, erfährt man gar nichts außer den Ergebnissen. Aber Umfrageergebnisse, von denen man nicht weiß, wie sie zustande gekommen sind, sind eigentlich wertlos.«[4]

Das gilt ganz generell für empirische Studien, weshalb Forscher gehalten sind, ihr Vorgehen genau zu dokumentieren sowie ihre Roh- beziehungsweise Primärdaten aufzubewahren, sodass sich Kollegen ein genaues Bild von ihrem Vorgehen machen und wissenschaftliche Untersuchungen wiederholen können. Die Deutsche Forschungsgemeinschaft (DFG) empfiehlt eine Aufbewahrungsfrist von zehn Jahren. Die Praxis sieht so aus: Die entsprechende Leitlinie der DFG zur Aufbewahrung von Rohdaten wurde einer Umfrage des Wissenschaftsrats zufolge lediglich »von etwa der Hälfte der antwortenden Hochschulen« umgesetzt[5]. Wer als Inhaber einer Pommesbude seine Steuerunterlagen nicht, wie gesetzlich vorgeschrieben, zehn Jahre aufbewahrt, bekommt Ärger mit dem Finanzamt. Wer als Wissenschaftler nach der Publikation seiner Erkenntnisse die Daten, auf denen diese (angeblich) beruhen, verschlampt oder bewusst löscht, hat keinerlei Sanktionen zu befürchten.

Es gibt also gute Gründe, der stetig anschwellenden Flut empirischer Untersuchungen zu misstrauen. Dies ergaben in jüngster Zeit unter anderem auch sogenannte Replikationsstudien. Solche Wiederholungen bereits unternommener Untersuchungen und Experimente durch andere Forscher dienen in den Naturwissenschaften und Fächern, die sich an diesen orientieren, der Qualitätssicherung: Je mehr Wiederholungen einer Studie dasselbe Ergebnis liefern, desto besser die Theorie, die dahinter steht. Was sich durch Replikationen bestätigen lässt, hat Bestand, was nicht, wird verworfen; auf diese Weise soll die Wissenschaft voranschreiten. Soweit die Theorie. In der Praxis werden Studien allerdings selten wiederholt, weil Forscher, die dies tun, damit wenig Ruhm ernten – oder gar als Querulanten gelten – und sowohl die Fach- als auch die allgemeine Öffentlichkeit mehr an sensationellen neuen Erkenntnissen interessiert ist als an der Widerlegung alter Studien.

Gegenzusteuern versucht das vom gemeinnützigen Open Science Center organisierte und finanzierte Reproducibility Project: 270 Forscher aus aller Welt nahmen sich in drei renommierten US-amerikanischen Fachzeitschriften publizierte psychologische Studien noch einmal vor. Die Bilanz: Von hundert exakt wiederholten Studien ergaben lediglich 39 das ursprünglich als gültig präsentierte Ergebnis.[6] Mittlerweile ist in den Sozialwissenschaften, die sich als Naturwissenschaften missverstehen (dazu später mehr) und auf die Magie vermeintlich exakter Zahlen setzen, von einer »Replikationskrise« die Rede. Von ihr sind nicht zuletzt die Wirtschaftswissenschaften betroffen. Andrew Chang und Phillip Li, Ökonomen von der US-Notenbank Federal Reserve, kamen bei einer Analyse von sechzig Studien aus 13 anerkannten Fachzeitschriften zu dem Ergebnis, dass diese mehrheitlich nicht nachvollziehbar waren. »Ökonomische Forschung«, so ihr Schluss, »ist meistens nicht replizierbar.«[7] Ein Fakt, der Wirtschaftswissenschaftler, die gern vom Katheder herab verkünden, was zu tun wäre, damit es ökonomisch rund läuft, eigentlich zu deutlich mehr Bescheidenheit verpflichten sollte. Eigentlich.

Leicht zu produzieren, schwer zu entsorgen: Wissenschaftsmüll

Besonders hoch ist der Ausstoß an Nonsens in der Medizin, was unter anderem daran liegt, dass Pharmafirmen starken Einfluss auf die Forschung nehmen; in Deutschland kommt noch erschwerend hinzu, dass die Ansprüche an Promotionen in diesem Fach außerordentlich bescheiden sind. Die Autoren einer fünfteiligen Artikelserie im Fachjournal *The Lancet* kamen im Jahr 2014 zu der Erkenntnis, dass 85 Prozent der finanziellen Mittel für biomedizinische Forschung – im Jahr 2010 waren das weltweit rund 240 Milliarden US-Dollar – verschwendet sind. Weil die falschen Forschungsfragen gestellt würden und die Methodik nicht angemessen sei, würden nutzlose Ergebnisse produziert, Wissenschaftsmüll.[8] Schätzungen zufolge sind 80 Prozent der biomedizinischen Studien nicht replizierbar; in den Neurowissenschaften – die aktuell sehr en vogue sind und in denen man gern mit bunten Bildern aus Gehirnen und steilen Thesen für sich wirbt – sollen es sogar 90 Prozent sein.

Umso vernünftiger wäre ein Selbstreinigungsprozess, der innerhalb der wissenschaftlichen Gemeinschaft immer mal wieder gefordert wird, ohne dass dies bislang größere Konsequenzen gehabt hätte. Wie mühselig es ist, auch nur eine Diskussion über ein fragwürdiges Forschungsergebnis anzustoßen, zeigt exemplarisch der Fall »Pessimisten leben länger«. Mit dieser von den Medien umgehend verbreiteten Nachricht ging das Deutsche Institut für Wirtschaftsforschung (DIW) im Februar 2013 an die Öffentlichkeit. An der Studie, die diese überraschende These belegen sollte, waren neben dem DIW weitere renommierte Institutionen beteiligt: die Humboldt-Universität Berlin, die Universität Zürich sowie das Institut für Psychogerontologie der Friedrich-Alexander-Universität Erlangen-Nürnberg. Dessen Leiter Frieder R. Lang, Hauptautor der Studie, begründete den frappierenden Befund so: »Möglicherweise ermuntern pessimistische Zukunftserwartungen die Senioren dazu, noch besser auf die eigene Gesundheit zu achten und sich vor Gefahren zu schützen.«[9]

Lang und dessen Kollegen hatten für ihre Untersuchung nicht selbst Daten erhoben, sondern bereits vorliegende des sogenannten Sozio-oekonomischen Panels (SOEP) aus den Jahren 1993 bis 2003 genutzt. Bei dieser jährlichen Umfrage geben immer wieder dieselben Menschen unter anderem darüber Auskunft, wie zufrieden sie aktuell mit ihrem Leben sind und wie zufrieden sie in fünf Jahren zu sein glauben. Die Forscher prüften anhand der historischen Ergebnisse dieser Längsschnittstudie bei jedem Befragten, ob der für die Zukunft erwartete Grad der Zufriedenheit fünf Jahre später tatsächlich mit dem dann angegebenen übereinstimmte. Hatten die Befragten ihre künftige Zufriedenheit unterschätzt, galten sie als Pessimisten. Hatten sie diese überschätzt, galten sie als Optimisten.

Eine schlichte und formale Definition. Ob die Menschen Gründe für ihre jeweilige Einschätzung hatten und welche das waren, spielte keine Rolle. Neben anderen objektiven Daten wie Alter, Geschlecht, Bildung und Einkommen war den Forschern aber in vielen Fällen das Sterbealter bekannt, da etliche der Probanden inzwischen verschieden waren. So konnte leicht ein Zusammenhang hergestellt werden. Quintessenz der in der Fachzeitschrift *Psychology and Aging* veröffentlichten Studie[10]: Schätzten die Befragten ihre künftige Zufriedenheit überdurchschnittlich hoch ein, so erhöhte sich ihr Risiko zu sterben um etwa zehn Prozent. Vulgo: Optimisten leben kürzer, Pessimisten länger. Es handelt sich um eine klassische psychologische Theorie, die Menschen anhand von Persönlichkeitsmerkmalen klassifiziert, die ihnen von außen zugeschrieben werden.

Ist das sinnvoll? Und taugen die der Studie zugrunde liegenden Definitionen von Optimismus und Pessimismus überhaupt, um den entsprechenden Nachweis zu führen? Die Brüder Björn und Sören Christensen zweifelten daran. Björn ist Statistiker an der Fachhochschule Kiel, Sören lehrt Wahrscheinlichkeitstheorie an der Universität Hamburg. Die beiden gingen von folgender Überlegung aus: »Stellen wir uns einmal zwei ansonsten vergleichbare Personen vor, die zum ersten Zeitpunkt beide eine mittlere Zufriedenheit für fünf Jahre später erwarteten. Nun wird im Laufe der Jahre einer von beiden unerwartet schwer krank, was sich negativ auf seine Lebenserwartung auswirken sollte. Dann wird diese Person fünf Jahre später vermutlich eine geringere Zufriedenheit mit ihrem Leben insgesamt angeben, als sie ursprünglich erwartet hatte. Diese Person gilt nach der Studie als Optimist, denn sie hatte ihre Zufriedenheit fünf Jahre zuvor überschätzt. Umgekehrt können wir uns zwei Personen vorstellen, die zum ersten Befragungszeitpunkt durch eine Krankheit gezeichnet sind. Beide werden eher eine geringe Zufriedenheit auch für fünf Jahre später angeben. Bei einem der Befragten entwickelt sich seine Gesundheit deutlich besser als erwartet. Er dürfte fünf Jahre später eine höhere Zufriedenheit angeben als ursprünglich erwartet. Er gilt nach der Studie als Pessimist und dürfte eine höhere Lebenserwartung haben als die zweite Person, bei der sich die Gesundheit weiterhin schlecht entwickelt. Der Studienaufbau führt logischerweise dazu, dass der vermeintliche Pessimist eine höhere Lebenserwartung aufweist und der vermeintliche Optimist eine geringere Lebenserwartung.«[11]

Um zu überprüfen, wie das Ergebnis aussähe, wenn es sich in Wirklichkeit um Menschen handelte, die ihr Leben einfach nur realistisch einschätzen, wiederholte das Duo die Studie, bezog dabei aber die Veränderung des von den Befragten selbst eingeschätzten Gesundheitszustands mit ein – diese Informationen lagen vor, denn sie werden beim Sozio-oekonomischen Panel (SOEP) ebenfalls erhoben. Die um diesen Faktor erweiterte Rechnung der Christensens ergab keinen signifikanten Zusammenhang zwischen Optimismus, Pessimismus (nach der Definition der Originalstudie) und dem Sterberisiko.

Ein interessanter Einwand gegen ein Forschungsprojekt, das Schlagzeilen gemacht hatte und über den die Brüder die Fachwelt informieren wollten. Sie verfassten im Mai 2013 einen Artikel, der nach dem üblichen Peer-Review-Verfahren von unabhängigen Gutachtern beurteilt werden muss, bevor ihn ein namhaftes wissenschaftliches Journal veröffentlicht. Bei der Zeitschrift *Psychology and Aging*, in welcher der Originalartikel erschienen war, bekamen die Statistiker eine Abfuhr: Es mangele ihrem Beitrag an psychologischer Theorie. Keine sehr überzeugende Kritik, weil es ja gerade nicht die gedankliche Tiefe war, mit der die Originalstudie glänzte, sondern die überraschende Statistik.

Danach wandten sich die Brüder Christensen an die *Zeitschrift für Gesundheitspsychologie* und warteten bis zum Juli 2014 auf eine Antwort der damaligen Herausgeberin. Leider, so deren Nachricht, habe sich bislang nur ein einziger Wissenschaftler gefunden, der bereit sei, ihren Artikel zu bewerten. Ein Gutachter nach dem anderen habe abgesagt, sie suche weiter. »Das war einfach absurd«, so Björn Christensen. »Wenn die Gutachter gar nicht bereit sind, ein Gutachten zu schreiben, dann lässt das vermuten, dass Kritik nicht erwünscht ist, entweder allgemein oder an dieser konkreten Studie dieser Autoren.«[12]

Er und sein Bruder hörten trotz mehrerer Nachfragen nichts mehr von der *Zeitschrift für Gesundheitspsychologie* und zogen ihren Artikel im Dezember 2014 unter Protest zurück. Nachdem die *Zeit* über den Fall berichtet hatte, empfahl man den

Christensens, bei dem »kritikfreundlichen« *Journal of Individual Differences* vorstellig zu werden. Diese Zeitschrift suchte und fand Gutachter und veröffentlichte den Beitrag, nachdem die Autoren einigen Änderungswünschen entsprochen hatten. Bis der Text schließlich publiziert wurde, gingen insgesamt dreieinhalb Jahr ins Land.[13] Lang und dessen Kollegen bekamen in derselben Ausgabe Gelegenheit, zu der Kritik an ihrer Studie Stellung zu nehmen. »Gesundheitsbezogene Veränderungen, die mit der Antizipation von Lebenszufriedenheit zusammenhängen könnten«, heißt es in ihrer Replik, »waren nicht das Untersuchungsziel unserer Arbeit.« Man sei aber dennoch »gespannt auf weitere Forschung in dieser Richtung«[14].

Die Geschichte zeigt, wie leicht es ist, (vermeintlich) sensationelle Forschungsergebnisse in die Welt zu setzen – und wie mühselig, sie wieder aus ihr zu entfernen.

Die Wunderwelt der Scheinzusammenhänge

Man soll die Dinge so einfach machen wie möglich – aber nicht einfacher. Der permanente Verstoß gegen diese auf Albert Einstein zurückgehende Faustregel ist ein steter Quell akademischen Unsinns. Für Forscher ist es außerordentlich reizvoll, komplexe Phänomene auf einen einfachen Nenner zu bringen. Bedauerlicherweise entgeht ihnen dabei häufig Wesentliches. Besonders augenfällig ist das in den Ernährungswissenschaften, denn aus den (Schein-)Erkenntnissen dieses Fachs werden gern Ratschläge abgeleitet und von den Medien verbreitet; es vergeht kaum ein Tag ohne entsprechende Tipps. Mit der Folge, dass immer mehr Menschen Lebensmittel reflexartig daraufhin bewerten, ob sie wohl gesund sind – und ein schlechtes Gewissen bekommen, wenn sie meinen, bei

Tisch gesündigt und zum Beispiel Süßes, Salziges, Weißmehl oder gar rotes Fleisch verzehrt zu haben. Für nicht wenige Zeitgenossen hat das Thema eine quasi religiöse Bedeutung angenommen, sie scheiden Speisen in Gut und Böse. Dafür gibt es allerdings keinen Grund; dem Wohlbefinden zuträglicher wäre es, vermeintliche Ernährungsweisheiten souverän zu ignorieren. Hier nur einige der scheinbar sensationellen Befunde, die sich mehr oder weniger in Luft aufgelöst haben:

- Flavonoide (sekundäre Pflanzenstoffe) in Rotwein und Schokolade senken das Risiko, an Herz-Kreislauf-Erkrankungen zu sterben, um 80 Prozent.
- Aspirin und Beta-Karotin (in Karotten) sind hochwirksam gegen Herzkrankheiten.
- Obstgenuss vermindert das Brustkrebsrisiko um 90 Prozent.[15]

Nach einer Prüfung des angeblichen Wissens über gesundes Essen teilte das Europäische Institut für Lebensmittel- und Ernährungswissenschaften in München einmal lapidar mit: »Die wissenschaftlichen Belege und die meisten Ratschläge sind dünn bis wertlos.«[16] Das gilt auch für die unter anderem von der Deutschen Gesellschaft für Ernährung (DGE) mit großer Penetranz propagierte Empfehlung, zur Krebsprävention fünfmal am Tag Gemüse oder Obst zu essen. Es gibt nämlich keinerlei Evidenz, dass eine solche Ernährungsweise Krebs oder andere schwere Leiden wie Herz-Kreislauf-Krankheiten verhindert. Und wer versucht, sich an der »5 am Tag«-Regel zu orientieren, obwohl er Rohkost nicht gut verträgt, muss mit Blähungen und Durchfall rechnen.

Dass auf die Befunde von Ernährungswissenschaftlern so wenig Verlass ist, liegt wesentlich daran, dass sie in aller Regel auf sogenannte Beobachtungsstudien zurückgehen. Die funktionieren so: Gruppen von Menschen, sogenannte Kohorten, werden nach ihrem Essverhalten, Lebensgewohnheiten und Krankheitsverläufen befragt und dann zu bestimmten Zeitpunkten »beobachtet«, also analysiert. Dabei stellt man bestimmte statistische Zusammenhänge her, sogenannte Korrelationen – die gern zu Kausalitäten überinterpretiert werden, nach dem Motto: Mäßiger Rotweingenuss verlängert das Leben.

Doch es gibt zwei grundsätzliche Probleme bei diesem Vorgehen: Erstens sind die Forscher auf wahrhaftige Angaben angewiesen, bekanntlich neigen Menschen aber dazu, sich im besten Licht darzustellen. Zum anderen besteht die Gefahr, Zusammenhänge zu sehen, wo keine sind, weil man eigentlich entscheidende Faktoren nicht berücksichtigt. So werden Rotweintrinker hierzulande vermutlich nicht wegen der segensreichen Wirkung des Rebensaftes älter als Biertrinker, sondern weil sie häufig aus gehobenen Schichten kommen und auf gesunde Ernährung und Bewegung achten.

Die Gefahr, solchen Scheinkorrelationen aufzusitzen, ist groß. Die Ernährungswissenschaften, so das Urteil von Gerd Antes, langjähriger Direktor des Deutschen Cochrane Zentrums zur Bewertung wissenschaftlicher Untersuchungen, befänden sich wegen ihrer Abhängigkeit von Beobachtungsstudien in einer »bemitleidenswerten Lage«[17]. Zu erkennen unter anderem daran, dass es zu fast jedem Lebensmittel und dessen Wirkung auf die Gesundheit sich widersprechende Studien gibt. Was auch daran liegt, dass Menschen Nahrung in unterschiedlicher Weise verarbeiten. Bei den einen führt der Verzehr einer Tomate zu einem erhöhten Insulinwert, bei anderen ist das nicht der Fall. So tragen all die Meldungen über vermeintlich gesunde Ernährung weniger zur Vermehrung des Wissens bei als zur Verwirrung des Publikums sowie zur Verbreitung irrationaler Lebensmittelphobien.

Die obsessive Beschäftigung mit dem Thema passt allerdings zu einem Zeitgeist, der zunehmend den Einzelnen für seine Gesundheit verantwortlich macht und entsprechend zu erziehen sucht. Bemerkenswerterweise hält selbst die Deutsche Gesellschaft für Ernährung an der oben genannten Empfehlung »5 am Tag« fest. Und das, obwohl die größte Ernährungsstudie überhaupt (European Prospective Investigation into Cancer and Nutrition, kurz EPIC), an der mehr als eine halbe Million Menschen in zehn europäischen Ländern beteiligt waren, noch nicht einmal statistisch signifikante, also mit gewisser Wahrscheinlichkeit vom Zufall abweichende Korrelationen zwischen Obst- und Gemüsekonsum und Krebsentstehung belegen konnte. »Keinerlei Beziehung, null Komma null«, so der Kommentar von Professor Rudolf Kaaks, Epidemiologe am Deutschen Krebsforschungszentrum in Heidelberg.[18]

So wie es keinen Beleg gibt, dass Obst und Gemüse der Gesundheit nützen, gibt es auch keinen, dass Fleisch ihr schadet. Zwar hat die Menschheit gute Gründe, weniger Currywürste, Burger und Steaks zu verzehren – der Umwelt und dem Tierwohl zuliebe –, zu einem gesünderen und längeren Leben führt eine solche Diät aber nicht. Der Ökotrophologe und Buchautor Uwe Knop weist darauf hin, dass es in der Fachwelt noch nicht einmal eine einheitliche Definition von rotem Fleisch gibt, das – warum auch immer – als besonders gefährlich gilt: »Ob Straußenfleisch beispielsweise zu weißem (Geflügel) oder rotem (Farbe) Fleisch gezählt wird, obliegt dem Gusto der Forscher. Ein Schnitzel ist zwar eher weiß als rot, gehört aber meist zu Rotfleisch. Bei einer Weißwurst sehen die Wissenschaftler ebenfalls Rot, das muss man erst einmal verarbeiten. Wo fängt die Fleischverarbeitung an, wo hört sie auf? Auch das entscheidet die Willkür der Wissenschaftler.«[19]

Knop hat immerhin einen Tipp parat, der dem oben genannten Anspruch Albert Einsteins an vernünftige Vereinfachung voll und ganz genügt: »Vertrauen Sie Ihrem Körper. Nur der weiß, welches Essen für Sie gesund ist, sonst niemand. Die Alternative zum Essen nach Regeln und pseudowissenschaftlichen Erkenntnissen lautet: Essen Sie nur dann, wenn Sie echten Hunger haben, und zwar nur das, worauf Sie Lust verspüren, was Ihnen schmeckt und gut bekommt.«[20]

Denkkollektive und -zwänge

Wie funktioniert Wissenschaft? Welche Wege, Umwege und Irrwege beschreiten Forscher aus historischen, kulturellen und psychologischen Gründen? Welche Probleme erscheinen ihnen reizvoll? Welche nicht? Einer der Ersten, der sich für diese Fragen interessiert, ist der Immunologe und Erkenntnistheoretiker Ludwik Fleck aus dem galizischen Lemberg. Sein heute als bahnbrechend geltendes Buch *Entstehung und Entwicklung einer wissenschaftlichen Tatsache* erscheint erstmals 1935 in einem Schweizer Verlag. Dass es damals kaum beachtet wird, passt durchaus zu Flecks Theorie; einer seiner Kerngedanken lautet: »In der Naturwissenschaft gibt es gleichwie in der Kunst und im Leben keine andere Naturtreue als die Kulturtreue.«[21] Das heißt, auch Forscher lassen sich von tradierten Vorstellungen, Denkmustern und Konventionen leiten; ohne diese Faktoren ist ihre Arbeit nicht zu verstehen.

Solche Überlegungen eines auf Deutsch publizierenden polnischen Juden stoßen kurz nach der Machtübernahme der Nationalsozialisten auf wenig Interesse. Auch erscheinen Flecks Thesen über Denkkollektive und -stile – die er anhand der Entwicklung des Syphilis-Begriffs und der sogenannten

Wassermann-Reaktion, einer Untersuchungsmethode zum Nachweis dieser Krankheit, entfaltet – als abwegig. Die Vorstellung, dass Tatsachen nicht einfach vorhanden sind, um entdeckt zu werden, sondern dass sie von Forschergruppen in gewisser Weise erschaffen werden, weil diese, oft unbemerkt, bestimmten vorgezeichneten Pfaden folgen, ist revolutionär. Denn sie widerspricht dem (Selbst-)Verständnis von Wissenschaft als streng rationaler Angelegenheit.

Fleck, Jahrgang 1896, hat sich, als er solche Überlegungen anstellt, auf seinem eigentlichen Fachgebiet, der Medizin, bereits einen Namen gemacht. Er zählt zu den führenden Typhusspezialisten Europas und entwickelte unter anderem ein Hautreaktionsverfahren zur Diagnose dieser Krankheit. Seine Kenntnisse retten ihm nach der Besetzung Polens durch deutsche Truppen das Leben: Als die SS von seiner Expertise erfährt, setzt sie ihn zur Produktion von Typhusimpfstoff unter anderem im KZ Auschwitz und später im KZ Buchenwald ein. Dort arbeitet Fleck mit anderen herausragenden Medizinern und Laien zusammen, zu denen der Publizist Eugen Kogon gehört. Dieser berichtet später von einer Sabotageaktion der Gruppe um Fleck, die große Mengen wirkungslosen Impfstoff an die SS weitergab und die geringen Mengen wirksamer Vakzine für die Mithäftlinge nutzte.[22] Nach der Befreiung nimmt Fleck seine wissenschaftliche Arbeit in Polen wieder auf. 1957 emigriert er mit seiner Frau nach Israel, wo der gemeinsame Sohn lebt; Ludwik Fleck stirbt dort 1961. Als Erkenntnistheoretiker wird er erst posthum entdeckt – nachdem der Wissenschaftsphilosoph Thomas Kuhn ihn im Vorwort seines 1962 erstmals erschienenen, sehr einflussreichen Essays *Die Struktur wissenschaftlicher Revolutionen* als eine seiner wichtigsten Inspirationsquellen würdigt.

Fleck weist anhand eines Durchbruchs in der Medizin nach, dass es – anders als naive Empiristen behaupten – keine

voraussetzungslose Beobachtung gibt, dass Wissenschaft nicht darin besteht, kühl und systematisch Stein auf Stein zu häufen, bis die Pyramide der Erkenntnis steht. Denn unter anderem bestimmen mächtige vorwissenschaftliche Ideen den akademischen Gang der Dinge. Im von Fleck rekonstruierten Fall war dies die mittelalterliche Vorstellung von der Syphilis als »Lustseuche«, verursacht durch sündhaften Geschlechtsverkehr. Diese moralische Bewertung ging einher mit einem gesteigerten Interesse an dieser Krankheit und viel größeren Anstrengungen, sie zu bekämpfen, als etwa die Tuberkulose – obwohl Letztere viel gefährlicher für die Menschheit war.
Der wesentliche Unterschied, so Fleck: Die Tuberkulose galt als romantische, nicht als verfluchte, entehrende Krankheit wie die Syphilis. Parallelen zu der neueren medizinischen Erfolgsgeschichte, die mit der Bekämpfung von Aids geschrieben wurde, sind unübersehbar.

»Ist ein ausgebautes, geschlossenes Meinungssystem, das aus vielen Einzelheiten und Beziehungen besteht, einmal geformt, so beharrt es beständig gegenüber allem Widersprechenden.«
Ludwik Fleck

Eine weitere Uridee, die die Wissenschaftlergruppen bei der Erforschung der Syphilis leitete – obwohl sie sich anfänglich etwas ganz anderes vorgenommen hatten –, war die aus der antiken Säftelehre stammende vom »verdorbenen« Blut; sie führte letztlich zu dem Diagnoseverfahren. Fleck resümiert: »Die Entdeckung – oder Erfindung – der Wassermann-Reaktion vollzog sich in einem einmaligen, historischen Prozesse, der weder experimentell zu reproduzieren noch logisch zu legitimieren ist. Sozialpsychologische Motive und eine Art kollektiver Erfahrung haben die Reaktion – unter vielen Irrungen – ausgearbeitet. Die Beziehung der Wassermann-Reaktion zur Syphilis – eine unzweifelhafte Tatsache – ist aus diesem Standpunkte ein Ereignis der Denkgeschichte.«[23]

Flecks Rekonstruktion relativiert den Erkenntnisprozess, indem er ihm die Zwangsläufigkeit abspricht: Das, was uns heute vernünftig erscheint, haben unsere Vorfahren aus bestimmten Gründen ganz anders gesehen, und unsere Nachfahren werden wiederum andere Tatsachen für sich entdecken beziehungsweise erfinden. Den Rahmen dafür geben die von Denkkollektiven erarbeiteten Denkstile vor: Sie entscheiden darüber, was als Wahrheit erkannt und als Irrtum verworfen werden muss. »Dem naiv von seinem Denkstil befangenen Forscher«, so Fleck, »stellen sich fremde Denkstile wie freie Phantasiegebilde vor, da er nur das (…) fast Willkürliche an ihnen sieht. Der eigene Denkstil erscheint ihm dagegen als das Zwingende, da (er) ihm (…) durch Erziehung, Vorbildung und durch Teilnahme am intrakollektiven Denkverkehr selbstverständlich, fast unbewusst wie das Atmen wird.«[24]

Aus diesem Grund ändern sich Denkstile nicht ohne Weiteres – und nur selten durch den Heureka-Moment eines genialen Wissenschaftlers. Es bedarf Impulsen von außen, Krisen oder Schocks, damit die Wissenschaft eine neue Richtung einschlägt. Fleck schreibt, »dass große Denkstilumwandlungen, also bedeutsame Entdeckungen sehr oft in Epochen allgemeiner sozialer Wirrnis entstehen. Solche ›unruhigen‹ Zeiten zeigen den Streit der Meinungen, Differenzen der Standpunkte, Widersprüche, Unklarheit, Unmöglichkeit eine Gestalt, einen Sinn unmittelbar wahrzunehmen – und aus diesem Zustande entsteht ein neuer Denkstil.«[25]

In einer solchen Phase des Umbruchs befinden sich derzeit die Wirtschaftswissenschaften, eine akademische Disziplin, die großen Einfluss auf das Leben der Menschen auf diesem Planeten hat. Und in der eine Diskussion über die Dogmen dieses Faches entbrannt ist, weil seine tonangebenden Vertreter sich als blind für die wirkliche Wirtschaftswelt erwiesen haben.

Vom Buddenbrooks-Effekt und Homo oeconomicus

Die jüngste große Finanzkrise sorgt auf ihrem Höhepunkt am 15. September 2008 für einprägsame Bilder: Investmentbanker des an diesem Tag kollabierten Instituts Lehman Brothers mit Hauptsitz an der Fifth Avenue in Manhattan – die noch vor kurzem Unsummen um den Globus jagten, fantastische Boni kassierten und sich wie Masters of the Universe fühlten – tragen ihre privaten Habseligkeiten in Pappkartons aus dem Gebäude. Das Spiel ist aus für sie. Das kapitalistische Weltwirtschaftssystem gerät in so große Bedrängnis wie seit den Dreißigerjahren nicht mehr. Und Ökonomen, die in renommierten Forschungseinrichtungen, internationalen Organisationen und Think Tanks die herrschende Meinung vertreten, sind bis auf die Knochen blamiert. Sie vermochten den Beinahe-Super-GAU des Kapitalismus nicht vorherzusagen – er war in ihrem Denken nicht vorgesehen.

Umso dringlicher stellte sich da die Frage, wie Akteure, die für sich in Anspruch nahmen, streng rational zu handeln, die Welt an den Rand einer ökonomischen Katastrophe bringen konnten. Was war passiert? Eine Antwort geht so: In den USA löst die Zentralbank Anfang des Jahrtausends – nach dem Platzen der New-Economy-Blase und den Anschlägen auf die Twin Towers – durch das Senken der Leitzinsen einen Immobilienboom aus. Die Menschen sollen Kredite aufnehmen, Häuser kaufen, ihren persönlichen amerikanischen Traum verwirklichen und so für Wirtschaftswachstum sorgen. Zunächst locken die Banken Menschen aus der Mittelschicht mit dem billigen Geld, später auch Leute, die sich eigentlich keine Immobilie leisten können. Intern spricht man von »Ninja«-Krediten (No income, no job, no assets) an Menschen ohne Einkommen, Arbeit und Vermögen.

Alles kein Problem, weil die Wertsteigerung der Immobilien die niedrigen Zinsen und Tilgungsraten mehr als ausgleicht – die Preise kennen ja nur eine Richtung: nach oben. Zudem hat die Finanzbranche zur Weiterverwertung der Hypothekenkredite ein lukratives Geschäft erfunden, den Handel mit sogenannten Collateralized Debt Obligations (CDOs). Hypotheken unterschiedlicher Ausfallwahrscheinlichkeit werden gebündelt, und in verschiedenen Tranchen weiterverkauft. Ratingagenturen bescheinigen den Papieren eine hohe Bonität – so werden faule Kredite in scheinbar sichere Anlagen verwandelt. Das funktioniert, weil kaum jemand das Wesen der CDOs versteht – auch viele der institutionellen Käufer nicht; der Investor Warren Buffett bezeichnet Papiere dieser Art als »finanzielle Massenvernichtungswaffen«.

»Abstraktionen in der Wirklichkeit geltend machen, heißt Wirklichkeit zerstören.«
Georg Wilhelm Friedrich Hegel

Die Gier, der Herdentrieb und das Marketing sorgen dafür, dass Billionen Dollar in CDOs investiert werden, auch als solide geltende deutsche Sparkassen kaufen sie an. Das Geschäft mit den toxischen Wertpapieren funktioniert letztlich wie das Schwarzer-Peter-Spiel: Wer auf den CDOs sitzen bleibt, wenn die Spekulationsblase platzt, hat Pech gehabt. Das gilt dummerweise nicht allein für weniger clevere Banker wie die von den Lehman Brothers oder der deutschen Hypo Real Estate – die 2009 verstaatlich wird und neben anderen Finanzhilfen allein Garantien der öffentlichen Hand in Höhe von knapp 124 Milliarden Euro in Anspruch nimmt: Die Finanzkrise weitet sich zur Weltwirtschaftskrise aus. Das Bruttoinlandsprodukt geht 2008 weltweit um zwischen vier und zehn Prozent zurück, in Deutschland sind es fünf Prozent. Abermillionen Menschen verlieren ihre Jobs, Häuser und Altersvorsorge, viele leiden bis heute unter den Folgen der Krise.

Weil die Banken einander nicht mehr vertrauen und der Geldkreislauf zum Erliegen zu kommen droht, springen die Regierungen als letzte Instanzen ein. Die Propaganda der Marktfundamentalisten – für die exemplarisch Ronald Reagans Ausspruch steht, der Staat sei nicht die Lösung, sondern das Problem – wird spektakulär widerlegt. In den USA müssen die Steuerzahler allein im Jahr 2008 rund 700 Milliarden Dollar für die Rettung der Finanzbranche berappen, in Großbritannien sind es 600 Milliarden Euro, in Deutschland 400 Milliarden Euro. Hinzu kommen enorme öffentliche Mittel zur Bekämpfung der Rezession sowie erhebliche Steuerausfälle.

So wird aus der Wirtschaftskrise eine Staatsschuldenkrise, an der die Welt bis heute laboriert; der Aufstieg von Demagogen und die Zerfallserscheinungen in der EU sind nur in diesem Zusammenhang zu verstehen. Dass es nicht noch schlimmer gekommen ist, hat die Menschheit den eigensinnigen Globalisierungsgewinnern Indien und China zu verdanken: Sie erwiesen sich in der Krise von 2007/2008 wegen strikter Kapitalverkehrskontrollen – die sie gegen den Rat westlicher Ökonomen beibehielten – als stabilisierende Faktoren und waren von den Risiken toxischer Wertpapiere kaum betroffen.

Gefährliche Rentiers

Eine andere Antwort auf die Frage nach den Ursachen für den Beinahe-Kollaps des Finanzsystems schürft tiefer. Sie lautet: In den Siebzigerjahren stellt sich in der industrialisierten Welt eine chronische Wachstumsschwäche ein, Produktivität und Wohlstand nehmen seitdem nur noch langsam zu. In den Achtzigerjahren setzen Ökonomen wie Milton Friedman von der einflussreichen Chicago School of Economics sowie Politiker wie der US-Präsident Ronald Reagan und seine Schwester im Geiste, die britische Premierministerin Margaret Thatcher, auf Liberalisierung und Deregulierung, um die Marktkräfte zu entfesseln und mehr wirtschaftliche Dynamik zu erzeugen. Das gelingt vor allem in der Finanzbranche; 1986 schafft Großbritannien mit dem sprichwörtlichen großen Knall (»Big Bang«) allerlei Regularien ab und öffnet seine Börse für internationale Anleger, London steigt zur Welthauptstadt des Geldes auf.

Für den boomenden Markt mit Aktien, Anleihen und Devisen gibt es einen guten Grund. In der Nachkriegszeit sind viele Menschen bis in die Mittelschichten hinein zu Vermögen gekommen, und sie möchten, dass sich ihr Geld vermehrt. Sie träumen – tun wir das nicht alle? – von Einkommen ohne Arbeit. Das führt, wie der Wirtschaftssoziologe Christoph Deutschmann vom Max-Planck-Institut für Gesellschaftsforschung in seinem gleichnamigen Aufsatz schreibt, zu einem »kollektiven Buddenbrooks-Effekt«[26]. Johann Buddenbrook riet seinem Sohn, nur solche Geschäfte zu machen, »dass wir bei Nacht ruhig schlafen können«. Daran hielt sich die Familie, bis der Enkel Thomas Buddenbrook Mitte des 19. Jahrhunderts auf satte Gewinne mit noch zu erntendem Getreide spekulierte. Das Geschäft wurde ihm im wahrsten Sinne des Wortes verhagelt – es war der Anfang vom Ende des Lübecker Handelshauses. Eine kritische Zahl von Rentiers, die ihren Reichtum mehren, aber keine wirklichen Werte schaffen, hat, so die These von Deutschmann, für die Weltwirtschaft ähnlich fatale Folgen.

Dafür sieht er zwei wesentliche Gründe. Zum einen wurde das Geschäft mit dem Geld wohlhabender Leute professionalisiert, unter anderem von Fondsgesellschaften, bei denen sich enorm viel Kapital konzentriert. So bewegt Blackrock, der größte unabhängige Vermögensverwalter der Welt, knapp sechs Billionen US-Dollar (Stand: drittes Quartal 2017) und ist unter anderem der mit Abstand größte Einzelaktionär an der Deutschen Börse.[27] Fondsgesellschaften nutzen ihren Einfluss, damit sich die von ihnen betreuten Anlagen möglichst gut verzinsen. Daher drängen sie das Management von Unternehmen, an denen sie beteiligt sind, auch zu Entscheidungen, die den Aktienkurs nach oben treiben, ohne die Firma voranzubringen. Dazu zählen beispielsweise Rückkäufe eigener Anteile.

Investitionen in Forschung und Entwicklung, die sich (falls überhaupt) erst langfristig auszahlen, sind weniger beliebt. Auch Wettbewerb nicht, sofern der den Profit zu schmälern droht. Die amerikanische Ökonomin Fiona Scott Morton erläutert das am Beispiel des US-Luftverkehrs, der von vier Konzernen beherrscht wird. Die großen Fonds sind an allen vier beteiligt. Und da es ihre Pflicht ist, für ihre Aktionäre das Maximum herauszuholen, »raten sie Fluglinien davon ab, ihre Kapazitäten zu erweitern, weil sonst ein Preiskrieg droht, von dem sie nichts haben. Wenn die eine der anderen Kunden abnimmt, ändert sich für mich als Aktionärin nichts. Für die Kunden aber folgt daraus, dass es kaum noch Wettbewerb gibt.«[28]

Die Finanzbranche wird so mächtig, dass sie auch Einfluss auf Regierungen nehmen kann, die sie zu Steuererleichterungen für Unternehmen ermuntert und zu einer Politik, die den Faktor Arbeit verbilligt – alles im Interesse der Rendite. Das Ergebnis ist, so Deutschmann, ein »Finanzmarkt-Kapitalismus, der nicht die unternehmerischen Kräfte in der Gesellschaft befördert, wie oft behauptet worden ist. Im Gegenteil, es scheint, dass die Fonds eine Herrschaft der Rentiers über die Unternehmer errichtet haben, die die spekulative Verselbständigung der Finanzsphäre vorantreibt, zugleich die reale wirtschaftliche Dynamik lähmt und Unternehmen wie Staat zur Beute der Rentiers macht.«[29]

Von der Klasse der Vermögenden geht noch aus einem weiteren Grund Gefahr aus: Jeder, der Geld gewinnbringend anlegen möchte, braucht einen solventen Schuldner, der sich dieses Geld leiht, etwas damit anfängt und so die Zinsen erwirtschaftet. Dies könne, so Deutschmann, letztlich nur durch Arbeit geschehen. Insofern sei die Finanzökonomie »trotz aller spekulativen Pirouetten stets, wie indirekt auch immer, mit der ›Realökonomie‹ verkoppelt«. Nur sorgt die zunehmende Kluft zwischen immer reicheren Rentiers und immer schlechteren Schuldnern, die für diese die Zinsen erwirtschaften sollen, dafür, dass der Deal nicht mehr aufgeht. Das Kapital sucht sein Heil in zunehmend riskanteren Spekulationen – bis hin zu den genannten Ninja-Hypothekenkrediten für mittellose Hauskäufer mit den bekannten Folgen.

Seit der Deregulierung der Finanzmärkte wurde die Weltwirtschaft immer wieder von Krisen erschüttert. Die Abstände wurden kürzer, die Blasen größer. Es gab also durchaus Signale, dass da etwas grundsätzlich schiefläuft. Wie sie zu deuten sind, schrieb der Ökonom John Maynard Keynes bereits 1936: »Spekulanten mögen als Luftblasen auf einem steten Strom des Unternehmertums keinen Schaden anrichten. Aber die Lage wird ernst, wenn das Unternehmertum die Luftblase auf einem Strudel der Spekulation wird. Wenn die Kapitalentwicklung eines Landes das Nebenerzeugnis der Tätigkeiten eines Spielkasinos wird, wird die Arbeit voraussichtlich schlecht getan werden.«[30]

Keynes sah damals etwas, was die zur Zeit der jüngsten Weltfinanzkrise tonangebenden Ökonomen nicht sehen konnten, denn ihr Denkstil – um diesen Begriff von Ludwik Fleck aufzugreifen – ließ das nicht zu. Es handelt sich um die sogenannte Neoklassik, die führende Schule in den Wirtschaftswissenschaften, die den Forschungs- und Lehrbetrieb weltweit dominiert, besonders stark in Deutschland. Im Zentrum dieser Denkform steht der Homo oeconomicus, der autonome, streng rationale und stets gut informierte Nutzenmaximierer. Indem sich alle Wirtschaftssubjekte so wie er verhalten, schaffen sie ganz automatisch perfekte Märkte, die durch das Prinzip von Angebot und Nachfrage Güter aller Art effizient verteilen. Man muss die Marktteilnehmer einfach nur machen lassen.

Ganz offensichtlich hat dieses Theorie wenig mit der Realität zu tun. Menschen handeln zwar stets subjektiv begründet, aber nicht immer rational. Sie achten nicht nur auf ihren eigenen Vorteil, sondern haben auch die Interessen anderer im Auge, sind hilfsbereit oder gar selbstlos. Manche Märkte funktionieren, andere versagen, weil sie von Mächtigen dominiert oder manipuliert werden – man denke nur an die Absprachen der Banken über Zinssätze wie den Libor. Märkte sind häufig nicht transparent, erfolgreiche Spekulanten leben von ihrem Informationsvorsprung, und nicht wenige Geschäfte beruhen darauf, die Kundschaft systematisch übers Ohr zu hauen. Zudem ist Wirtschaft nicht ohne ihren Zusammenhang mit Politik und Kultur verständlich und stößt immer häufiger an ökologische Grenzen.

All dies kommt in der herrschenden neoklassischen Wirtschaftstheorie nicht vor. Sie ist weltfremd und wurde deshalb schon früh kritisiert. Wie aber konnte sie sich trotzdem durchsetzen?

Falsche Vorbilder

Auch unter den akademischen Fächern sind nicht alle gleich. Von der Mitte des 19. bis weit ins 20. Jahrhundert ist die Physik der Superstar. Wissenschaftler anderer Disziplinen bewundern die Physiker mit ihren mathematisch eleganten Beweisführungen, weil diese (scheinbar) universell gültige Naturgesetze entdecken und die Menschheit so voranbringen. Das bringt um Anerkennung ringende, jüngere Fächer dazu, sich an diesem Vorbild zu orientieren. Dazu zählen die akademische Psychologie[31] und die Wirtschaftswissenschaften.

Dummerweise eignen sich die Gegenstände dieser Fächer nicht für die physikalische Methodik, denn weder die Psychologie noch die Ökonomie hat hauptsächlich mit Naturgesetzen zu tun. Menschen bestehen zwar wie alle Materie aus Atomen, können aber auf dieser Ebene nicht sinnvoll erklärt werden. Vor allem aber müssen wir die äußeren Umstände nicht passiv erdulden, sondern können diese ändern, unsere eigene Welt erschaffen, wie die Entwicklung der Zivilisation eindrücklich zeigt. Dazu gehört die Wirtschaft, die nur in diesem Kontext begreifbar wird.

»Ein Physiker, der nur Physiker ist, kann durchaus ein erstklassiger Physiker und ein hochgeschätztes Mitglied der Gesellschaft sein. Aber gewiss kann niemand ein großer Ökonom sein, der nur Ökonom ist – und ich bin sogar versucht hinzuzufügen, dass der Ökonom, der nur Ökonom ist, leicht zum Ärgernis, wenn nicht gar zu einer regelrechten Gefahr wird.«
Friedrich A. von Hayek

Führende Vertreter beider Disziplinen versuchen dieses Problem zu umgehen, indem sie ihre Gegenstände der bewunderten physikalischen Methode unterordnen. In der akademischen Psychologie verfährt man nach dem Motto: Wir wissen zwar nicht, was es ist, aber wir können es messen. Paradebeispiel ist die Definition von Intelligenz als das, was Intelligenztests messen. Auch psychologische Experimente folgen dieser Logik: Versuchspersonen werden streng kontrollierten Bedingungen mit klar voneinander abgrenzbaren Reaktionsmöglichkeiten ausgesetzt, um zu zählbaren und damit statistisch auswertbaren Ergebnissen zu kommen. Dies ungeachtet der Tatsache, dass solch sterile Laborsituationen nichts gemein haben mit der komplexen Lebenswelt, in der wir uns zu bewähren haben.

Neoklassische Ökonomen setzen auf Modelle, die – um ihrer Berechenbarkeit wegen – auf unrealistischen Annahmen beruhen. Hinter ihnen steht die von Geschichte und Kultur gereinigte Idee eines ideellen, von Einzelinteressen gesteuerten Marktes, der alles zum Guten wendet. Der Philosoph Oliver Schlaudt charakterisiert eine solche Herangehensweise von Sozialwissenschaftlern als »schmutzige Physik«[32]. Der amerikanische Ökonom Paul Rohmer prägt den Begriff »Mathiness« für die allgegenwärtigen Formeln in der Volkswirtschaft, die nicht der Erkenntnis dienen, sondern der Verherrlichung des reinen Marktes mit mathematischen Modellen.

»Der Meister-Ökonom (…) muss Mathematiker, Historiker, Staatsmann sein (…). Kein Teil der menschlichen Natur oder seiner Institutionen darf ganz außerhalb seiner Beachtung liegen.«
John Maynard Keynes

Sowohl im Hauptstrom der akademischen Psychologie – deren Curricula zu einem Großteil aus Statistik bestehen – als auch in dem der Wirtschaftswissenschaften gilt die Devise: Je mehr Mathematik, desto wissenschaftlicher. In beiden Disziplinen ist man zudem wenig an Erkenntnissen anderer Fächer wie Soziologie, Politologie oder Kulturwissenschaften interessiert, obwohl das naheliegend und hilfreich wäre. Diese inzestuöse Haltung kritisieren schon früh so unterschiedliche Ökonomen wie der radikal-liberale Friedrich August von Hayek und der Sozialist Maynard Keynes.

Dennoch setzt sich die »schmutzige Physik« durch. Besonders wirkmächtig wird die Neoklassik im Schulterschluss mit der Politik ab den Achtzigerjahren. Die tonangebenden

Ökonomen beschreiben in ihren Modellen nicht nur den perfekten Markt, sondern leiten aus ihnen auch ab, wie der zu gestalten sei, nämlich: möglichst frei von Regeln und Eingriffen wie zum Beispiel Mindestlöhnen. Joseph Stiglitz, Träger des Wirtschaftsnobelpreises, hält seinem eigenen Fach denn auch vor, als »größter Cheerleader« des Laissez-faire-Kapitalismus zu fungieren.[33]

Die Entzauberung der Wirtschaftsweisen

Ökonomen äußern sich immer wieder mit Bestimmtheit zu politischen Fragen und liegen dabei häufig daneben. Die Rolle des ewigen Wirtschaftsweisen füllt hierzulande mit großem Eifer der sowohl von der Scientific Community als auch von den Medien geschätzte Hans-Werner Sinn aus. Die *Bild* erklärte den langjährigen Direktor des Münchner ifo-Instituts gar zu Deutschlands »klügstem Professor«. Der stimmte in seinem 2003 erschienenen Buch *Ist Deutschland noch zu retten?* einen zum damaligen Zeitgeist passenden Abgesang auf den Wirtschaftsstandort an. Kernthese: Die Bundesrepublik verliere permanent an Wettbewerbsfähigkeit, was man daran erkenne, dass immer weniger Güter ausgeführt würden. Dies versuchte Sinn mit einer Grafik zu belegen, die die Exportanteile der USA und Deutschlands zeigen sollte. Doch dummerweise hatten er und seine Kollegen geschlampt: Die Grafik zeigte nämlich die Importanteile – eine peinliche Panne, die die gesamte Argumentation infrage stellte.

Später versuchte Sinn, die Scharte mit seiner abenteuerlichen Theorie der »Basar-Ökonomie« auszuwetzen. Demnach sei die Exportstatistik gar nicht aussagekräftig, weil viele Industriegüter zu wachsenden Wertanteilen in Niedriglohnländern vorfabriziert würden. Weiter weg von der ökonomischen Realität eines Landes – das wie kaum ein anderes von der Globalisierung profitiert, indem es aufstrebende Nationen mit Maschinen und Anlagen ausrüstet – kann ein Wissenschaftler kaum liegen. Beeindruckt hat diese Blamage Sinn aber offenbar nicht: Sein Meinungsausstoß ist nach wie vor beachtlich.

Als ebenso peinlich, aber viel folgenreicher erweisen sich die Fehlleistungen zweier amerikanischer Spitzenwissenschaftler. Carmen Reinhart, Ökonomin an der Harvard University, und ihr Kollege Kenneth Rogoff, ehemaliger Chefökonom des Internationalen Währungsfonds, publizieren 2010 eine Studie (*Growth in a Time of Debt*) mit großer Wirkung. Demnach sinkt das Wachstum drastisch, sobald die Schulden einer Volkswirtschaft 90 Prozent des Bruttoinlandsprodukts übersteigen. Konjunkturprogramme, so die Botschaft des auch RR-Papier genannten Aufsatzes, lohnen sich ab einem solchen Schuldenstand nicht mehr. Zahlreiche Spitzenpolitiker und -beamte berufen sich darauf, darunter Jean-Claude Trichet, damals Präsident der Europäischen Zentralbank (EZB), Jens Weidmann, Präsident der Deutschen Bundesbank, und der damalige Bundesfinanzminister Wolfgang Schäuble. Das RR-Papier dient nicht zuletzt dazu, den für die Bevölkerung sehr harten Sparkurs zu rechtfertigen, der verschuldeten europäischen Ländern auferlegt wird.

Doch kann eine einzige Kennzahl tatsächlich Auskunft darüber geben, wann eine Volkswirtschaft kippt? Ungeachtet anderer ökonomischer Daten sowie der Geschichte, Kultur, Regierung und anderer Institutionen eines Landes? Naheliegende Fragen, die sich Thomas Herndon, Student der Volkswirtschaftslehre an der University of Massachusetts im Städtchen Amherst, zunächst nicht stellt. Er will im Herbst 2012 lediglich seine Seminararbeit in »Angewandter Ökonometrie« schreiben und soll dazu wie alle seine Kommilitonen eine bekannte Studie nachvollziehen. Er hat sich das RR-Papier ausgesucht, kommt aber mit öffentlich verfügbaren Daten partout nicht zum selben Ergebnis wie die beiden Koryphäen, die es verfasst haben. »Es war zum Verzweifeln, und meine Professoren sagten nur immer wieder: Check deine Arbeit noch einmal, es wird schon klappen.«[34] Zwei Ökonomen dieses Kalibers können nicht irren.

In seiner Not fragt Herndon bei den Autoren nach und bekommt am 4. April 2013 endlich eine Mail von Carmen Reinhart samt Excel-Tabelle, die der Studie zugrunde lag. »Danke für dein Interesse, aber ich kann mich nicht mit jeder Anfrage beschäftigen. Anbei unsere Daten. Verwende sie für deine Semesterarbeit, wie du möchtest. Viel Glück!« Die Tabelle enthält historische Verschuldungs- und Wachstumsraten verschiedener Nationen, und Herndon findet darin bereits nach wenigen Minuten einen groben Fehler, der Reinhart und Rogoff unterlaufen ist. »Ich klickte auf Zelle 51 in Reihe L der Tabelle und sah mir die Formel an: Sie hatten bei der Berechnung des Durchschnitts aller 20 Länder einfach fünf Zeilen vergessen.« Nämlich Australien, Belgien, Dänemark, Kanada und Österreich.

Herndon informiert seinen Professor sowie den Dekan der Fakultät. Die drei schauen sich die Daten genauer an und finden zwei weitere, noch viel gravierendere Fehler. Zum einen hatten die Autoren der Studie die Datensätze von Kanada, Australien und Neuseeland aus der Nachkriegszeit weggelassen: ausgerechnet drei Volkswirtschaften, die in jener Zeit trotz hoher Staatsverschuldung gewachsen waren. Zudem gewichteten Reinhart und Rogoff Kennzahlen auf eine Weise, die ihre Argumentation stützte: Demnach hatten 19 Jahre Aufschwung in Großbritannien mit einem durchschnittlichen Wachstum von 2,4 Prozent dieselbe Bedeutung wie ein einziges Jahr des Abschwungs in Neuseeland, als die dortige Wirtschaft um 7,6 Prozent geschrumpft war.

Korrigiert man alle drei Fehler, wird aus dem mittleren jährlichen Minus von 0,1 Prozent in hoch verschuldeten Industrienationen ein mittleres positives Wachstum von 2,2 Prozent. Also das Gegenteil der Behauptung von Reinhart und Rogoff. Herndon und seine akademischen Lehrer veröffentlichen ihre Erkenntnisse zunächst online und später im renommierten *Cambridge Journal of Economy* (»Does High Public Debt Consistently Stifle Economic Growth? A Critique of Reinhart and Rogoff«). Die spektakuläre Widerlegung zweier Stars der Wissenschaft sorgt sowohl in der Fachwelt als auch in den Medien für ein gewaltiges Echo. »*Wall Street Journal, New York Times,* BBC, Fernsehsender – alle wollten mit mir sprechen«, erinnert sich Herndon. Die Story des Studenten einer Provinz-Uni, der namhaften Professoren die Leviten liest – die ganz offenkundig unter anderem Probleme mit dem Tabellenkalkulationsprogramm Excel haben –, ist ein gefundenes Fressen für die Presse.

Die Resonanz auf den Fall RR ist auch deshalb groß, weil dieser nach der Entzauberung führender Ökonomen in der Weltwirtschaftskrise noch einmal exemplarisch deutlich macht, woran die herrschende Lehre krankt: an der Vergötterung scheinbar magischer Zahlen, am Desinteresse an der wirklichen Welt und an den Folgen des eigenen Tuns. Kenneth Rogoff räumt übrigens bis heute nur einen peinlichen Fehler ein, der »aufgeblasen und bewusst falsch interpretiert und polemisiert« worden sei. Und klagt über eine »Hexenjagd«, die vor allem »linke Blogger« und »Lobbygruppen« auf ihn unternommen hätten.[35]

Zum Schluss ein Ausflug ins Rotlichtviertel

Im Juni 2000 veröffentlicht eine kleine Gruppe Wirtschaftsstudenten der Pariser Sorbonne im Internet eine Petition[36] gegen »autistische Wissenschaft«. Die angehenden Ökonomen kritisieren den mangelnden Pluralismus ihres Fachs, das einseitige Interesse an »imaginierten Welten« sowie die »unkontrollierte Anwendung von Mathematik«. Ein zartes Pflänzchen der Kritik. Dass es nicht rasch wieder eingeht, sondern wächst, liegt maßgeblich an der einige Jahre später durch die Weltwirtschaftskrise beförderten Erkenntnis, dass tonangebende Ökonomen so nackt dastehen wie der sprichwörtliche Kaiser. Nun fordern in etlichen Ländern Wissenschaftler und Studenten eine Erneuerung der Volkswirtschaftslehre, hierzulande unter anderem das nach französischem Vorbild entstandene Netzwerk Plurale Ökonomik. Ob und inwieweit sich die Reformer durchsetzen, wird sich zeigen. Auch in der Wissenschaft lösen neue Glaubenssätze alte nicht ohne Weiteres ab. Die Platzhirsche der Wissenschaft sind mächtig, sie verteidigen ihre Dogmen mit Zähnen und Klauen. In aller Regel müssen sie erst ihre Lehrstühle räumen, bevor ein anderer Denkstil Resonanz finden und sich durchsetzen kann.

Wenn dies in der Mainstream-Ökonomie einmal so weit sein wird, werden die dann führenden Forscher vermutlich mit Erstaunen auf das zurückblicken, was ihre Kollegen früher so trieben. An aufschlussreichem Stoff mangelt es nicht. Der Schweizer Ökonom Mathias Binswanger hat ein eindrückliches Beispiel in seinem Beitrag »Wie die Uni-Ökonomen versagen – die Theorie der Prostitution als Mahnmal«[37] aufgespießt. Im Jahr 2002 veröffentlichten die Ökonominnen Lena Edlund und Evelyn Korn im *Journal of Political Economy* einen Beitrag[38], in dem sie folgende eigenartige Frage untersuchen: Wieso werden sexuelle Dienstleistungen im Durchschnitt gut bezahlt – obwohl es sich doch um arbeitsintensive Tätigkeiten handelt, für die es keine Ausbildung braucht und die hauptsächlich von Frauen verrichtet werden?

Die Antwort der Forscherinnen war nicht weniger ungewöhnlich: Da Prostituierte nicht auch Ehefrauen sein könnten, müssten sie wegen der geringeren Chancen auf dem Heiratsmarkt mit hohen Honoraren finanziell kompensiert werden. »Die beiden Autorinnen«, so Binswanger, bliesen ihre unsinnige Idee »nun zu einem hochformalen Modell mit 14 mathematischen Gleichungen auf, dessen Darstellung 19 Seiten in Anspruch nimmt, und wo unter vollkommen realitätsfremden Annahmen ein Sexmarkt-Gleichgewicht hergeleitet wird (…) Aber Realitätsnähe ist kein entscheidendes Kriterium für eine Publikation in einem ökonomischen Topjournal. Was zählt, ist die Präsentation eines komplizierten formalen Modells.«[39]

Tatsächlich blieb es nicht bei diesem einen Beitrag über die Theorie der Prostitution: Weitere Ökonomen nahmen sich des Themas an, weitere Publikationen folgten. Zwar habe es im Fach auch einige kritische Reaktionen auf den Artikel gegeben, so Binswanger, »aber diese betrafen immer nur einzelne Annahmen und nie den gesamten Artikel und dessen Modell. Was im *Journal of Political Economy* veröffentlicht wird, gilt schließlich als Toppublikation mit einem hohen Impact-Faktor. Und das darf per Definition kein Unsinn sein, auch wenn es (…) offensichtlicher Unsinn ist.«

Institutionalisierter Irrsinn
Das Unbehagen in der Organisation

»Ich bin so toll – ich bin so nett – ich bin der Bernd von M bis Z.«
Zeile eines Liedes, das die Hauptfigur Bernd Stromberg in der TV-Serie »Stromberg« anstimmt

»Ich verstand unser Produkt überhaupt nicht! Zu Beginn wurde mir zwar mit den Worten ›Musst du unbedingt lesen!‹ irgendein Technikhandbuch in die Hand gedrückt. Doch da das noch keiner in meiner Abteilung gelesen hatte, las ich es auch nicht. Und so verstand niemand von uns wirklich, was das Kerngeschäft dieses Unternehmens war.«[1]
Ein Manager aus der IT-Branche

Kann es ein richtiges Leben im falschen geben? Diese, Adornos berühmter Sentenz entlehnte, Frage geht manch einem durch den Kopf, der sich am Arbeitsplatz zur Teilnahme an sonderbaren Ritualen genötigt sieht und mitbekommt, was alles so abläuft. Sinnlose Sitzungen, allgemeine Schaumschlägerei, Abstimmungsexzesse, lächerliche Sprachregelungen, Simulation von Engagement, Beförderungen nach dem Peter-Prinzip (also dem Grad der Unfähigkeit) – all dies ist in Unternehmen gang und gäbe, obwohl es vor allem dort doch rational, produktiv und effizient zugehen sollte. Der Wirtschaftswissenschaftler Scott Adams bringt die Absurditäten der Arbeitswelt seit Jahrzehnten mit seinen Dilbert-Cartoons auf den Punkt. Über die Reaktionen auf seine Comics teilte er einmal mit: »Ich greife immer wieder bizarre und phantastische Elemente auf wie sadistische sprechende Tiere, koboldähnliche Buchhalter und Angestellte, die sich in Spüllappen verwandeln, nachdem man die Lebenskraft aus ihnen herausgewrungen hat. Und doch höre ich am häufigsten diesen Kommentar: ›Das ist ja genau wie in meiner Firma.‹«[2]

Dass vielen Menschen ihr beruflicher Alltag sonderbar erscheint, hat Gründe. Ein wesentlicher ist: Moderne Unternehmen stellen an ihre Mitarbeiter paradoxe Anforderungen; wer versucht, ihnen nachzukommen, findet sich in einer Zwickmühle wieder. So soll der zeitgemäße Angestellte unter anderem

- kreativ sein – aber bitte auf Knopfdruck und nur im vorgegebenen Rahmen;
- sich für die Firma wie ein Unternehmer engagieren – ohne über das eigentlich für diese Funktion notwendige Kapital und die Machtmittel zu verfügen oder entsprechend entlohnt zu werden;
- seine ganze Persönlichkeit in die Arbeit einbringen – die betrieblichen Abläufe allerdings nicht mit seinen Privatangelegenheiten stören;
- mit Kollegen aus anderen Teams, Abteilungen oder Profitcentern in einen internen Wettstreit treten – doch dabei stets das Wohl des gesamten Unternehmens im Auge behalten;
- stets einsatzbereit, engagiert und flexibel sein – aber dabei möglichst nicht durchdrehen und deshalb prophylaktisch die eigene Widerstandskraft (neuerdings häufig Resilienz genannt) trainieren.

Über all dem steht das weithin anerkannte Ideal des von Max Weber einmal so genannten Genussarbeiters. Der geht jeden Tag freudig und hoch motiviert in den Betrieb, um diesen voranzubringen und sich dabei selbst zu verwirklichen. Zu den Institutionen, die diese Vorstellung nähren, zählt das Beratungsunternehmen Gallup. Es führt seit 2001 Umfragen zur emotionalen Bindung von Arbeitnehmern an ihren Arbeitgeber durch – und skandalisiert die Ergebnisse seines »Engagement-Indexes« jedes Jahrs aufs Neue mit großer Medienresonanz. Demnach war hierzulande im Jahr 2016 die emotionale Bindung bei lediglich 15 Prozent der abhängig Beschäftigten stark ausgeprägt, bei 70 Prozent gering, 15 Prozent hatten innerlich gekündigt. Diese Werte sind seit Beginn der Befragungen fast unverändert, und auch in anderen Industrieländern sind diejenigen, die sich mit der Firma identifizieren, in der sie arbeiten, in der Minderheit.[3]

Das, obwohl Unternehmer und Manager nicht müde werden, ihre Mitarbeiter als das wichtigste Kapital zu preisen, über den Mangel an Fachkräften zu klagen oder gar einen *War for Talents* zu beschwören. Ist all dies vielleicht gar nicht ernst gemeint? Gibt man sich nicht genug Mühe mit dem Personal? Sind die Chefs unfähig? Gallup legt das nahe und rechnet vor, dass »die innere Kündigung aufgrund schlechter Führung die deutsche Volkswirtschaft insgesamt bis zu 105 Milliarden Euro jährlich« koste.[4]

Hinter der beeindruckenden Zahl steht die Annahme, dass eine starke Bindung zwischen Unternehmen und Belegschaft in beidseitigem Interesse sei. Doch ist die Utopie einer Arbeitswelt, in der alle ganz in ihrer Erwerbstätigkeit aufgehen, überhaupt realistisch beziehungsweise wünschenswert? Vieles spricht dagegen. Unter anderem ein Phänomen, das Torsten Meiffert, Trainer und Coach für Führungskräfte, in Anlehnung an Sigmund Freud als »Unbehagen in der Organisation« bezeichnet. Dieses Unbehagen werde »verdeckt und tabuisiert. Es darf und soll nicht an die Oberfläche kommen, aus Angst, mehr Verunsicherung zu erzeugen, als abzubauen.« Es resultiere daraus, »dass unsere Persönlichkeit nie mit der Rolle, die wir in Organisationen einnehmen, zusammenfällt«.[5]

Das ist auch kein Wunder: Organisationen verfolgen Ziele, denen sich ihre Mitglieder unterordnen müssen; wie schwer das Menschen fällt, die von der Déformation professionnelle noch nichts ahnen, lässt sich an Berufsanfängern beobachten.

Im Alltag jedes Unternehmens sind Aufgaben zu erledigen, die unerlässlich sind, aber nicht unbedingt Vergnügen bereiten – Routinen, Problemgespräche mit Kunden, Kollegen und Vorgesetzten, plötzliche Mehrarbeit, weil es irgendwo brennt. Zudem ist – anderen Bekundungen zum Trotz – die jederzeitige Ersetzbarkeit jedes Mitarbeiters bis hin zum Chef im unmittelbaren Interesse jedes Unternehmens. Umgekehrt kann es auch nicht im Interesse von Mitarbeitern sein, sich mit Haut und Haar der Firma zu verschreiben, weil damit Enttäuschungen unvermeidlich wären. Gerade kompetente und engagierte Menschen leiden unter den Widersprüchen der Organisation. Und selbst wer sich voll und ganz mit seinem Unternehmen identifizieren kann, sollte darauf gefasst sein, dass er nicht mehr gebraucht wird, wenn die Firma umgebaut, verkauft oder ganz neu ausgerichtet wird – was in Zeiten beschleunigten wirtschaftlichen Wandels ganz plötzlich passieren kann.

Dann wären da noch die persönlichen Härten: Um unseren Lebensunterhalt zu verdienen, verbringen wir viel Zeit mit Kollegen und Vorgesetzten, die wir uns nicht ausgesucht haben und womöglich nie hätten. Solche Zwangsgemeinschaften können anstrengend sein: Man kann sich, ähnlich wie in einer Familie, nicht aus dem Weg gehen und muss nicht nur irgendwie miteinander auskommen, sondern gemeinsam etwas schaffen. Außerdem ist der Arbeitnehmerstatus mit erheblichen Einschränkungen persönlicher Freiheiten verbunden, die in demokratischen Gesellschaften außerhalb von Unternehmen selbstverständlich sind. Zwar herrscht in den meisten Firmen heute kein Kasernenhofton mehr, und Mitarbeiter dürfen durchaus mitreden, aber letztlich hat der Chef das Sagen. Der Organisationssoziologe Stefan Kühl veranschaulicht das so: »Es gibt keinen König, Kaiser oder Papst mehr, der über Befehls- und Anweisungsketten in die verschiedenen Lebensbereiche der Bevölkerung hineinregieren könnte. Niemand würde heutzutage den Bundespräsidenten als hierarchisch obersten Vorgesetzten akzeptieren. Einzige Ausnahme: die Mitarbeiter des Bundespräsidialamtes.«[6]

Für das Unbehagen in der Organisation gibt es also gute Gründe, und wohl jedes seiner Mitglieder hat es schon aushalten müssen. Wie kann es also sein, dass irrationale Vorstellungen über das Berufsleben so weit verbreitet sind?

Die Psychologisierung der Arbeit

Nüchtern lässt sich das Verhältnis zwischen Arbeitnehmer und Arbeitgeber so charakterisieren: Der eine hilft dem anderen, dessen Ziele zu erreichen, und wird dafür entlohnt. Die entsprechende formale Vereinbarung hat eine Besonderheit, auf die Stefan Kühl hinweist: Anders als bei anderen Verträgen erwirbt ein Unternehmen mit einem Arbeitsvertrag eine Leistung, die nicht detailliert beschrieben wird. Es handelt sich um einen Deal, bei dem der Mitarbeiter einen »Blankoscheck« (Kühl) ausstellt; er verpflichtet sich allgemein, seine Kenntnisse und Fähigkeiten in den Dienst des Unternehmens zu stellen. Vorteil für die Firma: Ändern sich die Ziele und

Anforderungen, kann sie den Angestellten auch anderweitig einsetzen, ohne das mühselig neu mit ihm aushandeln zu müssen. Vorteil für den Mitarbeiter: Da die Anforderungen an ihn nicht konkretisiert werden, kann er sie auf seine Weise interpretieren oder sich ihnen teilweise oder ganz entziehen – dies ist besonders bei qualifizierten Tätigkeiten mit schwer messbarem Ergebnis möglich; das ist die Crux einer zunehmend wissensbasierten Arbeitswelt. »Das Management«, schreibt Kühl, »reagiert auf diesen drohenden Entzug von Arbeitskraft mit Kontrolle. Aus dieser Perspektive kann die ganze Geschichte der Unternehmen in der modernen Industriegesellschaft als ein Kampf um die Kontrolle der Arbeitskraft gelesen werden.«[7]

Ein Vordenker auf diesem Gebiet war der Ingenieur Frederick Winslow Taylor, der die nach ihm benannte wissenschaftliche Betriebsführung entwickelt hat – und das Kontrollproblem auf radikale Weise zu lösen versprach.[8] Arbeitsabläufe werden in kleinste Teile zerlegt, damit die Beschäftigten sie ohne geistige Anstrengung und in ständiger Wiederholung erledigen können. Was in welcher Zeit zu schaffen ist, ermittelt die Arbeitsvorbereitung und setzt die entsprechenden Vorgaben. Als Anreiz, sich über die Maßen anzustrengen, bekommen diejenigen, welche die Norm übertreffen, Leistungsprämien. Ein perfektes System – wenn man davon ausgeht, dass Menschen wie seelenlose Roboter behandelt werden können. Das tut die Industrie, in der sich der Taylorismus weithin durchsetzt. Heute gilt er zwar als nicht mehr zeitgemäß, existiert aber weiterhin; aktuell gibt es auch schon Bestrebungen, Bürotätigkeiten in kleine standardisierte Arbeitsschritte zu zerlegen.

Weil Menschen sich aber ungern entmündigen und unterfordern lassen, hat die Methode Nebenwirkungen, die bereits in den Zwanzigerjahren deutlich werden. Eines der Unternehmen, in dem es trotz – beziehungsweise: wegen – der wissenschaftlichen Betriebsführung nicht gut läuft, ist die Hawthorne-Fabrik der Western Electric Company, die Industriesparte des Telefonkonzerns AT&T. Das Werk in Cicero, einem Vorort von Chicago, mit zeitweilig 40 000 Beschäftigten ist Vorreiter bei Taylors Scientific Management und hat nun mit den Folgen zu kämpfen: Die Fehlzeiten häufen sich, die Produktivität sinkt. Deshalb entscheidet sich das Management zu einer groß angelegten Untersuchung, die in die Geschichte der Sozialwissenschaften eingehen wird. Die Experimente dauern von 1924 bis 1932 und werden in den USA als so wichtig angesehen, dass Wirtschaft, Wissenschaft und Staat bei dem Vorhaben kooperieren.

Ziel der Forschung ist es, herauszufinden, wie sich die Arbeitsleistung durch Veränderungen der Arbeitsbedingungen steigern lässt. Man probiert von veränderten Lichtverhältnissen bis hin zu Pausenregelungen allerlei aus, allerdings ohne zu einem schlüssigen Ergebnis zu kommen. Als besonders rätselhaft erweist sich eine Gruppe von sechs Frauen, die Relais produzieren und in einem Testraum intensiv beobachtet und befragt werden. Als man ihre Arbeitsbedingungen geringfügig verbessert – mal wird der Arbeitstag ein wenig verkürzt, mal gibt es Kaffee oder Suppe –, steigt die Produktivität. Dann werden alle Vergünstigungen gestrichen, doch der Output bleibt hoch. Wie kann das sein?

Lösen soll das Rätsel Elton Mayo von der Harvard Business School. Der Begründer der amerikanischen Betriebssoziologie vertritt eine zu seiner Zeit exotische Theorie: Es seien die zwischenmenschlichen Beziehungen (Human Relations) der Arbeiter untereinander sowie zu ihren Vorgesetzten, die über den unternehmerischen Erfolg entscheiden. Die Leistung der Frauen im Testraum erklärt Mayo so: »In Wirklichkeit war aus sechs Einzelnen eine Gemeinschaft geworden, und diese Gemeinschaft bekannte sich vorbehaltlos und spontan zur Zusammenarbeit im Rahmen des Experiments.«[9] Die Teammitglieder genossen laut Mayo die Aufmerksamkeit, die ihnen Vorgesetzte und Forscher widmeten, und sie nutzten die Gemeinschaft auch, um über private Probleme zu sprechen, die sie belasteten. Mayos Botschaft ist ungewöhnlich, aber vielversprechend fürs Management: Allein durch Zuwendung und Kommunikation lasse sich die Produktivität erhöhen und der Profit steigern. Auch den Arbeitern erscheint der Human-Relations-Ansatz attraktiv: Wer möchte nicht auch nach Durchschreiten des Werkstors noch als Mensch ernst genommen werden?

Elton Mayo und seine Kollegen führen in den Hawthorne-Werken Tausende Gespräche mit der Belegschaft, bei denen sie sich an der psychotherapeutischen Praxis orientieren: Alles darf ausgesprochen werden, alles bleibt vertraulich. Die Studie ist ein Meilenstein auf dem Weg zur Psychologisierung der Arbeitswelt und trägt wesentlich zu der Überzeugung bei, Arbeiten im Team sei der Schlüssel zu wirtschaftlichem Erfolg. Den Beweis dafür können die Wissenschaftler in Cicero allerdings nicht erbringen: In der Weltwirtschaftskrise Anfang der Dreißigerjahre kommt es dort zu Massenentlassungen, die Experimente werden abrupt beendet. Dennoch setzen sich Mayos

Online Marketing-Rockstar (m/w)

(…) Bei uns kannst Du mehr machen, mehr lernen und Dich wirklich für den Erfolg des ganzen verantwortlich fühlen – weil Du wirklich dafür verantwortlich bist! Wenn Du Dich nicht scheust an einer solchen Herausforderung zu wachsen und heiß darauf bist, unser Online Marketing zu rocken, bist Du bei uns richtig. (…)

Deine Aufgaben –
Du rockst unser Online Marketing (…)

Unsere Anforderungen –
Du lebst und liebst Online Marketing.

Aus einer Stellenanzeige der Thiocyn GmbH, Hersteller eines Haarserums (Rechtschreibung wie im Original)

Vorstellungen in den folgenden Jahrzehnten durch. Wie selbstverständlich sie heute erscheinen, ist in Stellenanzeigen abzulesen: In kaum einer fehlt das Wort »teamfähig«. Wer diese Kompetenz nicht mitbringt, hat schlechte Karten.

Elton Mayo wäre heute vermutlich erstaunt zu sehen, wie weit die von ihm mit verursachte Entwicklung fortgeschritten ist. So nutzen viele Unternehmen Persönlichkeitstests zur Personalauswahl, weil sie nicht nur Fachkenntnisse prüfen, sondern den ganzen Menschen vermessen wollen. Coaches kümmern sich um das seelische Wohl des Führungspersonals und zunehmend auch um das mittlerer Angestellter. Zahlreiche Topmanager offenbaren wie unter Bekenntniszwang öffentlich ihr Seelenleid, am häufigsten das Burnout-Syndrom, weil es die Botschaft vermittelt: Der Betreffende hat sich für die Firma aufgerieben.

Mittlerweile werden ganze Belegschaften zu Psycho-Trainings angehalten. Bei Deutschlands führendem Softwarekonzern SAP gibt es zu diesem Zweck mit Peter Bostelmann sogar eigens einen Director of Global Mindfulness Practice – der oberste Achtsamkeits-Beauftragte des Unternehmens soll unter anderem die Konzentrationsfähigkeit der Mitarbeiter verbessern. Bostelmann ist ein gefragter Mann – seine Ideen verfangen auch bei anderen Firmen, unter anderem bei Thyssen-Krupp, Siemens und der Deutschen Telekom. »Manchmal«, sagte er der *Süddeutschen Zeitung,* »muss ich bei all den Anfragen aufpassen, mein eigenes Meditieren nicht zu versäumen.«[10]

Das offenkundigste Zeichen für die Psychologisierung der Arbeitswelt ist der wattige, an den von Selbsterfahrungsgruppen erinnernde Jargon, der in vielen Firmen gepflegt wird. Kreative Ideen werden mithilfe von *Brainstorming* produziert; Projekte *angedacht;* falls bei ihrer Realisierung Probleme auftreten, geht man diese *zeitnah* (also irgendwann) an. Und wenn etwas richtig schiefläuft, darf das keinesfalls so genannt werden, sondern höchstens *suboptimal.* Dieses Neusprech vermittelt den Betriebsangehörigen auf subtile Weise die Botschaft, dass die Wahrheit nicht gefragt ist – der Kaiser darf nicht nackt sein.

Firmentheater

Qualifizierte Arbeit ist heute körperlich weniger anstrengend als früher, psychisch dafür umso mehr. Die Anforderungen sind komplexer. Im beruflichen Alltag wird mehr kommuniziert, Zwischentöne und Zwischenmenschliches haben eine größere Bedeutung. Verantwortlich dafür ist sowohl der technische als auch der gesellschaftliche Fortschritt. Viele Routinetätigkeiten werden dank Automatisierung und Digitalisierung heute von Robotern oder Software übernommen, und der Waren- und Informationsfluss hat sich so beschleunigt, dass beispielsweise die Just-in-time-Produktion möglich wurde: Logistik bringt Einzelteile und Komponenten aus aller Welt bedarfs- und termingerecht von zahlreichen Zulieferern an die Endfertigung. Tiefgestaffelte Organisationen erscheinen zunehmend dysfunktional und zu träge, der Trend geht hin zu flachen Hierarchien. Diejenigen, die die eigentliche Arbeit erledigen, sollen mehr Kompetenzen bekommen und sich so weit wie möglich selbst organisieren und kontrollieren, damit Unternehmen agiler agieren und rasch auf veränderte Bedingungen reagieren können.

Entsprechend hat sich die Vorstellung vom idealen Mitarbeiter gewandelt: Gefragt ist nicht mehr der loyale *Organization Man,* der brav tut, was ihm aufgetragen wird, sondern der Unternehmer im Unternehmen, der die Firma im Zweifel ohne Rücksicht auf den Dienstweg und Abteilungsgrenzen voranbringt. Dass diese Vorstellung realitätsfremd ist – ein Unternehmen, in dem sich viele als Unternehmer verstehen, kann nicht funktionieren –, wurde bereits erwähnt. Es ist nur einer der Widersprüche, mit denen der moderne Angestellte zu kämpfen hat.

Ebenso wichtig für die Veränderung der Arbeitswelt war der gesellschaftliche Wandel, der Ende der Sechzigerjahre in vielen Industrieländern einsetzte. Als besonders einflussreich sollte sich die linksalternative Bewegung erweisen, die vieles vordachte und -machte, was mittlerweile Mainstream ist. Die Leitidee der Selbstverwirklichung war eine regelrechte Einladung zum Tanz ums Ich, die den bis heute anhaltenden Psycho-Boom befeuerte. Man lebte in Projekten: Die Protagonisten der Szene bauten sich eine Gegenwelt auf, in der fast jedes Bedürfnis alternativ befriedigt werden konnte: von Kommunen, Jugendzentren, Kneipen über Biobauernhöfe, Handwerks- und Dienstleistungsbetriebe bis hin zu Kinos, Theatern und Buchverlagen sowie einer eigenen Presse mit der Berliner Tageszeitung *taz* als prominentester Vertreterin.

»Wer die Arbeit kennt
und nach ihr rennt
und sich nicht drückt,
der ist verrückt.«
Sprichwort

In diesen Projekten wurde vieles erprobt, was später zur Modernisierung traditioneller Unternehmen beitragen sollte. Der Historiker Sven Reichardt schreibt in seiner groß angelegten Studie über das linksalternative Leben: »Vor allem das Organisationstalent unter chaotischen Bedingungen, die Konfliktfähigkeit und die Eigenmotivation waren wichtige Elemente unternehmerischen Handelns, die in der Alternativökonomie und den linken Politgruppen intensiv eingeübt werden konnten. Frustrationstoleranz und die Fähigkeit, individuelle Bedürfnisse zugunsten der ›Sache‹ oder, moderner gesprochen, zugunsten betrieblicher Bedürfnisse aufzuschieben, gehörten zu den Anforderungen an die Beschäftigten.«[11]

All dies ist heute auch im flexiblen, auf Austausch von Wissen basierenden Kapitalismus gefragt. Als ein Einfallstor für Konzepte aus der Gegenkultur dienten die Personalabteilungen von Großunternehmen, in denen mancher 68er bei seinem Marsch durch die Institutionen landete. Zum Beispiel Thomas Sattelberger, der wohl bekannteste Personaler hierzulande. Er brachte es vom Kommunistischen Arbeiterbund Deutschlands (heute MLPD) bis in die Vorstände von Continental und der Deutschen Telekom. Mittlerweile ist er FDP-Mitglied, unermüdlicher Publizist und Vortragsreisender. Der Ton, den er anschlägt, erinnert noch immer an die alten Zeiten. So lautet das Motto auf seiner Homepage: »Wir brauchen mehr Rebellen in den Chefetagen«.[12]

»Oh Happy Day – when Ernst & Young showed me a better way!«
Aus einem internen Motivationsvideo der Unternehmensberatung Ernst & Young (heute EY)

Die Aktivisten der Siebziger- und Achtzigerjahre, die den Anspruch hatten, Arbeit, Leben und Politik zu verbinden, machten auch erste Erfahrungen mit einem Problem, das heute weit verbreitet ist: die Entgrenzung des Berufslebens. »Der unmittelbare Zusammenhang von Arbeit und Privatsphäre sowie die eingeschränkten Möglichkeiten zum Rückzug bargen ein nicht geringes Konfliktpotenzial«, schreibt Reichardt. »Das Privatleben wurde mit Angelegenheiten der Betriebsarbeit stark belastet.«[13]

Das geht heute vielen gewöhnlichen Arbeitnehmern so, die daher aufgefordert werden, an ihrer Work-Life-Balance zu arbeiten. Unternehmen, die sich wie die Hamburger Otto Group an der Spitze des Fortschritts sehen, plädieren unter dem Motto »Zuhause ist da, wo Otto ist« gar für Work-Life-Blend, also die Vermischung des beruflichen und privaten Lebens. Vor allem IT-Firmen locken ihre Leute mit allerlei Angeboten – vom Gratisfrühstück bis zum Fitnesscenter – in den Betrieb, damit sie dort auch ihre Freizeit verbringen (und nebenbei ein paar unbezahlte Überstunden machen).

Die Wirtschaft bietet qualifizierten Menschen Freiheiten wie nie zuvor: In den meisten Firmen gibt es keine strenge Kleiderordnung mehr, man duzt sich, kann auch mal im Home Office arbeiten und dem Chef jederzeit eine Mail schreiben. »Wir dürfen, so viel steht fest, mehr ›Mensch‹, mehr ›wir selbst‹ sein als unter den alten Bedingungen«, schreibt Christoph Bartmann in seinem Buch *Leben im Büro.*[14]

Allerdings hat die neue, informelle Angestelltenwelt auch ihren Preis, weil sachliche Beziehungen zunehmend emotional aufgeladen werden. So rückt mit den allerorts gefragten, aber nur schwer fassbaren sozialen Kompetenzen – von Team- über Kommunikationsfähigkeit bis zur sogenannten Emotionalen Intelligenz – die Persönlichkeit des Arbeitnehmers ins Zentrum des Interesses. Bei einer negativen Beurteilung kann bei ihm so der Eindruck entstehen, er habe nicht nur als Beschäftigter, sondern als Mensch versagt. Die zunehmende Rollendiffusion zwischen Beruf und Privatleben ist eine Ursache für viel diskutierte Phänomene wie Mobbing oder Burnout: Wer die Arbeit persönlich nimmt, reibt sich auf; und wer sich als Unternehmer wähnt, obwohl er angestellt ist, droht in seinem Hamsterrad heiß zu laufen.

Zudem lassen sich die sogenannten Social Skills kaum an der eigentlichen Arbeit ablesen, weshalb sie gern demonstriert beziehungsweise vorgetäuscht werden: In Unternehmen wurde noch nie so viel Theaternebel erzeugt wie heute; die ideale Bühne für Selbstdarsteller sind die zahlreichen Meetings. Bartmanns Tipp für die zeitgemäße PR-Strategie des Angestellten lautet denn auch: »Große Aufrichtigkeit führt absehbar zum Totalschaden, ebenso, wie es wohl extreme Verschlagenheit täte. Also ist der breite Flur zwischen diesen beiden Extremen zu beschreiten, der Königsweg des Selbst-Marketings, auf dem alles darauf ankommt, ein nicht unrealistisches positives, aber doch entschieden zustimmendes Selbstverhältnis zu unterhalten, dem sich alle anderen dann sicher gerne anschließen werden.«[15]

In vielen Firmen reicht es nicht mehr, einfach seine Arbeit zu tun; es gilt vielmehr, dabei eine gewisse Begeisterung und Verbundenheit mit dem Betrieb zum Ausdruck zu bringen, was Menschen ohne schauspielerische Ambition als unangenehm empfinden können. Eine solche Reaktion fing die Dokumentarfilmerin Carmen Losmann in einer Szene ihres Werks *Work Hard – Play Hard* bei der Deutschen Post ein. Ein Teamleiter lädt seine Leute in einem Großraumbüro zur Morgenbesprechung an das sogenannte Performance Board, wo die Tagesleistungen dokumentiert sind. Der Teamleiter versucht, gute Stimmung zu machen.

Teamleiter (TL): »Schönen guten Morgen!«

Die Leute gucken griesgrämig, einige wenige grüßen leise zurück.

TL: »Wie geht's heute?«

Vereinzelt und leise hört man: »Gut.«

TL: »Wie ging's gestern?«

Eine Mitarbeiterin: »Besser.«

TL: »Warum besser?«

Die Mitarbeiterin: »Weil ich nicht hier war.«

Diese gelassen ausgesprochene Wahrheit wirft ein Schlaglicht auf die weithin übliche So-tun-als-ob-Firmenkultur.

Auch die Verlagerung von Entscheidungskompetenzen nach unten hat ihren Preis. Der Organisationssoziologe Kühl weist auf mehrere Studien hin, die zeigen, »dass der Druck auf einzelne Mitarbeiter in teilautonomen Gruppen gegenüber der klassischen tayloristischen Arbeitsorganisation häufig eher zu- als abnimmt. So entwickelt sich in Teams häufig eine Dynamik, die eben nicht zur Selbstentfaltung und sozialen Anerkennung der einzelnen Mitglieder führt. Vielmehr wird die Gruppenarbeit häufig als Quelle der Aggression, der Missachtung und des Mobbings empfunden. Der Druck wird von Gruppenmitgliedern deswegen als noch härter wahrgenommen, weil Abweichungen von Gruppennormen hart sanktioniert werden können. Während Vorgesetzte sich in der Regel an den formalen Sanktionskatalog des Unternehmens halten müssen (...), können Gruppen ihre Sanktionen gegen abweichende Gruppenmitglieder informal viel umfassender einsetzen.«[16]

Auch leitenden Angestellten bereitet der Abbau von Hierarchien Bauchschmerzen. Einerseits sollen sie ihre Untergebenen möglichst frei agieren lassen, mehr Moderator und Ermutiger denn Chef sein. Andererseits müssen sie ihren Vorgesetzten Ergebnisse liefern, bekommen Druck, wenn es nicht gut läuft, und neigen dann dazu, den nach unten weiterzugeben und im Zweifel durchzuregieren – womit sie wiederum ihre Leute sauer fahren, die nicht mehr wissen, ob sie nun selbstständig arbeiten sollen oder nicht.

Um solche und andere Zwickmühlen zu vermeiden, nutzt vor allem das Führungspersonal die Chancen, die ihm Organisationen bieten, um seine persönlichen Interessen zu verfolgen. Man bildet Seilschaften, die das eigene Fortkommen sichern, schottet seine Abteilung gegenüber anderen ab und hat vor allem die eigenen Privilegien im Auge. Die eigentliche Arbeit rückt demgegenüber in den Hintergrund. Joerg Bartussek und Oliver Weyergraf haben das als Manager in Großkonzernen selbst erlebt. Weil sie den Irrsinn dort nicht mehr ertrugen, machten sie sich selbstständig. Für ihr Buch *Mad Business* befragten sie Dutzende Führungskräfte über deren Leiden an der Organisation. »Vielen ist bewusst, dass sie Teil eines lächerlichen Spiels sind«, so die Quintessenz von Oliver Weyergraf im Gespräch mit dem Wirtschaftsmagazin *brand eins*. »Wenn viele Menschen zusammenarbeiten, muss ein Regelwerk einen formellen Rahmen abstecken und Prozesse vorgeben.« Die Kehrseite: »Je mehr Regeln, desto größer das bürokratische Eigenleben. Dadurch kommt es regelmäßig zum Konflikt. Eigentlich wissen alle, dass es richtig wäre, ein Problem so und so zu lösen. Da es aber dem in der Organisation vorgegebenen Weg widerspricht und keiner das Risiko eingehen möchte, gegen die Regeln zu improvisieren, handeln die Beteiligten gegen den gesunden Menschenverstand. Sie tun es wissentlich und leiden darunter.«[17]

Zu den Absonderlichkeiten des Lebens im Konzern zählt Weyergraf sogenannte Wombat-Projekte. Wombat steht für Waste of Money, Brain and Time, also die Verschwendung von Geld, Intelligenz und Zeit. Der prototypische Ablauf eines solchen Projekts sehe so aus: »Eine Führungskraft schiebt ein Projekt an. Keiner hält es für sinnvoll, aber es wird ohne Überzeugung immer weitergeführt, weil die Führungskraft ihr Gesicht nicht verlieren darf oder man nicht zugeben möchte, schon relativ viel Geld ohne erkennbares Ergebnis verbrannt zu haben. Ein Wombat-Projekt wird so lange betrieben, bis keinem mehr auffällt, dass es überhaupt existiert. Dann kann man es einstellen oder – Achtung, Bullshit-Bingo! – ›ausphasen‹. Die Verantwortung will niemand übernehmen. Fehlerkultur in der Konzernrealität geht eher so: Alle sind darauf bedacht, dass ihr Name nicht mit Projekten in Verbindung gebracht wird, die offenkundig scheitern.«[18]

Dies ist ein Grund für die von Gallup festgestellte geringe emotionale Bindung von Menschen an Firmen. Zudem gehen auch viele Unternehmen ungern langfristige Bindungen ein. Am deutlichsten wird das bei Traditionsunternehmen wie Siemens, wo früher galt: Einmal Siemensianer, immer Siemensianer – außer man klaut silberne Löffel. Heute betreibt der Vorstand, getrieben von den institutionellen Anlegern, Analysten und Beratern, zunehmend Portfolio-Management: Geschäfte, die nicht gut laufen oder nicht mehr zur aktuellen Strategie passen, werden abgestoßen, neue Firmen akquiriert. Ob einer, der heute Siemensianer ist, das in einigen Jahren noch sein wird, kann niemand sagen.

Umso mehr Energie verwenden Großunternehmen darauf, einen Zusammenhalt zu beschwören, der sich zunehmend auflöst (während viele Mittelständler, die ihrem Personal traditionell die Treue halten, auf solche Mimikry verzichten). Die Kommunikationsabteilungen von Konzernen und die von ihnen beauftragten Agenturen kreieren Leitbilder, Mission Statements und Firmenclaims, die zum Ausdruck bringen sollen, wofür die Firma (gerade) steht; bei Siemens heißt die für viele Menschen hierzulande schwer verständliche Parole »Ingenuity for Life«*. Konzerne wie dieser stellen sich mit aufwendigen Image-Kampagnen öffentlich dar, die zugleich auch nach innen wirken sollen. Und sie leisten sich Abteilungen für

---

* Josef Kaeser, Vorstandsvorsitzender der Siemens AG, erläuterte den Claim wie folgt: »›Ingenuity‹ bedeutet für mich Ingenieurskunst, Unternehmertum, Innovationskraft und die Bereitschaft, für die Gesellschaft tagtäglich unser Bestes zu geben. ›For life‹ heißt, dass wir in jeder Generation bei Siemens Dinge tun, die langfristig Wert schaffen – für den einzelnen Kunden, Mitarbeiter und Bürger genauso wie für die Gesellschaft als Ganzes.«

sogenannte Corporate Social Responsibility, um gesellschaftliche Verantwortung zu demonstrieren. Dass dies gleichzeitige Verstöße gegen Recht und Gesetz in Form von Korruption, Steuerhinterziehung und/oder Kartellabsprachen nicht ausschließt, ist eine weitere Merkwürdigkeit des Wirtschaftslebens. Mitarbeitern fallen solche Widersprüche zwischen Schein und Sein selbstverständlich auf und verstärken bei ihnen den Eindruck, im falschen Film zu sein.

»Unternehmen, in denen die Angestellten das Gegenteil von dem erleben, was offiziell behauptet wird oder in den entsprechenden Leitbildern steht, verspielen ihre Glaubwürdigkeit nach innen total«, urteilt Erik Nagel, Professor für Organisation an der Hochschule Luzern. »Da wäre es besser, auf solche Prosa ganz zu verzichten.« Worauf sollen Beschäftigte in Zeiten schwacher Bindungen und PR-Blasen also zählen? »Die Leute können sich nicht mehr darauf verlassen, dass es ihre Abteilung in einigen Jahren noch gibt und ihre Kompetenz gefragt sein wird«, so Nagel. »Was ihnen bleibt, ist die Beziehung zur Firma und den jeweiligen Vorgesetzten. Also eine Art psychologischer Vertrag des Inhalts: Wir gehen fair miteinander um. Die Bedeutung solcher informeller Verträge hat stark zugenommen. Wenn sie gebrochen werden, distanzieren sich die Menschen deutlich von der Organisation.«[19]

Marktführer bei unfreiwilliger Komik

Arbeitsverhältnisse werden heute – ähnlich wie romantische Beziehungen – mit Ansprüchen überfrachtet, die zu Enttäuschungen führen müssen. Firmen hübschen sich in ihren Stellenanzeigen auf wie Partnersuchende ihre Profile auf Dating-Plattformen, versprechen Bewerbern das Blaue vom

Himmel und Glück auf Erden. Das ist unter anderem an der inflationären Verwendung des Begriffs »Leidenschaft« zu erkennen, der bei einer Auswertung des Karrierenetzwerks LinkedIn unter den Top 10 der beliebtesten Binsen landete.

Mittlerweile stellen sich unzählige Arbeitgeber als für ihre Sache brennend dar: vom Nivea-Hersteller Beiersdorf (»Our passion for skin care is what drives us and makes us unique«) bis zum Allgäu-Zoo in Mindelheim (»Tiere sind unsere Leidenschaft«). Das, obwohl Leidenschaft im Beruf eher schade, wie Volker Kitz, Jurist und Buchautor, zu bedenken gibt, sie sei nämlich die Feindin der Effizienz. »Wer in seine Arbeit verschossen ist, sucht nicht nach Möglichkeiten, dasselbe Ergebnis mit weniger Arbeitsschritten hinzubekommen.« Zudem suggeriere das Gerede von der Leidenschaft Menschen, die ihre Arbeit gut machen und damit zufrieden sind, dass das nicht reiche: »Wenn du nicht jeden Tag vor Erfüllung platzt, stimmt etwas nicht.«[20] Wer solche Propaganda für bare Münze nimmt, dem wird es so ergehen wie der Braut, die meint, nach der Trauung werde es fortan für sie jeden Tag rote Rosen regnen.

»Hinter BMW steckt ein Unternehmen mit viel Herz. Wir sind individuell und nicht Kommerz.«

Aus einem Video, mit dem die Firma um Praktikanten warb

Wie kommt es, dass Firmen, in denen doch vor allem kühl kalkuliert werden sollte, so viel Unsinn und unfreiwillige Komik produzieren? Mit dieser Frage beschäftigt sich seit Langem der Publizist Roland Kaehlbrandt. Er bezeichnet sich selbst als »Sprachmüllsammler« und wird besonders in Unternehmensdarstellungen fündig, wo zum Beispiel von »zentralen Eckpfeilern«, »multifunktionalen Servicemitarbeitern«, »intermodularen Potenzialen« oder »multifokussiert« die Rede ist. Begriffe, die eine besondere Bedeutsamkeit ausstrahlen sollen, aber keinen

Sinn ergeben. Kaehlbrandt erklärt solchen Nonsens mit dem Völkerkundler Claude Lévi-Strauss und dessen Konzept der »intentionalen Steigerung«. Damit ist die menschliche Neigung gemeint, Dinge zu überhöhen. Diese Neigung sei in der Wirtschaft besonders ausgeprägt, auch weil es dort mittlerweile eine »Allzuständigkeitstendenz« gebe. Vielen Unternehmen reiche es nicht mehr, ihren Teil zur Volkswirtschaft beizutragen, »sondern sie wollen unter dem Druck von Markenstrategen ein allumfassendes Sinnangebot in die Waagschale werfen. Sie stehen für Tradition, für Fortschritt, für Nachhaltigkeit, sie entwerfen Unternehmens- und Produktphilosophien. Die reine Versorgungsleistung, um die es ja eigentlich geht, wird als zu profan empfunden.«[21]

»Ich sage ja,
ich meine nein
Lass mich dein
Sklave sein!«
Aus dem Song »Sklave« der Band Kraftklub

Womit sich der Kreis geschlossen hätte und wir wieder bei der Religion wären. Dazu passt das Credo des Limonadenherstellers Coca-Cola, der sich nicht weniger vorgenommen hat, als die Welt an »Geist, Körper und Seele zu erfrischen«*.

* Dieses sogenannte Mission Statement findet sich auf der Homepage des Konzerns.

Epilog
Glaubst du noch – oder zweifelst du schon? Was wir tun können, um den Triumph der Unvernunft zu verhindern

»Die Unvernunft existiert, um sie zur Vernunft zu machen, und die Vernunft existiert, damit sie durch die Entdeckung von Möglichkeiten, die ursprünglich außerhalb ihres Begriffsvermögens lagen, eine weitere Ausbreitung erfährt.«[1]
James Webb

Irrationales Denken ist menschlich, und niemand kann sich ihm entziehen. Es funktioniert – besonders, wenn es auf unhinterfragten Affekten beruht – schnell, mühelos, gleichsam automatisch wie Reiz und Reaktion. Es produziert nützliche Fiktionen, stimmige Erzählungen, die eine unübersichtliche Welt scheinbar ordnen. Es verspricht Gewissheit, spendet Trost, stiftet Glaubensgemeinschaften, die ihren Mitgliedern Aufmerksamkeit und Gewicht verschaffen. Wer innehält und einen Schritt zurücktritt, wird sich selbst bei allerhand Fehlschlüssen ertappen. Die Vorstellung vom durch und durch vernünftigen Menschenverstand wäre weltfremd.

Das Irrationale ist allgegenwärtig und vielfältig. Es kann harmlos sein und nicht der Rede wert, zuweilen sogar hilfreich bei der Bewältigung des Alltags, weil es Komplexität reduziert und Energie spart. Es kann die Fantasie anregen und Anstöße zu neuen Erkenntnissen liefern. Es kann Menschen aber auch in die Irre führen, Hass schüren und Katastrophen auslösen. Wer dem Phänomen – und damit sich selbst – auf die Schliche kommen will, muss nach der Funktion all der Fiktionen fragen, denn sie ist der Schlüssel zum Verständnis irrationalen Denkens. Hinter ihm stehen häufig legitime Wünsche, etwa nach Befreiung von materieller oder seelischer Not, nach Sicherheit, Geborgenheit oder Zugehörigkeit zu einer Gemeinschaft.

Man muss unsinnige Ansichten nicht ernst nehmen, wohl aber die ihnen zugrunde liegenden Bedürfnisse. Wer sie erkennt, kann Menschen helfen, sich von irrationalen Weltanschauungen zu lösen – zumal diese häufig Hoffnungen nähren, die systematisch enttäuscht werden. Besonders augenfällig ist das bei esoterischen Heilungsversprechen.

Die Fähigkeit, die Dinge und sich selbst zu hinterfragen, ist eine genuin menschliche. In der modernen Welt mit ihren zahlreichen Informations- und Handlungsmöglichkeiten lässt sich irrationales Denken bei geistig gesunden Erwachsenen daher als subjektiv begründete Entscheidung verstehen, auf die eigene Urteilskraft zu verzichten. Latent ist diese Fähigkeit aber stets vorhanden und äußert sich zum Beispiel durch leise innere Zweifel an vermeintlich ehernen Gewissheiten. Eine gesunde Skepsis ist der Anfang jeden Fortschritts – und glücklicherweise ist niemand dazu verurteilt, in seinen Hirngespinsten gefangen zu bleiben. Wer eine Ahnung davon bekommt, was ihr eigentlicher Sinn und Zweck ist und was an ihre Stelle treten könnte, tut sich leichter damit, sich von ihnen zu befreien.

»Der Irrsinn ist bei einzelnen etwas Seltenes – aber bei Gruppen, Parteien, Völkern, Zeiten die Regel.«[2] Diese einst von Friedrich Nietzsche gestellte Diagnose klingt erschreckend aktuell; mit unhaltbaren Versprechungen, Lügen und Hetze lässt sich auch noch im 21. Jahrhundert erstaunlich erfolgreich Politik machen. Exemplarisch dafür steht in der demokratischen Welt der Angstunternehmer Donald Trump, der sich die irrsten Strömungen der amerikanischen Politik – von der rassistischen Verschwörungstheorie, die behauptet, Barack Obama sei nicht in den USA geboren und damit zu Unrecht Präsident gewesen, bis zur Leugnung der Erderwärmung – zu eigen machte, um ein Amt zu erobern, mit dem er in jeder Beziehung überfordert ist. Trump, der von sich behauptet, ein »stabiles Genie«* zu sein, gibt unentwegt, ungefiltert und mit großem Pathos gefährlichen Unsinn von sich. Er demonstriert, dass nicht die Unwissenden das größte Problem sind, sondern die Dummen, die sich für klug halten.

Der Immobilien-Unternehmer, der schon früh politische Ambitionen hatte, behauptete 1984 – als in den USA die Angst vor einem Atomkrieg mit der Sowjetunion grassierte – von sich, er brauche lediglich anderthalb Stunden, »um alles zu lernen, was es über Raketen zu lernen gibt«.[3] 33 Jahre später, Anfang April 2017, befahl er als amerikanischer Präsident einen Angriff mit Marschflugkörpern auf einen Luftwaffenstützpunkt in Syrien, den ersten der USA auf Truppen

---

* So äußerte sich Trump auf Twitter, nachdem Zweifel an seiner Fähigkeit aufgekommen waren, das Amt des Präsidenten auszufüllen. In dem Buch »Fire and Fury« des Journalisten Michael Wolff werden Berater und Vertraute Trumps zitiert, die ihn als »Trottel« oder »Idiot« bezeichneten.

des Machthabers Baschar al-Assad. Als die Cruise Missiles dort einschlugen, saß Trump mit dem chinesischen Staatschef Xi Jinping in seinem Anwesen Mar-a-Lago in Florida beim Abendessen. Wie Trump später in einem Interview mit dem Sender Fox News sagte, habe er das Dinner nicht unterbrechen wollen, denn: »Wir hatten das wunderschönste Stück Schokoladenkuchen, das Sie je gesehen haben.«[4] Der Oberbefehlshaber der US-Armee konnte sich zwar noch an den Nachtisch erinnern – nicht aber an das Ziel des von ihm befohlenen Angriffs –, er behauptete, die Marschflugkörper hätten den Irak getroffen, und musste sich von der Interviewerin korrigieren lassen.

Der manisch twitternde Trump führt seinem Publikum tagtäglich vor Augen, dass der mühsam erreichte zivilisatorische Fortschritt bedroht ist. Sein für einen Staatsmann verstörendes Verhalten sorgt allerdings auch dafür, Menschen, denen an der Aufklärung liegt, unmissverständlich klar zu machen, dass diese gegen ihre Verächter verteidigt werden muss. Ob dies gelingt, ist noch offen, immerhin sind Stimmen der Vernunft lauter geworden. So verzeichnen seriöse Blätter wie die *New York Times* und die *Washington Post* – die Trumps Lügen akribisch widerlegen und deshalb wütend von ihm attackiert werden – seit seinem Wahlsieg steigende Auflagen. Die sogenannten sozialen Medien, derer sich Fake-News-Fabrikanten, Spindoktoren und Hetzer gern bedienen – und ohne die Trump nicht Präsident wäre –, stehen mittlerweile öffentlich unter Rechtfertigungsdruck. Bemerkenswerterweise äußern sich inzwischen selbst ehemalige Führungskräfte dieser Unternehmen kritisch darüber, was sie in Gang gesetzt haben. Dazu zählt der Ex-Facebook-Manager Chamath Palihapitiya. Er sagte bei einer Podiumsdiskussion an der Stanford Graduate School of Business, er fühle wegen seiner Rolle beim Aufbau des Netzes »enorme Schuld«. Facebook zerstöre den rationalen Diskurs und fördere Desinformation und Misstrauen.[5]

Da Facebook, Twitter & Co. die Meinungsbildung heute mindestens ebenso stark prägen wie traditionelle Medien, ist es nur konsequent, sie den gleichen Regularien zu unterwerfen und zum Beispiel für die Verbreitung von Lügen und Hassbotschaften zur Verantwortung zu ziehen. In Deutschland verpflichtet das Netzwerkdurchsetzungsgesetz große Plattformbetreiber seit dem Jahr 2018, »offensichtlich rechtswidrige Inhalte«, die ihnen gemeldet werden – zum Beispiel Beleidigungen, Verleumdungen oder öffentliche Aufrufe zu Straftaten –, innerhalb von 24 Stunden zu löschen. Das Internet hat sich in kurzer Zeit zu einer ähnlich lebensnotwendigen Infrastruktur wie die Wasser- und Stromversorgung entwickelt. Die Erkenntnis, dass es nicht von einer Handvoll Konzerne dominiert werden sollte, denen es allein darum geht, möglichst viel Aufmerksamkeit, Daten und damit Profit zu akkumulieren, hinkt der technischen und ökonomischen Entwicklung hinterher, setzt sich nun aber langsam durch.

Mit der Digitalisierung stellt sich auch die Frage nach der viel beschworenen Medienkompetenz neu. Heute sind Abermillionen Menschen de facto journalistisch tätig, da sie mit ihren Smartphones Fotos, Videos und Texte verbreiten und damit ein Publikum erreichen – so, wie es Bertolt Brecht um 1930 in seiner damals utopischen Radiotheorie formuliert hat. Aus diesem Grund gilt es, der Allgemeinheit Grundkenntnisse eines verantwortungsbewussten Journalismus zu vermitteln:[6]

- Welche Quellen sind verlässlich?
- Was ist Tatsache, was nur Behauptung oder Gerücht?
- Wann ist eine Nachricht relevant?

- Welche Erkenntnisse können als gesichert gelten?
- Welche Persönlichkeitsrechte müssen auch im Netz respektiert und geschützt werden?
- Wo endet der rationale Diskurs, wo fängt das böse Denken[7] an?

Wie solche Fragen praktisch beantwortet werden können, zeigt die Online-Enzyklopädie Wikipedia, das umfangreichste Lexikon der Welt mit knapp 40 Millionen Artikeln in fast 300 Sprachen.[8] Die Website zählt mit Platz fünf bei den Nutzerzahlen zu den meistabgerufenen auf dem Globus. Die Wikipedia-Beiträge werden ausschließlich von Freiwilligen in einem gemeinsamen Prozess erarbeitet: Jeder kann jederzeit Artikel schreiben oder ändern. Auf der Diskussionsseite zu jedem Beitrag wird der Entstehungsprozess dokumentiert. Dort kann man sehen, wie verschiedene Autoren um ihre Sicht der Dinge ringen und dass sie gelegentlich mit harten Bandagen gegeneinander kämpfen. Mancher Disput artet gar in eine Art Bearbeitungskrieg aus: Der eine schreibt etwas, der andere löscht es umgehend, und so geht es hin und her. Dass es dem sozialen Netz dennoch gelingt, der Allgemeinheit Wissen in beeindruckender Quantität und akzeptabler Qualität kostenlos zur Verfügung zu stellen, liegt an den Regeln der Wikipedianer zum Erstellen von Artikeln sowie zum zivilen Umgang miteinander – und an Ordnern (Administratoren), die darauf achten, dass diese eingehalten werden.

So zeigt die allein durch Spenden finanzierte, gemeinnützige Organisation, wie mit relativ geringen Mitteln ein rationaler Diskurs im Netz organisiert werden kann, eine Art Blaupause für aufklärerische Initiativen. Jimmy Wales, der Gründer von Wikipedia, hat 2017 mit WikiTribune ein Nachrichtenportal ins Leben gerufen, für das professionelle Journalisten und

Freiwillige zusammenarbeiten, um den im Netz grassierenden Fake News beziehungsweise »alternativen Fakten« etwas entgegenzusetzen.

Was kann ich wissen?

Die gute Nachricht: Irrationale Überzeugungen müssen letztlich an der Wirklichkeit scheitern. Die schlechte: Bis sich diese Erkenntnis allgemein durchsetzt, kann die Welt in Trümmern liegen. Deshalb ist der Kampf gegen die Unvernunft wichtig; jeder kann sich daran beteiligen, denn noch nie war so viel Wissen so leicht zugänglich wie heute. Doch viele Menschen kapitulieren vor der Informationsflut – oder ignorieren Nachrichten, die ihnen nicht passen, und ziehen sich mit Gleichgesinnten in Echokammern zurück. Die sogenannten sozialen Medien fördern das, weil sie davon profitieren, wenn die Leute dort viel Zeit verbringen und sich gegenseitig in ihren Vorurteilen bestätigen. Die damit verbundene Gefahr erkannte der britische Philosoph John Stuart Mill bereits im 19. Jahrhundert: »Es ist immer noch Hoffnung, solange man die Menschen zwingt, beide Seiten anzuhören; wenn sie dagegen bloß eine hören, dann geschieht es, dass Irrtümer sich zu Vorurteilen verhärten (…).«[9]

Es kommt deshalb zuerst darauf an, den Stimmen der Vernunft überhaupt Gehör zu verschaffen. Eine Non-Profit-Organisation, die sich mit einigem Erfolg darum bemüht, ist Mimikama: Ehrenamtliche Mitarbeiter des gemeinnützigen Vereins bekämpfen rund um die Uhr Betrug und Falschmeldungen im Internet. Jeder Web-Nutzer kann dort ihm verdächtige Inhalte melden, die dann geprüft, gegebenenfalls richtiggestellt und dokumentiert werden – so entsteht nebenbei ein Archiv des Unsinns im Netz. Das programmatische Motto von Mimikama, dem sich auf Facebook rund 690 000 Follower (Stand: Dezember 2017) angeschlossen haben, lautet: »Zuerst denken – dann klicken«.[10] Diese und ähnliche Initiativen haben mit dazu beigetragen, dass die großen Internetkonzerne das Thema ernster nehmen und entweder mit externen Fakten-Prüfern zusammenarbeiten oder selbst welche beschäftigen.

Das Widerlegen von Fehlinformationen, so viel scheint sicher, ist eine Aufgabe mit Zukunft. Letztlich geht es um Antworten auf eine seit den Zeiten der Aufklärung zentrale Frage: »Was kann ich wissen?«*

Warum Aussteiger wertvoll sind und Humor helfen kann

Der rationale Diskurs erreicht Menschen, die offen sind, die sich noch keine eigene Meinung gebildet haben oder bereit sind, sie zur Diskussion zu stellen. Für tiefgläubige Anhänger irrationaler Denkschulen gilt das in aller Regel nicht, weil sie sich gegen Tatsachen abschotten, die ihrem Weltbild widersprechen, und gern unter sich bleiben. Argumente dringen nur schwer zu ihnen durch. Dass dies dennoch gelingen kann, zeigen Aussteiger, die es trotz allen Gruppendrucks und innerer Widerstände schaffen, sich von solchen Ideologien wieder zu lösen. Als Wandler zwischen den Welten können sie sowohl über den Reiz des Irrationalen Auskunft geben als auch über

* Das ist eine der drei Fragen, um die das Werk des Philosophen Immanuel Kant kreist. Die zwei weiteren lauten: »Was soll ich tun?« und »Auf was darf ich hoffen?«

Möglichkeiten, sich von ihm zu befreien. Zu ihnen zählt die im Kapitel über Esoterik vorgestellte Natalie Grams. Dass die Ärztin, die aus der homöopathischen Schule plauderte, von ihren ehemaligen Mitstreitern so heftig attackiert wird, zeigt, wie unangenehm Kritik von Insidern für Glaubensgemeinschaften mit Wagenburgmentalität ist, die das »Böse« stets außen verorten. Aus diesem Grund verteufeln sie Abtrünnige in besonderer Weise.

Aussteiger aus totalitären religiösen oder politischen Gruppierungen, die über ihre Erfahrungen sprechen, erweisen der Allgemeinheit einen Dienst – und zahlen nicht selten einen hohen Preis, weil sie plötzlich allein dastehen und zuweilen auch Racheakte befürchten müssen. Sie brauchen deshalb Anlaufstellen und Unterstützung. Organisationen wie Exit-Deutschland oder das Violence Prevention Network helfen unter anderem Neonazis und Salafisten, sich aus ihren jeweiligen Verbindungen zu lösen; Exit-Deutschland ist das eigenen Angaben zufolge seit den Neunzigerjahren bei mehr als 500 Rechtsextremisten gelungen.

Solche De-Radikalisierungsarbeit führt auch zu erhellenden Erkenntnissen über gemeinsame Motive von Jugendlichen, sich scheinbar gegensätzlichen Weltanschauungen zuzuwenden. So bieten sowohl rechtsradikale als auch salafistische Gruppen etwas, das manche Teenager vermissen: ein Gefühl der Zugehörigkeit. Beide suggerieren ihren Anhängern, Teil einer besonderen Gemeinschaft zu sein, die für eine höhere Wahrheit kämpft. Und auch die Ideologien von Neonazis und radikalen Islamisten weisen Parallelen auf, wie Thomas Mücke vom Violence Prevention Network dem Deutschlandfunk sagte: »Sie haben die Gemeinsamkeit, dass sie die Gesellschaft ablehnen, dass sie Demokratie und Menschenrechte und Grundrechte ablehnen. Sie haben die Gemeinsamkeit, dass Menschen, die anders sind, die andersgläubig sind, die andere Lebensweisen wollen, dass die nicht dazugehören. Sie suchen die homogene Gesellschaft, die homogene Gemeinschaft, und wer nicht zu dieser homogenen Gemeinschaft gehört, hat keine Existenzberechtigung mehr.«[11]

Solchen faschistischen Ideologien muss mit allen Mitteln entgegengetreten werden. Dass auch Humor als Waffe taugen kann, zeigt die vom Zentrum für demokratische Kultur (ZdK) mithilfe zweier Werbeagenturen entwickelte Aktion »Rechts gegen Rechts«, die am 15. November 2014 im oberfränkischen Wunsiedel Premiere hatte. Dort waren seit mehr als 25 Jahren regelmäßig Neonazis am Todestag des früheren Hitler-Stellvertreters zum sogenannten Rudolf-Heß-Gedenkmarsch eingefallen – der nun plötzlich in einen Spendenlauf gegen Rechts verwandelt wurde. Für jeden Meter, den die Rechtsextremisten zurücklegten, kamen zehn Euro für das Neonazi-Ausstiegsprogramm Exit-Deutschland in die Kasse; das Geld war zuvor bei Bürgern und Unternehmen des Städtchens gesammelt worden. Die Neonazis demonstrierten also gegen sich selbst, zogen vorbei an spöttischen Spruchbändern (»Wenn das der Führer wüsste«), Tischen mit Marschverpflegung in Form von Bananen und erliefen schließlich 10 000 Euro für den guten Zweck. Außerdem wirkten sie in einem Film mit, der bei der Gelegenheit gedreht wurde, noch am selben Abend online ging, im Netz für Furore sorgte – und Bürger anderer Kommunen im In- und Ausland zu weiteren derartigen Aktionen inspirierte. Eine ähnliche, ebenfalls vom ZdK konzipierte paradoxe Intervention heißt »Hass hilft«: Sponsoren zahlen für jeden Hasskommentar bei Facebook einen Euro, der je zur Hälfte der Aktion Deutschland hilft und Exit-Deutschland zugutekommt.

Das Netz ist ein ideales Biotop für Erregungsgemeinschaften, die, durch bestimmte Schlüsselreize in Wallung gebracht, ihrer Wut auf wen oder was auch immer bedenkenlos Luft machen – auch weil dies meist keine Konsequenzen für sie hat. Die sogenannten sozialen Medien werden durch das Schüren feindseliger Stimmungen zu asozialen Medien. Opfer einer solchen Hetzmeute wurde im Herbst 2016 Florian Klenk, Chefredakteur der österreichischen Wochenzeitung *Falter*, der im Netz übel beschimpft und beleidigt wurde. Anlass war ein Tweet, den er kurz zuvor abgesetzt hatte: Der Fernsehsender ORF solle »seine Nachrichten optional mit türkischen Untertiteln senden«, damit, so Klenks Idee, Türken in Österreich auch kritische Berichte über die Regierung ihres Landes verstehen und vielleicht auch besser Deutsch lernen könnten. Der Wiener Stadtrat Johann Gudenus von der rechten FPÖ verdrehte diese Absicht in ihr Gegenteil und schrieb auf seiner Facebook-Seite: »Der Herr Klenk vom Falter … immer für einen Quatsch zu haben. Vielleicht arbeitet er ja optional für den kranken Mann am Bosporus.«

Dieses Gift wirkte offenbar. Viele im Netz wüteten nun gegen den Journalisten – und einer namens Boris rief in einem Kommentar unter dem Post des FPÖ-Politikers gar zum Mord an Klenk auf: »Kann den wer anzünden bitte?« Dem Journalisten wurde erst mulmig, er erstattete Anzeige. Dann wurde er neugierig: Wer war dieser Mann, der ihm den Tod wünschte? Er informierte sich über ihn auf dessen Facebook-Seite, vereinbarte ein Treffen und schrieb einen Artikel darüber.[12] Klenk begegnete seinem Bericht zufolge keinem Verlierer, wie das Klischee es will, sondern einem Familienvater Anfang 30, der in einem schönen Haus auf dem Land wohnte und bald Juniorpartner eines mittelständischen Autozulieferers mit Millionenumsatz werden sollte. Der Hasskommentar war ihm mittlerweile unangenehm, auch aus Furcht um seine Karriere; er entschuldigte sich bei Klenk und bat ihn, seine Anonymität zu wahren.

Boris sei, schreibt Klenk, »kein einfältiger, rassistischer Provinzler«, aber einer, der im Netz radikalisiert worden sei; der klassischen Medien nicht traute, stattdessen bei Facebook und Twitter Leuten folgte, die er für überzeugend hielt – »vielleicht auch nur, weil sie am lautesten waren«. Die Blase, in die Boris geriet, machte ihn immer unzufriedener und aggressiver. Bis zum Mordaufruf. Danach sei Boris, so Klenk weiter, »über sich selbst erschrocken. Er sei von Kollegen zur Rede gestellt worden. Eine Verwandte habe ihn gefragt, ob er ›deppert geworden‹ sei. Er habe gespürt, dass ihn das Netz ›innerlich radikalisiert‹ habe und dass ihn das die wirtschaftliche Existenz kosten könne.«

Die Begegnung der beiden Männer hatte Folgen. Auf Nachfrage von Klenk schrieb Boris im Dezember, dass er seine Blase verlassen habe und stattdessen versuche, »eine ausgewogenere Infrastruktur an News-Quellen aufzubauen. (…) Ich kann nur jedem empfehlen das Gleiche zu tun. Wer nur in eine Richtung abonniert und ›liked‹, der bildet sich keine Meinung – er übernimmt die Meinung anderer.« Und weiter: »Es würde mich freuen, wenn dieses Statement genauso viele Leute erreicht wie der ursprüngliche Artikel über mein ›Hass-Posting‹. Hätte ich damals gewusst, was ich heute über die Filtermechaniken der sozialen Medien weiß, wäre es nie soweit gekommen.«

Ein kleiner Triumph der Vernunft.

Dank

Herzlichen Dank an meine ersten Leser Ralf Bergmann, Peter Bier, Christiane Naumann und Michaela Streimelweger, die mit zahlreichen Anmerkungen und Verbesserungsvorschlägen zu diesem Buch beigetragen haben.

Anmerkungen

Nützlich, aber unsexy: Vernunft

1 »Ich war kein guter Junge«, *Welt*, 24.5.2004
2 Kant, Immanuel, »Beantwortung der Frage: Was ist Aufklärung?« In: *Berlinische Monatsschrift*, Dezember 1784, S. 481–494
3 So der Titel seines 1947 erschienenen Werks »Eclipse of Reason«
4 Handelsblatt, 12.10.2016
5 Vgl. dazu Bude, 2016, S. 24
6 Watzlawick, 2015, S. 236
7 Hesse, 2010, S. 66
8 Dürrenmatt, 1998, S. 83
9 Vgl. dazu Holzkamp, 1985, S. 350
10 Webb, 2008, S. 560. James Webb konnte die weitere Entwicklung nicht verfolgen, er starb 1980.
11 Hepfer, 2015, S. 108
12 Lenk, Hans: »Typen und Systematik der Rationalität«, in: ders. (Hg.): Zur Kritik wissenschaftlicher Rationalität. Festschrift zum 60. Geburtstag von Kurt Hübner, Freiburg/München, 1986, S. 11 f.
13 Vgl. dazu Schnädelbach, 2007, S. 76
14 »Magnus Carlsen über Schach«, *Süddeutsche Zeitung*, 12.11.2016
15 »Sind die Signale die richtigen?«, *brand eins*, 11/2016
16 »Jetzt benimm dich nicht wie ein Kind und bestell kein Mineralwasser«, *brand eins* 12/2014
17 Hegel, 2014, S. 302
18 van Boxsel, 2001, S. 30
19 Kellner, 2015, S. 128
20 Das Protokoll der Rede ist im Internet verfügbar: http://www.kas.de/upload/ACDP/CDU/Protokolle_Parteitage/2008-11-30-12-02_Protokoll_22.Parteitag_Stuttgart.pdf
21 »Wie funktioniert das Leitmedium Geld?«, *Forschung & Lehre*, 11/2008
22 Dies ergab eine europaweite Befragung von Eupions, die von der Bertelsmann Stiftung veröffentlicht wurde und im Internet verfügbar ist: https://

www.bertelsmann-stiftung.de/fileadmin/files/user_upload/EZ_eupinions_Fear_Studie_2016_DT.pdf

23 Osterhammel/Petersson, 2003, S. 113, Hervorhebung wie im Original

24 »Roboter eignen sich nicht gut als Feindbilder«, *brand eins* 3/2018

25 »Die Politik des Ressentiments«, *Blätter für deutsche und internationale Politik*, 11/2016

26 Bude, 2016, S. 12

27 Ebd.

28 »Die Welt ist eine Fabrik«, *brand eins*, 1/2017

29 Asch, S.: »Studies of independence and conformity: I. A minority of one against a unanimous majority.« In: *Psychological Monographs*, 70(9), 1956

30 Siehe auch Bergmann, 2015, S. 121 f.

31 Lütjen, 2016, S. 16

32 Ebd., S. 18

33 Ebd., S. 67

34 Law, 2012, S. 35 f.

35 Grüter, 2010, S. 54

36 Zit. nach Law, 2012, S. 186

37 Grüter, 2010, S. 183

38 Law, 2012, S. 188

39 »Glaube und Wahrheit«, *Spiegel*, 22/2011

40 »So sicher fühlen sich Menschen in einer Großstadt«, *Rubin*, 2/2016

41 »United States of Angst«, *Blätter für deutsche und internationale Politik*, 9/2016

42 Olschanski, Reinhard: »Die Politik des Ressentiments«, *Blätter für deutsche und internationale Politik*, 11/2016

43 »Unter Einhörnern«, *Spiegel*, 30/2012

44 Bernd Greiner: »United States of Angst«, *Blätter für deutsche und internationale Politik*, 9/2016

Welcher Skandal darf's heute sein?

1 Franck, 1998, S. 172

2 Luhmann, 1995, S. 5

3 Vgl. hierzu Franck, 1998

4 Bergmann/Pörksen, 2009, S. 8

5 »Falle und Fälle. Kleine Philosophie des Fernsehskandals«. In: Claudia Gerhards, Stephan Borg, Bettina Lambert (Hg.): *TV-Skandale*, UVK Verlagsgesellschaft, S. 22

6 Ebd., S. 7
7 Ebd., S. 26
8 »Britische Forscher gegen Greenpeace«, *Spiegel*, 29/1995
9 Ebd., S. 22
10 Sie ist im Internet verfügbar: www.glocalities.com/news/poverty.html
11 Vgl. dazu Bergmann, 2015
12 Sennett, 1998, S. 17
13 Vgl. dazu auch Bergmann, 2015, S. 163 ff.
14 »Der Staat finanziert, die Wirtschaft kassiert«, *Süddeutsche Zeitung*, 21.10.2016
15 »Hinter der Kulisse«, *Medium Magazin*, 1/2018
16 »Mannomannomann«, *Spiegel*, 40/2017
17 »Willing to Spend $100 Million, Trump Has So Far Reveled in Free Publicity«, *New York Times*, 19.11.2015
18 »Noam Chomsky Diagnoses the Trump Era«, *Nation*, 3.10.2017
19 Postman, 2008, S. 12
20 Ebd., S. 132
21 »Ronald Schill und der große Irrtum der Hamburger«, *Hamburger Abendblatt*, 20.8.2014
22 Kellner, 2015, S. 231
23 »Schrille Post«, *Süddeutsche Zeitung*, 1.10.2016
24 Ebd.
25 Ebd.
26 »Netzhass ist gratis«, *Spiegel Online*, 4.12.2012
27 »Wie Populisten durch Facebook groß werden«, *Frankfurter Allgemeine Zeitung*, 11.11.2016
28 Vgl. Sunstein, 2001
29 »Was kommt noch bei den Bürgern an? Medien zwischen Politik und Populismus.« Dokumentation einer Veranstaltung der Landeszentrale für politische Bildung Nordrhein-Westfalen vom 17. Oktober 2005. Im Netz verfügbar unter: https://www.politische-bildung.nrw.de/imperia/md/content/publikationenvolltext/8.pdf.
30 »Schlimmer geht immer«, *brand eins*, 1/2008
31 »Der fremde Blick und sein Preis«, in: Pörksen, Bernhard (Hg.), 2005

Religion

1 Hegel, 1986, Bd. 10, S. 325
2 Feuerbach, 1883, Bd. 7, S. 262

3 »Auf dem Markt der Religion bewegt sich viel«, *taz*, 18.12.2004
4 »Die meisten setzen auf harte Abgrenzung«, *Welt*, 16.2.2006
5 Olaf L. Müller: »Gott, Freiheit und Unsterblichkeit: Drei Postulate der Unvernunft?«, S. 11 f., im Internet verfügbar: https://edoc.hu-berlin.de/bitstream/handle/18452/14149/27rva2w3ZJoHc.pdf?sequence=1&isAllowed=y
6 Olaf L. Müller: »Reden wir über Religion«, S. 24 (Fußnote 36), im Internet verfügbar: https://edoc.hu-berlin.de/bitstream/handle/18452/14286/24N5VxMJHI3g.pdf?sequence=1&isAllowed=y
7 Olaf L. Müller: »Gott, Freiheit und Unsterblichkeit: Drei Postulate der Unvernunft?«, S. 10, im Internet verfügbar: https://edoc.hu-berlin.de/bitstream/handle/18452/14149/27rva2w3ZJoHc.pdf?sequence=1&isAllowed=y
8 Olaf L. Müller: »Reden wir über Religion«, S. 27, im Internet verfügbar: https://edoc.hu-berlin.de/bitstream/handle/18452/14286/24N5VxMJHI3g.pdf?sequence=1&isAllowed=y
9 Logisch, 2013, S. 264
10 Kellner, 2015, S. 12
11 Zit. nach Schnädelbach, 2007, S. 21
12 Feuerbach, 1851, Band 8, S. 257
13 Feuerbach, 1883, Band 7, S. 278
14 Ebd., S. 454
15 Freud, GW, Bd. 14, S. 367
16 Feuerbach, 1883, Band 7, S. 186
17 Vgl. dazu Bergmann, 2015
18 Feuerbach, 1993, S. 69
19 Michael Schmidt-Salomon: »Das Feuerbach-Syndrom. Warum Religionskritik in der Wissenschaft noch immer ein Tabuthema ist«, im Internet verfügbar: http://www.schmidt-salomon.de/feuersynd.pdf
20 Huber, 2008, S. 195
21 Logisch, 2013, S. 97
22 »Ich bin Sünder und bin fehlbar, *Zeit*, 9.3.2016
23 Ulrich Beck: »Gott ist gefährlich«, in: Kemper/Mentzer/Sonnenschein, 2009, S. 213 f.
24 »Wer steht da neben mir im Zug?«, *Zenith*, 1/2017
25 Die Zitate stammen aus dem Beitrag: »Gewalt und Gewaltverzicht im Koran – Liste der Belege« des Theologen Hans Zirker, der auch eine anerkannte Koran-Übersetzung verfasst hat. Sein Text ist im Internet verfügbar: http://duepublico.uni-duisburg-essen.de/servlets/DocumentServlet?id=15449
26 Zit. nach Buggle, 2004, S. 25

27 Offenbarung des Johannes, Kapitel 19, Verse 17–21; alle Bibelzitate aus: Einheitsübersetzung, 1980
28 Buggle, 2004, S. 208
29 Ebd., S. 148
30 Exodus 12–14
31 Predigt zur Ökumenischen Bibeltagung in Stuttgart am 9. Februar 2017
32 Küng, 1978, S. 685
33 »Huber Bubba«, *taz*, 18.1.2007
34 Joas, 2012, S. 48
35 »Das Kreuz mit den Milliarden«, *Tagesspiegel*, 21.10.2013

Esoterik

1 Hutten, Karl: »Überweltpropheten gegen Diesseitigkeitsapostel«, in: *Evangelische Zentralstelle für Weltanschauungsfragen*, Information Nr. 54, Stuttgart IX/1973, S. 5
2 Ebd., S. 7
3 Zit. nach: Nancy Rubin Stuart: «The Fox Sisters: Spiritualism's Unlikely Founders«, *American History Magazine*, August 2005
4 So der Religionswissenschaftler Kocku von Stuckrad
5 So der Publizist Marcus Hammerschmitt
6 Christiansen/Fromm/Zinser, 2006, S. 6
7 Hammerschmitt, 1999, S. 54
8 Graf, 2010, S. 54f.
9 Ebd., S. 55
10 Nietzsche, 2013, S. 8
11 von Stuckrad, 2004, S. 13
12 Grüter, 2010, S. 29
13 Vgl. Sachau, 1998
14 »Das Karma der Generation Golf«, *Bild der Wissenschaft*, 10/2001
15 Adorno, 2014, S. 276
16 Barth, 2011
17 »5 Fragen an … Dr. Claudia Barth«, im Internet verfügbar unter: http://www.report-psychologie.de/fileadmin/user_upload/Thema_des_Monats/5-12_Claudia_Barth.pdf
18 Ebd.
19 Laut einer Befragung von TNS Infratest im Januar 2012
20 Laut einer Befragung von TNS Infratest von April bis September 2012
21 Kellner, 2015, S. 191

22 www.esoterikforum.de
23 Dethlefsen/Dahlke, 2015, S. 159
24 Ebd., S. 206, Hervorhebungen und Schreibweisen wie im Original
25 Ebd., S. 355
26 Das Urteil des Amtsgerichts Neuwied wurde vom Landgericht Koblenz in der Berufung bestätigt.
27 Grüter, 2010, S. 175
28 Hahnemann, 2001, S. 100
29 Hahnemann, 2001, S. 11
30 »Magischer Kinderglaube«, *brand eins*, 1/2016
31 Thomas Klug und Maximilian Klein, »Der Streit um die Globuli«, *Deutschlandradio Kultur*, 29.9.2016
32 »Die schmutzigen Methoden der sanften Medizin«, *Süddeutsche Zeitung*, 30.6.2012
33 »Homöopathie – Heilung oder Humbug?«, *3sat*, 21.3.2013
34 »Magischer Kinderglaube«, *brand eins*, 1/2016
35 Dieses und alle folgenden wörtlichen Zitate von Natalie Grams stammen aus »Die Ketzerin«, *brand eins*, 9/2016
36 Grams, 2015, S. VIII
37 Ebd., S. 136
38 Ebd., S. 191

Verschwörungstheorien

1 »Das Kreuz mit den Strichen«, *Frankfurter Allgemeine Zeitung*, 5.4.2013
2 Michael Butter: »Konspirationistisches Denken in den USA«, in: »Konspiration: Soziologie des Verschwörungsdenkens«, S. 261; im Internet verfügbar unter: https://publikationen.uni-tuebingen.de/xmlui/bitstream/handle/10900/66908/Butter%2C%20Michael.%20Konspirationistisches%20Denken%20in%20den%20USA.pdf?sequence=1&isAllowed=y))
3 Popper, 2003, S. 112
4 Christian Blees, »Mythos Bielefeld – Verschwörungstheorien und ihre Geschichten«, *Deutschlandfunk*, 15.2.2015
5 Ebd.
6 Hepfer, 2015, S. 145
7 Imke Schmincke: »Das oberste Anliegen der Angehörigen ist Aufklärung«, in: Schmincke/Siri, 2013, S. 43
8 Neela Banerjee, Lisa Song und David Hasemyer: »Exxon's Own Research Confirmed Fossil Fuels' Role in Global Warming Decades Ago«, im Internet verfügbar: www.insideclimatenews.org

9 »Exxon Adviser Resigns Over Oil Giant's ›Targeted Attacks‹ on NGOs«, *Huffington Post*, 2.10.2017
10 https://www.eike-klima-energie.eu/ueber-uns/
11 »Im Zentrum des Zweifels«, *Süddeutsche Zeitung*, 30.11.2011
12 https://klima-luegendetektor.de/tag/cia/
13 Machiavelli, 1990, S. 91
14 »Treibstoff der Feindschaft«, *Spiegel Geschichte*, 2/2010
15 Ebd.
16 »Zehn Lehren aus Amerikas dummem Krieg«, *Spiegel Online*, 20.3.2013
17 Die Zahlen stammen aus einem Beitrag des Center for American Progress: Matthew Duss, Peter Juul und Brian Katulis: »The Iraq War Ledger. A tabulation of the human, financial and strategic costs«, 6/2010
18 Reinhard Sturm: »Vom Kaiserreich zur Republik 1918/19«, in: *Informationen zur politischen Bildung* 261/2011, S. 3.
19 Ebd., S. 24
20 So das gleichnamige Buch des Historikers Fritz Fischer aus dem Jahr 1961
21 Zit. nach Haffner 1983, S. 81 f.
22 Ebd., S. 82
23 »Die Wahrheit der Propaganda«, *Zeit*, 31/2011
24 Grüter, 2011, S. 137
25 »Vor der Wahl zur Anfechtung entschlossen«, *Falter*, 39/2016
26 Hepfer, 2015, S. 145

Wissenschaft

1 Horkheimer, 1974, S. 124
2 »Und immer an den Hirsch-Faktor denken!«, *brand eins*, 4/2016
3 Vgl. Bergmann, 2015, S. 122
4 »Wer weiß was«, *Süddeutsche Zeitung*, 1.9.2015
5 »Empfehlungen zur wissenschaftlichen Integrität«, Positionspapier des Wissenschaftsrats, 2015, S. 20
6 https://osf.io/ezcuj/wiki/home/
7 »Trau, schau, wem!«, *Handelsblatt*, 21.11.2016
8 Malcolm R. Macleod et al.: »Biomedical research: increasing value, reducing waste«, in: *The Lancet*, Ausgabe 383 vom 11.1.2014, S. 101–104
9 »SOEP-Studie: Pessimisten leben länger«, im Internet verfügbar: https://www.diw.de/de/diw_01.c.416554.de/themen_nachrichten/soep_studie_pessimisten_leben_laenger.html

10 Frieder R. Lang et al.: Benefits of Seeing a Dark Future?«, in *Psychology and Aging*, 1/2013, S. 249–261

11 Christensen, 2015, S. 45

12 »Die Fehler der Fehlerkultur«, *Zeit*, 6/2015

13 »No Benefit in Seeing a Dark Future?«, in: *Journal of Individual Differences*, 3/2016, S. 201–205

14 Frieder R. Lang et al.: «Commentary On Differentiating Adaptation From Disposition Concepts«, in: *Journal of Individual Differences*, 3/2016, S. 206–209

15 Vgl. dazu auch: »Die Wissenschaft hat festgestellt«, *brand eins*, 3/2008

16 Ebd.

17 »Gut und böse«, *brand eins*, 7/2014

18 Ebd.

19 »Gut und böse«, in: *brand eins*, 7/2014

20 Ebd.

21 Ebd., S. 48

22 Schäfer Lothar/Schnelle, Thomas: »Ludwik Flecks Begründung der soziologischen Betrachtungsweise in der Wissenschaftstheorie«, in: Fleck, 1980, S. XIII

23 Fleck, 1980, S. 128

24 Ebd., S. 186

25 Ebd., S. 124, Fußnote

26 Christoph Deutschmann: »Der kollektive ›Buddenbrooks-Effekt‹«, MPIfG Working Paper, 08/5, im Internet verfügbar: http://www.mpifg.de/pu/workpap/wp08-5.pdf

27 Quelle: Wikipedia

28 »Rettet den Wettbewerb!«, *brand eins*, 7/2017

29 Ebd., S. 18

30 Keynes, 2009, S. 135

31 Eine ausführliche Auseinandersetzung mit der akademischen Psychologie findet sich in: Bergmann, »*Der Tanz ums Ich*«, 2015

32 Schlaudt, 2016, S. 7

33 Stiglitz, 2010, S. 238

34 Diese und weitere Zitate stammen aus: »Der Fall RR«, *brand eins*, 11/2015

35 »Das war eine Hexenjagd«, *Capital*, 11/2013

36 http://www.autisme-economie.org/

37 Im Internet verfügbar: http://www.oekonomenstimme.org/artikel/2012/01/wie-die-uni-oekonomen-versagen--die-theorie-der-prostitution-als-mahnmal/

38 Lena Edlund und Evelyn Korn: »A theory of prostitution«, in: *Journal of Political Economy*, 110 (2002), S. 181–214

39 Im Internet verfügbar: http://www.oekonomenstimme.org/artikel/2012/01/wie-die-uni-oekonomen-versagen--die-theorie-der-prostitution-als-mahnmal/

Institutionalisierter Irrsinn

1 Bartussek/Weyergraf, 2015, S. 63
2 Adams, 1997, S. 9
3 Im Internet verfügbar: http://www.gallup.de/183104/engagement-index-deutschland.aspx
4 Ebd.
5 Torsten Meiffert: »I would prefer not to … Anmerkungen zum Unbehagen in Organisationen«, im Internet verfügbar: http://www.tmeb.de/fileadmin/download/pdf/bartleby.pdf
6 Kühl, 2015, S. 67
7 Ebd., S. 72
8 Vgl. zu diesem Abschnitt auch Bergmann, 2015, S. 43 f.
9 Mayo, 1949, S. 114
10 »Ausatmen«, *Süddeutsche Zeitung*, 28.6.2017
11 Reichardt, 2014, S. 336
12 www.sattelberger-thomas.de
13 Reichardt, 2014, S. 336
14 Bartmann, 2012, S. 280
15 Ebd., S. 48 f.
16 Kühl, 2015, S. 59
17 »Vielen ist bewusst, dass sie Teil eines lächerlichen Spiels sind«, *brand eins*, 11/2015
18 Ebd.
19 »Von Idioten umzingelt!«, *brand eins*, 4/2017
20 »Der Job – dein Ein und Alles«, *Süddeutsche Zeitung*, 13.5.2017
21 »Lachen? Oder weinen?«, *brand eins*, 8/2014

Epilog

1 Webb, 2008, S. 588
2 Nietzsche, 2013, S. 156
3 Sims/Laderman, 2017, S. 122
4 Zit. nach *Huffington Post*, 13.4.2017; im Internet verfügbar: http://www.huffingtonpost.de/2017/04/13/trump-assad-angriff-schokoladen-kuchen_n_15983704.html

5 Im Internet verfügbar: https://www.youtube.com/watch?v=PMotykwoSIk

6 Vgl. hierzu auch Pörksen, 2018, S. 186 ff. Der Medienwissenschaftler entwirft dort »die konkrete Utopie der redaktionellen Gesellschaft«.

7 Vgl. zum Begriff des bösen Denkens das gleichnamige Buch der Philosophin Bettina Stangneth

8 Vgl. dazu: https://de.wikipedia.org/wiki/Wikipedia

9 Mill, 1986, S. 76

10 www.mimikama.at

11 Timo Stukenberg, »Wenn aus Nazis Islamisten werden«, *Deutschlandfunk*, 15.12.2017

12 »Boris wollte mich verbrennen«, *Falter*, 45/16

Literatur

Adorno, Theodor W: *Minima Moralia,* Suhrkamp, 2014

Anton, Andreas/Schetsche, Michael/Walter, Michael K. (Hg.): *Konspiration: Soziologie des Verschwörungsdenkens,* Springer VS, 2014

Barth, Claudia: *Esoterik – die Suche nach dem Selbst,* Transcript, 2011

Bartmann, Christoph: *Leben im Büro. Die schöne neue Welt der Angestellten,* Carl Hanser, 2012

Bartussek, Joerg/Weyergraf, Oliver: *Mad Business,* Campus, 2015

Bergmann, Jens: *Der Tanz ums Ich. Risiken und Nebenwirkungen der Psychologie,* Pantheon, 2015

Bergmann, Jens/Pörksen Bernhard (Hg.): *Skandal! Die Macht öffentlicher Empörung,* Herbert von Halem Verlag, 2009

Bude, Heinz: *Das Gefühl der Welt. Über die Macht von Stimmungen,* Carl Hanser, 2016

Buggle, Franz: *Denn sie wissen nicht, was sie glauben. Oder warum man redlicherweise nicht Christ sein kann,* Alibri, 2004

Christensen, Björn/Christensen, Sören: *Achtung: Statistik,* Springer Spektrum, 2015

Christiansen, Ingolf/Fromm, Rainer/Zinser, Hartmut: *Brennpunkt Esoterik,* Hamburger Behörde für Inneres – Landesjugendbehörde (Hg.), 2006

Dethlefsen, Thorwald/Dahlke, Ruediger: *Krankheit als Weg,* 2015

Die Bibel – Einheitsübersetzung, Altes und Neues Testament, Herder, 1980

Dürrenmatt, Friedrich: *Die Physiker. Eine Komödie in zwei Akten,* Diogenes Verlag, 1998

Feuerbach, Ludwig: *Das Wesen des Christentums,* in: *Sämtliche Werke,* Bd. 7, Verlag von Otto Wigand, 1883

Feuerbach, Ludwig: *Gesammelte Werke,* Band 19, Briefwechsel III, hg. von Werner Schuffenhauer, Akademie Verlag, 1993

Feuerbach, Ludwig: *Vorlesungen über das Wesen der Religion,* in: *Sämtliche Werke,* Band 8, Verlag von Otto Wigand, 1851

Fleck, Ludwik: *Entstehung und Entwicklung einer wissenschaftlichen Tatsache,* Suhrkamp, 1980

Franck, Georg: *Ökonomie der Aufmerksamkeit: Ein Entwurf,* Carl Hanser, 1998

Freud, Sigmund: *Gesammelte Werke,* Band 14, Imago Publishing, 1955

Grams, Natalie: *Homöopathie neu gedacht – was Patienten wirklich hilft,* Springer Spektrum, 2015
Graf, Friedrich Wilhelm: *Der Protestantismus: Geschichte und Gegenwart,* C.H. Beck, 2010
Graf, Friedrich Wilhelm: *Götter Global,* C.H. Beck, 2014
Grüter, Thomas: *Magisches Denken,* Scherz, 2010
Grüter, Thomas: *Freimaurer, Illuminaten und andere Verschwörer,* Fischer Taschenbuch, 2011
Hahnemann, Samuel: *Organon der Heilkunst,* 6. Auflage, Burgdorf Verlag 2001 (elektronische Ausgabe)
Haffner, Sebastian: *Anmerkungen zu Hitler,* Fischer Taschenbuch, 1983
Hegel, Georg Wilhelm Friedrich: *Enzyklopädie der philosophischen Wissenschaften im Grundriss,* Edition Holzinger, 2014
Hegel, Georg Wilhelm Friedrich: *Werke I – XX,* Suhrkamp, 1986
Hesse, Hermann: *Verliebt in die verrückte Welt,* Insel Taschenbuch, 2010
Hepfer, Klar: *Verschwörungstheorien,* Transcript, 2015
Holzkamp, Klaus: *Grundlegung der Psychologie,* Campus, 1985
Horkheimer, Max: *Die gesellschaftliche Funktion der Philosophie,* Suhrkamp 1974
Huber, Wolfgang: *Der christliche Glaube. Eine evangelische Orientierung,* Gütersloher Verlagshaus, 2008
Joas, Hans: *Glaube als Option,* Herder, 2012
Kahneman, Daniel: *Schnelles Denken, langsames Denken,* Pantheon, 2014
Keynes, John Maynard: *Allgemeine Theorie der Beschäftigung, des Zinses und des Geldes,* Duncker & Humblot, 2009
Kellner, Manuel: *Kritik der Religion und Esoterik: Außer sich sein und zu sich kommen,* Schmetterling Verlag, 2015
Kemper, Peter/Mentzer, Alf/Sonnenschein, Ulrich: *Wozu Gott? Religion zwischen Fundamentalismus und Fortschritt,* Verlag der Weltreligionen, 2009
Klemperer, Victor: *LTI,* Reclam Leipzig, 1996
Köster, Adolf: *Fort mit der Dolchstoßlegende!,* Verlag für Politik und Wirtschaft, 1922
Kühl, Stefan: *Sisyphos im Management,* Campus, 2015
Küng, Hans: *Existiert Gott? Antwort auf die Gottesfrage der Neuzeit,* Piper, 1978
Law, Stephen: *Glauben Sie nicht jeden Bullshit,* Verlag Hans Huber, 2012
Logisch, Theo: *Das ist euer Glaube – Strukturen des Bösen im Dogma,* Angelika Lenz Verlag, 2013
Lütjen, Torben: *Die Politik der Echokammer: Wisconsin und die ideologische Polarisierung der USA,* Transcript, 2016
Luhmann, Niklas: *Die Realität der Massenmedien,* Springer Fachmedien, 1995
Machiavelli, Nicolò: *Der Fürst,* Insel, 1990
Majo, Elton: *Probleme industrieller Arbeitsbedingungen,* Verlag der Frankfurter Hefte, 1949

Marx, Karl: *Das Kapital,* Band 1, Dietz Berlin, 1987
Mill, John Stuart: *Über die Freiheit,* Reclam, 1986
Müller, Jan Werner: *Was ist Populismus?,* Suhrkamp, 2016
Nagel, Erik: *Glücksfall Widerstand,* Versus Verlag, 2016
Nietzsche, Friedrich: *Der Antichrist: Fluch auf das Christentum,* Edition Holzinger, 2013
Nietzsche, Friedrich: *Jenseits von Gut und Böse – Vorspiel einer Philosophie der Zukunft,* Edition Holzinger, 2013
Osterhammel, Jügen/Petersson, Niels P.: *Geschichte der Globalisierung,* C.H. Beck, 2003
Paxton, Robert O.: *Anatomie des Faschismus,* DVA, 2006
Pörksen, Bernhard: *Die große Gereiztheit,* Carl Hanser 2018
Pörksen, Bernhard (Hg.): *Trendbuch Journalismus,* Herbert von Halem Verlag, 2005
Popper, Karl: *Die offene Gesellschaft und ihre Feinde,* Band II, J.C.B Mohr (Paul Siebeck), 2003
Postman, Neil: *Wir amüsieren uns zu Tode,* Fischer Taschenbuch, 2008
Reichardt, Sven: *Authentizität und Gemeinschaft. Linksalternatives Leben in den siebziger und achtziger Jahren,* Suhrkamp, 2013
Sachau, Rüdiger: *Weiterleben nach dem Tod?,* Gütersloher Verlagshaus, 1998
Schlaudt, Oliver: *Einführung in die Philosophie der Wirtschaftswissenschaften in Zeiten des Umbruchs,* Klostermann, 2016
Schmacke, Norbert (Hg.): *Der Glaube an die Globuli – die Verheißungen der Homöopathie,* Suhrkamp Taschenbuch, 2015
Schmincke, Imke/Siri, Jasmin: *NSU-Terror – Ermittlungen am rechten Abgrund,* Transcript, 2013
Sennett, Richard: *Verfall und Ende des öffentlichen Lebens. Die Tyrannei der Intimität,* Fischer Taschenbuch, 1998.
Simms, Brendan/Laderman, Charlie: *Wir hätten gewarnt sein können,* DVA, 2017
Schnädelbach, Herbert: *Vernunft,* Reclam, 2007
Stangneth, Bettina: *Böses Denken,* Rowohlt 2016
Stiglitz, Joseph: *Freefall: America, Free Markets, and the Sinking of the World Economy,* W.W. Norton & Company, 2010
Sunstein, Cass: *Echo Chambers,* Princeton Digital Books Plus, 2001
van Boxsel, Matthijs: *Die Enzyklopädie der Dummheit,* Eichborn Berlin, 2001
von Stuckrad, Kocku: *Kleine Geschichte des geheimen Wissens,* C.H. Beck, 2004
Watzlawick, Paul: *Wie wirklich ist die Wirklichkeit?,* Piper, 2015
Webb, James: *Das Zeitalter des Irrationalen« – Politik, Kultur und Okkultismus im 20. Jahrhundert,* Marix Verlag, 2008
Wein, Wolfgang: *Das Irrationale,* Peter Lang, 1997

Register